Diogenes Taschenbuch 112

W0188356

Hans Wollschläger

Karl May

*Grundriß eines
gebrochenen Lebens*

Diogenes

Die Erstausgabe erschien 1965
in der Reihe ›Rowohlts Monographien‹
Umschlag- und Frontispizfoto aus dem Archiv des Autors

Inhalt

Vorwort zur ersten Ausgabe

So durchaus unheimliche Verbreitung das ›Phänomen Karl May‹ in neuerer Zeit wieder erfahren hat – die Literatur ist nicht eben davon betroffen; und wenn die Möglichkeiten, einen Bestseller-Autor literarisch ernst zu nehmen, ohnehin schon eng genug sind, so kommt in diesem Fall der Widerstand eines so kauzig-komischen Enthusiasmus hinzu, daß jeder Versuch, das Gute, Wertvolle vom – sagen wir – anderen zu sondern, den ganzen kruden Usus der absoluten Mehrheit gegen sich hat: – eingekeilt zwischen breithin unartikulierten Fan-Fanatismus und höchst künstlich gesteuerte Konsum-Mechaniken, scheint das Charakterbild des wunderlichen Mannes kaum nur mehr Raum zum Schwanken zu haben.

Ihm diesen – in den Kreisen Einsichtsfähiger vorab; auf Zeit: ›in der Geschichte‹ – zu verschaffen, erfordert relativ rücksichtslose Trennstriche; sie richten sich am Ende gegen fast alles, was heute am Namen May diskutabel scheint. Am leichtesten dabei noch fiele, die bloßen Eskapaden der Warengesellschaft abzuklammern: dergleichen geht – von Heftchenhaufen über Spielzeug, Waffen, Schokolade und den Plattschall der Phono-Industrie bis hin zum Filmgefummel, das nach May sich nennt – einzig die Soziologie an, und das nun allerdings auch gleich um einiges mehr, als es bislang für angemessen erachtet wurde. Geringere Aussichten schon hätte der Glaube, es möchte sich auch hierzulande mit der Zeit herumsprechen, daß richtiger, gewichtig wichtiger eine Sache nicht dadurch wird, daß ihr die Volksmillionen applaudieren: dem Wichtigen an Karl May im Wege ist immer wieder auch sein so wüster Erfolg. Abzusagen wäre schließlich dem schiefen Versuch, die Werte der Mayschen Literatur in ein wiederum hochkünstliches, eigens geschaffenes, kritiksicheres Gehege von ›Volksschrifttum‹ zu überführen: beiseite gelassen, daß dergleichen ihm pure Bärendienste leisten hieße, wäre er damit – wie alle sich so nennende ›Volksliteratur‹ – nur einmal mehr wiederum ein Problem der Soziologie.

Daß May erst hinter all diesem interessant werden könnte, ja ›hochinteressant‹, wird sich beweisen lassen. Seine späten Arbeiten, um derer willen die Literatur ihn vor allem ernst zu nehmen hat, haben weder mit seinem Volkserfolg etwas zu schaffen noch mit dem gutmütigen Legendenbildnis, auf das sich die Landesanschauung seiner Person geeinigt hat – (und so wohlhabend ist denn doch keine Literatur, daß sie ein solches Werk und ein solches Modell-Leben bloßer Umstände halber rechts liegen lassen könnte). Immer bleibt die Absonderung riskant genug; doch mit einiger Frische gewagt, müßte sie – gesetzt, es ließen sich deutsche Sprüche beim Wort nehmen – immerhin schon halb gewonnen sein.

Die hier vorgelegte Monographie gedenkt dazu eine der dringlichen Vorarbeiten zu leisten. Zur immer noch ausstehenden großen Material-Biographie kann sie, auf so engem Raum, freilich kaum mehr als den Grundriß geben: kaum mehr als skizziert werden die Perspektiven, gestreift die kleineren Details: plotted dotted lines. Ferner waren Voraussetzungen anzunehmen, die von sich aus selbstverständlich nicht sind: die Kenntnis einmal des Problemkreises überhaupt, die ungefähre Kenntnis aber auch des Werkes, dessen vereinzelte Besprechung, Definierung oder auch nur Einordnung hinter dem biographischen Referat zurückstehen mußte. Der nicht nur leserisch damit Beschäftigte wird also durchaus einige Hilfsliteratur daneben legen müssen – und sei's, um andere Seiten mit im Blick zu haben, schon bei der Lebensbeschreibung selbst die Autobiographie Mays; im Anhang geben die ›Quellen und Nachweise‹ einige weitere Anregung. Für Ergänzungen – solcher und anderer Art –, Erwiderungen, auch reinstes Andersdenken, ist durchaus Toleranz und Raum gelassen, wenn auch – dem Schein nach – einzig ›zwischen den Zeilen‹. Sichtbar werden aber möchte vielleicht, daß

menschenähnlicher und menschlich näher ein so verwickeltes
Leben und Streben in der Beschreibung nur eher wird, je
weniger sie, wie's der Bürger will, sich als Ikonenmalerei
versteht.

Daß sich der Mehrheits-Jedermann daran/darüber ärgert,
steht kaum zu ändern ... aber das ist zuletzt so fürchterlich
wohl nicht: es könnte, vielleicht, für May wie seine künftigen
Erforscher, schon ein Beweis sein? und ein Preis? ein – jedenfalls: ein Lohn, der reichlich lohnet.

Bamberg, September 1964   H.W.

Vorwort zur Neuausgabe

Wenn ein Buch seine zweite Ausgabe erfährt, tut sich der Autor gern an dem Gedanken gütlich, wie schön es ihm folglich doch geraten sein müsse; er rechnet sich, wenn er auf die Gunst der Leser gerechnet hat, die Lesernachfrage zugunsten. Der Autor dieses Buches möchte festhalten, daß er dies nicht getan hat und nicht tut. Als es erschien, war es gegen die Strömung gedacht und geschrieben; ja, es rechnete geradezu auf die Abneigung der in ihrem Verständnis durchaus nicht unbeschränkten May-Leserschaft und hat diese Abneigung auch in reichem Maß zu spüren bekommen. Da muß es ihm nun auffallen, daß hierin das Gegenteil eingetreten zu sein scheint: daß der Ernst, mit dem er May betrachtet wissen wollte, so erstaunlich um sich gegriffen hat und dem Konsumbild des Massenschriftstellers die Waage zu halten beginnt. Aber das ist fraglos eine Differenzierungsleistung, für die Verdienst vor allem der Öffentlichkeit selber zukommt: zwar ist die tägliche Schmockerei um May noch nicht daraus verschwunden, aber sie hat das, früher ganz abwesende, Bewußtsein in sich aufgenommen, daß sie sich nur noch an Randerscheinungen der Erscheinung May zu schaffen macht und an ihnen ihre Grenze findet. Das zwar nicht bewirkt, aber ein wenig doch mit dazu beigetragen zu haben, ist dem Autor ein wichtiger Gedanke; dazu weiter mit beizutragen, sieht er als Sinn einer neuen Ausgabe seines Buchs.

Nicht gefördert haben möchte er freilich eine Richtung, die May in letzter Zeit besonders starke Stücke ihres Interesses zuzuwenden begonnen hat. Daß es sich bei der sogenannten Trivialliteraturforschung, die ihn jetzt in toto für sich reklamiert, durchaus viel weniger um ein Erkenntnisinstrument als um eine bloße akademische Sportart handelt, bestimmt einzig, sich selber zu pflegen, – das auszusprechen ist dem Autor, der gerade die Multivalenz der Erscheinung May sichtbar machen wollte, ein starkes Bedürfnis auch auf das Risiko hin, daß er damit einer mächtig vorüberradelnden Mode in die Speichen greift. Ein Bedürfnis um so mehr, als hier zugleich ein bedeutender Betrachtungsansatz gegen seine eigene Praxis in Schutz zu nehmen ist. Denn die Ergebnisse sind, gemessen an ihrem Anspruch, einstweilen noch von schlechthin überwältigender Unerheblichkeit und kaum geeignet, anderes als die häufig gelingende Verbindung von Kleinkrämerei und seminaristischem Dünkel zu beweisen. Durchaus zu Unrecht stellt sich, wo die Begriffe fehlen, das Wort ›Gesellschaft‹ ein; hier einmal mehr zu oft. Wenn die bürgerliche Literaturwissenschaft, die May nicht beachtete, zuletzt in der Perspektive des Oberlehrers aufging, so scheint die soziologische, die ihn beachtet, mehr der des Wirtschaftsprüfers zuzustreben, der das Wort als Ware faßt und den Satz als Umsatz, und beide sind gleich unerfreulich nicht erst da, wo sie sich ihren Gegenständen in einer Sprache nähern, die gegen deren geringsten noch eine peinliche Roheit darstellt. Man möchte fast an einen Zusammenhang glauben zwischen dem plötzlich so unbefangenen wissenschaftlichen Interesse an der Trivialliteratur und der leider ebenso unbefangenen Trivialität der einschlägigen Wissenschaftsliteratur: fraglos hat die Entmythologisierung des Kunstwerks viele zur Befassung damit ermutigt, denen der Olymp der bürgerlichen Literaturbetrachtung am Ende einfach nur zu hoch war. Das ist zu beklagen, aber auch zu ertragen. Nötig bleibt nur, die Neigung, auch eine Methode an ihren Früchten zu erkennen, einstweilen noch zu unterdrücken. Denn daß die Literaturforschung sich spät und endlich als Sozialwissenschaft zu verstehen beginnt, ist eine zu ernste, ins Tiefe gehende Verwandlung, als daß man ihr die Plattheiten derer entgegenhalten dürfte, die sie zu verwirklichen meinen. Mays Werk, das gegen die ›Volksliteratur‹ und ihre Verzehrer abzugrenzen war, ist auch gegen sie abzugrenzen. Nur Teile, Randerscheinungen fallen unter die Zuständigkeit einer Philologie, von der erst noch abzuwarten bleibt, ob ihr die gleiche Entwicklung gelingt wie dem nur vorübergehenden Trivialschriftsteller May: ad astra der Kriterien von Kunst, von Wert und Rang.

Dieses Buch war als Skizze solcher Entwicklung entworfen, und Skizze soll es bleiben, Vorentwurf nur einer großen Biographie, die ein anderer, und später, zu leisten hat. Darum sind im Text selbst nur wenige kleine Korrekturen angebracht worden; die seit der ersten Ausgabe entstandene umfangreiche Sekundärliteratur, die vor allem der Arbeit der Karl-May-Gesellschaft zu danken ist, fand Aufnahme in die ›Quellen und Nachweise‹ am Schluß. Sie ermöglicht weitere Exkursionen in ein Leben, dessen Merk-Würdigkeit weit über sich selbst hinausreicht.

Bamberg, August 1975   H. W.

Ussulistan

Schon einer der Urahnen in der siebenten Vorgeneration, Andreas Stephan (1666–1719), war Webermeister in Ernstthal; Weber waren fast alle Vor- und Vorvoreltern; Weber war der Vater[1]. Von ihrem Dahinleben ist wenig aufbewahrt; selten währte es siebzig Jahre, oft sehr viel kürzer, und daß es köstlich gewesen wäre, ist so sicher nicht, wie es der plaudernde Feinsinn gern der pausenlosen Arbeit nachsagt; – ein paar trockene Sätze im Kirchenbuch, keine Briefe, keine Bilder. Zuletzt bleiben von ihnen allen nur die eckigen Daten ihres Auftritts und Abgangs von der tristen Bretterbühne, auf der das immer gleiche vor sich ging: Intraden ohne Glanz – die dürftige Dorfpantomime immer stummer Rollen, deren letzte Hantierung noch vom grau sausenden Webstuhl bestimmt ist – Exit ins Dunkel. Das Erbe, das aus solchen Generationen auf den Letzten der Familie sich ablagerte, wiegt schwer, und wenn er später sich auch empört dagegen verwahrte, daß man ihn *atavistischer Schwachheiten*[2] zeihe, so erklärt sich doch so manche Bruchstelle im wunderlichen Gewebe seines Lebens aus der trüben Provenienz der Fäden, die darin zusammenliefen: nicht nur die Revolution des Unteren, die in ihm heraufkam; das verkrüppelte Rechtsbild der vom Recht sehr lange Vergessenen; – auch der gestaute Kräfteschub derer, die selber nichts zu stiften vermochten, was geblieben wäre; und aus der Schwermut der Vergeblichen die singuläre Anstrengung selbst, die sie durchbrach und aufhob. So hat er das Muster, wie es, mit durchaus schlimmen Vorzeichnungen, auf ihn kam, dann doch zum guten Ende gebracht, und aus dem langen öden Vorgang der von Tritten geregten, endlos ungesehen geflossenen Fäden, der von Schlägen geschlagenen Verbindungen, der herüber und hinüber schießenden Schifflein ist

noch so etwas wie ein Weber-Meisterstück gekommen – ein
bizarres, misch-maschiges, knotig bedeutendes aber doch im
desolaten Dessin – und er selbst im besten Sinne der Letzte
seines Stammes geworden: *Ijar, der im ganzen Morgenlande
bekannte Teppichweber . . .*[3]

Ernstthal, eine Kleine Stadt in der sächsischen Kreisdirektion Zwickau, 1680 nach einer Pestepidemie zu Hohenstein
gegründet, mit dem es später (1898) zusammengelegt wurde,
ist ein Modellpunkt des sozialen Elends der Zeit: in dessen
tiefsten Stand, ins *ärmste, schmutzigste Ardistan*, wird Karl
Friedrich May am 25. 2. 1842, abends um 10 Uhr, in der
Niedergasse[4] hineingeboren: fünftes von 14 Kindern, die die
Mutter Christiane Wilhelmine Weise (1817–85) zwischen dem
19. und 43. Jahr dem Heinrich August May (1810–88) gebären muß; neun davon sterben in frühester Kindheit, nur zwei
Schwestern haben den Bruder überlebt und ein hohes Alter
erreicht. Von den 2630 Einwohnern ernähren sich 80% von
der Heimweberei, die seit der Blütezeit zu Beginn des Jahrhunderts unaufhaltsam niedergegangen ist und zum Existenzminimum jetzt wenig über ein Drittel beiträgt; ›Neben-
berufe‹ müssen aushelfen, Schmuggel und anderes; in
Scharen verlassen Auswanderer die kümmerliche Heimat, hinüber ins Land der unbegrenzten Möglichkeiten; die öffentlichen
Einrichtungen – etwa das Schulwesen – sind durch Schulden
in Unordnung; 84 Haushalte zählt 1845 eine Akte zu den
Ärmsten der Armen.[5] Mangelkrankheiten bestimmen Leben
und Sterben: das, *was man gegenwärtig diskret als ›Unterer-
nährung‹ zu bezeichnen pflegt*, ist wohl auch Ursache für die
Erblindung des Kindes kurz nach der Geburt; sie wird erst –
lange von törichten Kuren verpfuscht – im 5. Lebensjahr
durch Eingreifen Dresdener Ärzte behoben. Bei schimmligen
Brötchen, Unkrautsuppe und Kartoffelschalenabsud gedeiht
nicht eben mehr als ein »Kellerkeim von Junge«[6], ein *kran-
kes, schwaches Kind, welches noch im Alter von sechs Jahren
auf dem Boden rutschte, ohne stehen oder gar laufen zu kön-*

nen⁷, gedeiht aber um so mehr das Verlangen nach dem Anderen, das hinter solcher Wirklichkeit wäre, nach der Besseren Welt, die mit Gedanken zu erreichen, in der mit Gedanken frei zu schalten sei: – *ich habe in meiner Kindheit stundenlang still und regungslos gesessen und in die Dunkelheit meiner kranken Augen gestarrt* ... Wann erstmals die Wachtraumbewegungen der jugendlichen Phantasie einsetzten (in dem mystisch verwischten Sinne, mit dem die Bildermechanismen namentlich der späten Fabeln sich auf sie berufen), ist nicht entscheidbar; sie mögen gleich aus der allerersten Kindheitsdämmerung herauf sich eingestellt haben, die Grenze überhaupt vertuschend (wie denn May die Grenze zeitlebens nicht präzise gekannt hat), – sie mögen gleichwohl später erst vom Einfluß der *Märchengroßmutter* geweckt und gelenkt worden sein, wenn auch wahrscheinlich weit allgemeiner, als May es dann aus der späten Rückbeschaulichkeit sah: im Bild der Großmutter Johanne Christiane Kretzschmar (1780–1865), dem lange mit Anstrengung sublimierten, sammelte er alle hellen Züge seiner Kindheit überhaupt – Züge, deren bloße Anzahl schon nicht überschätzt werden darf. Riesenhaft erdrückend bleibt die Misere gegenüber einer Handvoll tröstlicher Momente, die sichtbar, wohlig gefühlig empfindbar wohl überhaupt erst aus dem langen Abstand wurden. Ganz abgesehen davon, daß schon ein schieres Rindsgemüt dazu gehört, es mit Thomas Manns perfidem ›Glück im Ghetto‹ zu halten, das es da ›auch‹ gegeben habe, ist den in der Altersdistanz gebastelten Selbstbeschreibungen immer zu mißtrauen: ihren geschamig verschönenden Geständnissen einstiger Schicksalsgeschlagenheit wie ihren Erinnerungen allgemein, den stets manipulierten, ausgesiebten, rosa retuschierten: – falsch muß allein die Proportion schon werden. Was May, der von dem ihn dauernd hauteng umdrängenden Material her unschätzbare Dokumente hätte liefern können, bedeutend hätte geraten müssen, wäre sein Begriff vom Dokument nicht zeitlebens gering geblieben, wurde ihm vereitelt: den ›Verlorenen Sohn‹, seinen *sozialen Roman,* verdarben ihm die albernen Klischees der Kolportage, und die Selbstbiographie, spätestes Niedergreifen auf den vergrabenen Hort frühester Erfahrung, wurde von ästhetischer Zensur verstellt (und von nur wieder viel zuvielen ego-bedingten und -gebundenen Zwecken): »In seinem Buche, da deutet er sehr viel vom Schmutz und Sumpfe seines Heimatortes Ernstthal an, und darüber hätte ich gern von ihm genaue Angaben gewünscht. Er versagte, weil ihm die Erinnerung daran wehe tat . . .«[8]

Unter die Erinnerungen, vor denen May versagte (anders: unter die Fiktionen, die ihm beim zwischen Lücken gebückten Sortieren nur allzu behilflich waren), gehört zuletzt auch die Rolle der Märchengroßmutter, *der Person, die in seelischer Beziehung den tiefsten und größten Einfluß auf meine Entwicklung ausgeübt hat; . . . ein ganz eigenartiges, tiefgründiges, edles und, fast möchte ich sagen, geheimnisvolles Wesen . . . ein herzliebes, beglückendes Rätsel, in dessen Tiefen ich schöpfen durfte, ohne es jemals ausschöpfen zu können . . .* Wie das Große Buch der Märchen selbst, *Der Hakawati / d. i. / der Märchenerzähler in Asia, Africa, Turkia, Arabia, Persia und India sampt eyn Anhang mit Deytung, explanatio und interpretatio auch viele Vergleychung und Figürlich seyn / von / Christianus Kretzschmann / der aus Germania war. / Gedruckt von Wilhelmus Candidus / A.D. M.D.C.V.*[9] durchaus nur ›figürlich‹ ist, so dürfte es auch die Erzählerin sein, der May erst ganz am Ende – als Krönung der sichtbar zwanghaft betriebenen Sublimation – auch die Autorität über sein Werk zuschrieb. Welchen Einfluß immer die sonderbare Frau auf ihn hatte, – die Inspirationsquelle des Kindes war sie in dem Sinne nicht, den die Selbstbiographie so unvergleichlich intensiv beschreibt. Die Suche nach den frühesten Anregungen hätte sich eher einem Mann zu widmen, den das späte ›Leben und Streben‹ gar nicht einmal mehr kennt; glaubwürdiger, echter erscheint, was May über ihn, den Schmiedemeister Christian Weisspflog, bereits 1899 in einer ersten, noch ganz spontanen biographischen Äußerung zu Protokoll gibt: *Ich hatte einen Pathen, welcher als Wanderbursche weit in der Welt herumgekommen war. Der nahm mich in der Dämmerstunde und an Feiertagen, wenn er nicht arbeitete, gern zwischen seine Kniee, um mir und den rundum sitzenden Knaben von seinen Fahrten und Erlebnissen zu berichten. Er war ein kleines, schwächliches Männlein, mit weißen Locken, aber in unseren Augen ein gar gewaltiger Erzähler, voll übersprudelnder, mit in das Alter hinüber geretteter Jugendlust und Menschenliebe. Alles, was er berichtete, lebte und wirkte fort in uns, er besaß ein ganz eigenes Geschick, seine Gestalten gerade das sagen zu lassen, was uns gut und heilsam war, und in seine Erlebnisse Szenen zu verflechten, welche so unwiderstehlich belehrend, aneifernd oder warnend auf uns wirkten. Wir lauschten athemlos, und was kein strenger Lehrer, kein strafender Vater bei uns erreichte, das erreichte er so spielend leicht durch die Erzählungen von seiner Wanderschaft. Er hat seine letzte Wanderung schon längst vollendet; ich aber erzähle an seiner Stelle weiter...*[10]

Vor das Bild der Mutter schiebt sich eine gewisse Sprachlosigkeit; Schuldgefühle, ihr gegenüber stärker als gegen andere, weil viel weniger greifbar, blieben noch im Alter Mays lebendig; darüber ist seine Erinnerung, die sonst durchaus mit allem fertig wurde, auffällig formelhaft und schweigsam geworden: – *sie war eine Märtyrerin, eine Heilige, immer still, unendlich fleißig, trotz unserer eigenen Armut stets opferbereit für andere, vielleicht noch ärmere Leute. Nie, niemals habe ich ein ungutes Wort aus ihrem Mund gehört. Sie war ein Segen für jeden, mit dem sie verkehrte, vor allen Dingen ein Segen für uns, ihre Kinder. Sie konnte noch so schwer leiden, kein Mensch erfuhr davon. Doch des Abends, wenn sie, die Stricknadeln emsig rührend, beim kleinen, qualmenden Öllämpchen saß und sich unbeachtet wähnte, da* kam es vor, daß ihr eine Träne in das Auge trat und, um schneller, als sie gekommen war, zu verschwinden, ihr über die Wange lief. Mit einer Bewegung der Fingerspitze wurde die Leidesspur sofort verwischt ... Was sie, bei dauernd grober Arbeit zwischen den grob dauernden Schwangerschaften, zu leiden hat, weniger unter der bloßen Armut selbst als unter dem tyrannischen Mann, ihrer durchaus schlechteren Hälfte, scheint sich in wortlos wachsender Schwermut geduckt zu haben (die in der Familie lag: ihr Vater, Christian Friedrich Weise [1788–1832], kehrte dem Weberglück durch Selbstmord den Rücken: »Ursache: Trunkenheit und Verzweiflung« vermerkt das Kirchenbuch); eher passiv nur ist der Einfluß, den sie auf die Entwicklung des Jungen nimmt. Einmal rafft sie sich auf, dem Elend, das der Vater nicht zu lindern vermag, mit einem eigenen Beruf beizukommen: sie geht nach Dresden, um einen Hebammen-Kursus zu absolvieren, und da sie am 13. 2. 46 die Prüfung ›vorzüglich gut‹ besteht, erhält sie 5 Wochen später die Bestallung als Hebamme in Ernstthal – ein Amt, in dem ihr dann die Tochter Caroline Wilhelmine verh. Selbmann (1849–1945) gefolgt ist.

Seit 1838 besaß die Mutter durch Erbschaft sogar einiges ›Vermögen‹ (das Geburtshaus Mays gehört dazu; und die Barschaft dürfte einiges beträchtlicher gewesen sein, als die Groschenaufzählung der Selbstbiographie glauben läßt: 60 vor dem Ehemann verborgen gehaltene Taler werden allein für den Hebammenkurs verwendet). Aber dem Heinrich August rinnt nach und nach alles durch die zwar fleißigen, aber übel leichtsinnigen Hände: *Wenn er auch nicht geradezu glaubte, plötzlich reich geworden zu sein, so nahm er doch an, jetzt zu einer andern Lebensführung übergehen zu dürfen. Er verzichtete darauf, sich sein ganzes Leben lang hinter dem Webstuhl abzurackern. Er hatte ja nun ein Haus, und er hatte Geld, viel Geld. Er konnte zu etwas anderem, Besserem greifen, was bequemer war und mehr lohnte als die*

Weberei ... Das Bessere: sind täppische Versuche als Tauben-
händler und ›Agent für alles mögliche‹; die Ersparnisse
schmelzen dahin; am 15. 4. 45 muß das Haus in der Niedergasse verkauft werden (und der Erlös von 515 Talern scheint
den gleichen Weg gegangen zu sein wie die raren ›Beutel‹; –
fürs Wirtshaus hat es bei dem Patriarchen sonderbarerweise
immer wieder gereicht, während die Familie sich mit dem
Nähen von ›Leichenhandschuhen‹ plagt und die Kinder *von
den Schutthaufen Melde* pflücken müssen, *von den Rainen
Otterzungen und von den Zäunen wilden Lattich, um das zu
kochen und mit ihm den Magen zu füllen. Die Blätter der
Melde fühlen sich fettig an. Das ergab beim Kochen zwei
oder drei kleine Fettäuglein, die auf dem Wasser schwam-
men. Wie nahrhaft und wie delikat uns das erschien!*): – man
zieht zur Miete an den Markt, in das Haus des Webermei-
sters Selbmann.[11]

Der Vater ist die weitaus interessanteste Persönlichkeit im
trüb verschwommenen Personale von Mays Kindheit und
Jugend. Einige auffällige Eigenschaften, die sich dem Sohn
vererbten und so sehr nicht mit dem erzgebirgischen Men-
schenschlag übereinzubringen sind, über weitere Voreltern
hin zu verfolgen, wäre freilich müßig: mit Wahrscheinlichkeit ist er ein außereheliches Kind (»Der Schwängerer soll ein
Unbekannter gewesen seyn« vermerkt das Kirchenbuch –
unentschieden, ob als bloßes Gerücht oder als Angabe des
Mannes, der einen Fehltritt der Märchengroßmutter mit seinem Namen zudeckte; zwei weitere Geburten in der Umgebung des Datums tragen den gleichen Zusatz; eine vierte:
»Der Schwängerer ist ein bayerischer Soldat«; 1810: Durch-
zug von Rheinbundtruppen[12]). Bei der Beschreibung des verworrenen Mannes hat May seiner Erinnerung besonders
behutsame Sperren vorgeschaltet, doppelt erklärlich, weil er
hier zugleich einer Selbstbeschreibung auswich; aber noch aus
den humorig vermummten Episoden blickt das Gesicht
zuweilen unangenehm genug hervor. Zwei Seelen müssen sich

auch in dieser Brust die Wohnung teilen: die eine sei *unendlich weich* gewesen, unpräzise verträumt, in Gedanken verspielt; die andere (der gewöhnlich 10 Stunden des Tages gehören – gegenüber 4 unendlich weichen) bietet einen wahrlich fatalen Anblick. *Da waren wir in steter Angst, ihn zu erzürnen ... Am Webstuhl hing ein dreifach geflochtener Strick, der blaue Striemen hinterließ, und hinter dem Ofen steckte der wohlbekannte ›birkene Hans‹, vor dem wir Kinder uns besonders scheuten, weil Vater es liebte, ihn vor der Züchtigung im großen ›Ofentopfe‹ einzuweichen, um ihn elastischer und also eindringlicher zu machen. ... Selbst in den heitersten und friedlichsten Augenblicken hatten wir das Gefühl, daß wir auf vulkanischem Boden standen und von Moment zu Moment einen Ausbruch erwarten konnten. Dann bekam man den Strick oder den ›Hans‹ so lange, bis Vater nicht mehr konnte ...* Daß der dauernde Konflikt zwischen seiner unleugbaren Intelligenz und der sie plump foppend umtölpelnden Unterumwelt sich hinter bleibend heiligmäßigem Wandel hätte verbergen lassen, wäre freilich nur utopisch anzunehmen; die lebenslänglich fruchtlosen Anstrengungen um ein besseres tägliches Brot, das ausgesprochen böseste aller Spiele, waren kaum geeignet, dem Heinrich May eine stabile gute Miene einzubringen, und sein Charakterbild hatte allerlei Ursache, in der Lokalgeschichte zu schwanken. In der späteren Erinnerung der betreffenden Ernstthaler lebte er als liederlicher, streitsüchtiger Trunkenbold fort; doch hat er in der Gemeinde Ämter bekleidet, die nur an Bürger ›von gutem, unbescholtenem Rufe‹[13] verliehen wurden: als 24jähriger bereits gehörte er zum ›Bürgergarden-Corps‹, später war er Marktmeister und im Alter noch Armenpfleger. Aber das alles sind ›Ehrenämter‹, die nichts eintragen. Der Drang nach dem Fortkommen aus dem nicht mehr geliebten Beruf in, sei's wie's sei, ein Anderes, ›Höheres‹, nimmt bei ihm mit wachsender Erbitterung nurmehr die Formen einer immer trüberen Groteske an. Spielhafte, wenn auch gallig ernste Realträume werden exerziert: militärische Chargen erscheinen am Wunschhorizont als Formen ›höheren Rangs‹: *Vater war Hauptmann der siebenten Kompanie* (einer anläßlich des 49er Aufstands zur ›Rettung des Königs‹ in Marsch gesetzten Dorfarmee; die Schilderung scheint allerdings bei May besonders bunte Blüten zu treiben) – und das grobe Vaterverlangen nach dem Vorgesetzter-Sein mißbraucht den Jungen als willig gekrümmte Folie. *Der Herr Hauptmann bekam einen Säbel und eine Signalpfeife. Aber er war mit dieser Charge nicht zufrieden; er trachtete nach Höherem. Darum beschloß er . . ., sich ganz heimlich . . . im ›höheren Kommando‹ einzuüben . . . So wurde ich einstweilen vom Handschuhenähen dispensiert und wanderte mit ihm täglich hinaus in den Wald, wo auf einer rings von Büschen und Bäumen umgebenen Wiese unsere heimlichen Evolutionen vorgenommen wurden. Vater war bald Leutnant, bald Hauptmann, bald Oberst, bald General; ich aber war die sächsische Armee. Ich wurde erst als ›Zug‹, dann als ganze Kompagnie einexerziert. Hierauf wurde ich Bataillon, Regiment, Brigade und Division . . . Aber ich war noch so jung und klein, und so kann man sich bei dem jähen Temperamente meines Generals wohl denken, daß es mir nicht möglich war, mich in so kurzer Zeit von der einfachen, kleinen Korporalschaft bis zur vollzähligen, gewaltigen Armee zu entwickeln, ohne die Strenge der militärischen Disziplin an mir erfahren zu haben . . .* Obwohl May dann noch gutmütig bekennt, er habe durchaus *Lust und Liebe zur Sache* gehabt, scheint von jenen frühen, albern scheußlichen Erfahrungen seine Einstellung zum Militär zu datieren: später war er ebenso wehruntauglich wie -unwillig, und im Alter gab er schließlich in aller Ruhe zu Protokoll, daß zum Soldatenberuf eigentlich nur körperliche und geistige Krüppel geeignet wären[14] (ein Einfall, den bekanntzumachen freilich damals schon Perlen vor die Deutschen werfen hieß). Aber dann notiert er auch wieder, halb ergriffen sogar, den komischen

Ausruf des Kantors Samuel Friedrich Strauch (1788 bis 1860), der beim Vorbeimarsch der Königsretter dem Jungen die rechte Einstellung zur Obrigkeit wies – (und Kantors Wort ist ja fast schon Gottes Wort; wer wollte da nicht mit-glauben –): »*Es ist doch etwas Großes, etwas Edles um solche Begeisterung für Gott, für König und Vaterland! ... Das Glück bringt sie ein, das wirkliche, das wahre Glück!*« *... Ich ging nach unserm Hof. Da stand ein Franzäpfelbaum. Unter den setzte ich mich nieder und dachte über das nach, was der Herr Kantor gesagt hatte. Also Gott, König und Vaterland, in diesen Worten liegt das wahre Glück; das wollte und mußte ich mir merken!* Und das hat sich May dann zeitwei-lig auch nur zu gut gemerkt – und es seine Leser, die ebenso *lieben* wie *deutschen*, ebenfalls gehörig merken lassen.

Mit fünf Jahren ist seine Kindheit zu Ende. Aber *keine Jugend* hat danach mehr Raum; die mit dem Schulbesuch (1848–56) sichtbar werdende Lernbegabung verleitet den Vater zu nebulosen Zukunftsplänen, hinter deren wütendem Betreiben das Bewußtsein des eigenen Versagens zum Schwei-gen kommen soll: zum unsinnigsten Vielwissen wird der Junge genötigt. Alles bei Pfarrer und Rektor nur Greifbare muß schwarz auf weiß besessen werden; der konfuse Bil-dungsbegriff des Vaters verlangt förmlich kulihafte Demon-strationen: ganze Kompanien von alten Gebetbüchern, Rechenfibeln, antiquierten Naturgeschichten muß der Junge wahllos abschreiben. Die Reaktion mag schon damals unter der Schwelle sich eingestellt haben: durchsichtiger zumindest wird, warum sein Umgang mit dem Wissen (zu schweigen von ›den Wissenschaften‹) zeitlebens dilettantisch blieb und nie die Heftigkeit des Kennverlangens erreichte, die den eigentlichen Autodidakten bezeichnet. Gefördert wird auch die musikalische Begabung: Orgel-, Geigen- und Klavierspiel bringt der Kantor bei, dazu das Handwerkliche des Tonsat-zes. Die Texte der alten Kirchengesänge machen lateinischen Unterricht wünschenswert; und als wieder einmal ein Auswandererzug die Elendsgegend verlassen will, um ›drüben‹ die bessere Zukunft aufzusuchen, stellt sich die Gelegenheit fürs Englische ein (das May freilich, wie die sämtlichen vierzig Sprachen, deren er sich später rühmte, nur in den Anfangsgründen beherrschte); Französisch kommt gleichzeitig (nur wenig besser fundiert) hinzu. Und was sich bei diesem Wust noch an freien Viertelstunden und Sonntagspausen hatte erübrigen lassen, fällt schließlich dem letzten, verderblichen Unfug zum Opfer, den der Vater sich einfallen läßt oder zumindest duldet: als für die Hohensteiner Schankwirtschaft Engelhardt ein Kegelaufsetzer gesucht wird, gerät der Junge, eben 12 Jahre alt, für ganze Tageteile in den Dunstkreis der dörflichen Biertischbürger, und wie er, von abgestandenen Resten geistiger Getränke animiert, labil und ahnungslos den um so weniger geistigen Tagesratsch in sich aufnimmt, so ist er auch ahnungslos dem zweiten Gift ausgeliefert, das ihn durchsetzt: der Hintertreppenbücherei der Kneipe, deren Schund ihm Rechts- und Wirklichkeitsgefühl verzerrt: wo die Not am höchsten, ist Rinaldo Rinaldini am nächsten: und so macht sich der Junge eines Tages auf, um ›in Spanien‹ bei einem der Edlen Räuber Hilfe zu holen ... Für lange Jahre hat ihn so der Kitsch infiziert.

Die Rectoratsschule verläßt Karl May mit dem Zeugnis »Wissenschaften II; Sittliches Verhalten I«; das Elternhaus, die Vater-Stadt verläßt er so gut wie ohne jede innere Festigung. Töricht bliebe der bisweilen unternommene Versuch, die 14 bizarre Jahre lang genossene Erziehung zu bagatellisieren: was aus ihr erwächst, aus einer Serie banaler Unfälle, wird zu einem Monstrum von Fall – und konsequent noch in jedem gedunsenen Detail. Zu suchen, wenn auch nicht gleich heimzusuchen: wären die Sünden des Kindes bei und an den Vätern, und nicht nur bis ins dritte und vierte Glied ...

Waldenburg und anderswo

Die ganzen 20 Jahre Folgezeit, der zeitlupig zäh dauernde Sturz in den Maelstrom ›des Lebens‹, das den allzu unzulänglich präparierten Armen weidlich schuldig werden läßt, warten noch immer auf eine Spezialarbeit[15], die sie – und mit ihnen ein Bündel bloßer bunter Gerüchte – zuvorderst einmal schlicht faktisch aufzuklären hätte. Und wenn sie auch so kompliziert nicht sind, daß man dafür, wie May es später wollte, nun gleich nur die Fach-Psychiatrie anrufen müßte, so bleiben doch die zu ihrer Erklärung nötigen Wege verwickelt und weitläufig genug; im enger beschränkenden Rahmen dieser Darstellung würden sie einfach ›zu weit‹ führen. Zwischen der wechselseitig geübten Beschönigung und schäumender Aufbauschung irgendeine milde Mitte zu suchen, wie es diesen und jenen Lesern (besonders jenen) wohl gefällig wäre, ist bloßer Verlust, und nicht nur von Zeit; – ein Datenreferat statt dessen, kurz, und trocken vertrackt, wäre vorzuziehen: facts on file. So unbedingt dramatisch hat sich gar nicht aufzuführen, was Furcht und Mitleid reichlich genug erwecken kann . . .

Zu Ostern 1856 (23. 3.) wird May konfirmiert: »Halte an dem Vorbilde der heilsamen Worte, die du von mir gehört hast . . .« lautet der Kernspruch, den man ihm ›auf den Weg‹ gibt; in dieser Gemeinde hat er Heilsames vergleichsweise nicht eben viel gehört. Der Berufswahl setzen sich nach wie vor die Grenzen der materiellen Not; zum offenbar erwünschten Medizinstudium reicht es nicht; so soll er Lehrer werden. Der Pfarrer erwirkt beim Kirchenpatron, dem Grafen von Hinterglauchau, eine jährliche Unterstützung von 15 Talern[16]: ein winziger Zuschuß zu dem, was die Familie erhungern muß. Im Seminar Waldenburg besteht May die Aufnahmeprüfung; zu Michaelis (29. 9.) 1856 wird er dort als Proseminarist offiziell aufgenommen; und zu Michaelis 57 dann beginnt die Zeit, in der unter den üblich anderen auch die ersten schlimmen Lehren auf ihn warten. Daß er die Entfernung vom häuslichen Heerde und der daneben hängenden väterlichen Zuchtrute als Befreiung sieht, kann auch die steife Anstaltsdisziplin nicht dämpfen; so ist er wohl gleich zu Anfang ein bißchen mehr Mensch, als er's nach Meinung der hohen Direktion hier sein sollte: etwas zu rasch vollzieht sich das Erwachen der lange geduckten, voller Mucken steckenden kleinen Person: kein atemlos lauschender Wissensdürster sitzt zu Füßen der Katheder links vorn über ihm (was sie zu bieten haben, weiß er rasch und leicht zu begreifen), sondern »ein guter Durchschnittsrüpel«, wie es ein Kenner der Seminarakten zusammenfaßt.[17] Besonders ›glücklich‹ hat sich May während der Waldenburger Jahre wohl jedenfalls kaum befunden; und die Ferien verbringt er durchaus gern wieder in der Heimatstadt, dort freilich weniger in der elterlichen Marktwohnung als in der Hermannstraße 53, wo das Schwesternpaar Anna und Laura Preßler ihn stark beschäftigt, vorab die ihm gleichaltrige Anna, *Meine 1. Liebe*[18] (die allerdings, trotz der ihr innig zugesungenen Liebeslieder, 1858 die Ehe mit einem Schnittwarenkrämer der Romantik vorzieht). Die Anstalt ist dagegen ein um so öderer Aufenthalt, ein trostlos trockenes Vertriebsbureau lexikalisch gestapelten Wissens; die Darstellung der Selbstbiographie wird von den Dokumenten ausgiebig bestätigt: *Der Unterricht war kalt, streng, hart. Es fehlte ihm jede Spur von Poesie. Anstatt zu beglücken, zu begeistern, stieß er ab ... Man lehrte nämlich weniger das, was zu lernen war, als vielmehr die Art und Weise, in der man zu lernen hatte ... In meinem Wissen fehlte das feste Gerippe. Ich war in Beziehung auf das, was ich geistig besaß, eine Qualle, die weder innerlich noch äußerlich einen Halt besaß und darum auch keinen Ort, an dem sie sich daheim zu fühlen vermochte ... Daß May dies damals bereits sicher erkannte und unausgesetzt an meiner seelischen*

Gestalt herumarbeitete, mich innerlich zu säubern, zu reinigen, zu ordnen und zu heben, ist zweifelhaft; bloßer Instinkt scheint sich gegen die von engen Disziplinen vergitterte Um- und Unwelt gekehrt zu haben, besonders deren dressierte Christlichkeit, die *selbstgerechte, starre, salbungsvolle und muckerische Schulmeisterreligiosität*[19] (eben jene, die er selber in seinen Erfolgsjahren dann recht virtuos praktizierte): *Es gab täglich Morgen- und Abendandachten, an denen jeder Schüler unweigerlich teilnehmen mußte ... Wir wurden sonn- und feiertäglich in corpore in die Kirche geführt ... Es gab außerdem bestimmte Feierlichkeiten für Missions- und ähnliche Zwecke ... Und es gab für sämtliche Seminarklassen einen wohldurchdachten, sehr reichlich ausfallenden Unterricht in Religions-, Bibel- und Gesangbuchlehre ...* Und so weiter. Als May im April 59 einmal dem Nachmittagsgottesdienst fernbleibt, setzt es denn auch sogleich eine Verwarnung; überhaupt sei er von »schwachem religiösen Gefühl«[20], findet hernach die Anstaltsleitung: ein Nächster, der nur mit Vorbehalten zu lieben wäre: »arge Lügenhaftigkeit und rüdes Wesen«[21] sind ihm eigen: es fehlt am rechten Geiste, dem wohldressierten, in spanische Stiefel eingeschnürten: mit diesem Schüler kann es kein gutes Ende nehmen ...

Die offenbare Abneigung seiner Aufseher verschärft bis zur Bösartigkeit das Unglück, das May Mitte November 59 über sich bringt: da ist er »Lichtwochner«, hat die Beleuchtung der Klassenräume zu versorgen, verwaltet den Kerzenvorrat; – und in einem wirren Moment nimmt er »6 ganze Lichte«[22] an sich (an anderer Stelle: »1 Pfund Talglichter«[23]), verbirgt sie 2 Wochen lang in seinem Koffer, und da werden sie dann, auf Anzeige zweier Mitschüler, gefunden: – an der Eigenbeschreibung, die in ausführlicher Harmlosigkeit von *Talgresten* redet, *höchstens für Schmiere zu gebrauchen ... Schmutz ... nicht drei Pfennig wert,* scheint ›richtig‹ nur der dargestellte Zweck zu sein: das Wachs soll den Eltern und Geschwistern zum Christfest leuchten. Statt dessen entzündet der Seminardirektor Dr. Schütze die qualmende Fackel der Gerechtigkeit; eine Konferenz beschäftigt sich mit dem *infernalischen Charakter* (21./22. 12. 59); ein Bericht geht an das vorgesetzte Gesammt-Consistorium Glauchau, das wiederum, kerzengerade an Leib und Seele, dem Dresdener Cultusministerium Meldung macht; steif und gesetzlich reitet der Amtsschimmel retour; und am 28. 1. 60 sprechen die Gerechten zu Waldenburg die Höchststrafe aus, die ihnen die Seminarordnung an die Hand gibt: Verweisung von der Anstalt »wegen sittlicher Unwürdigkeit für seinen Beruf...«[24]

Den folgenden Monat über wird May alle Hände voll zu tun gehabt haben, sein (wohl auch vom Vater zusätzlich) schlimm gestoßenes Gleichgewicht wiederzugewinnen; am 6. 3. 60 dann rafft er sich auf, ein Gnadengesuch an das Cultusministerium zu richten[25], befürwortend unterstützt vom Ernstthaler Pfarrer Schmidt; und man ist einsichtig, man will die gewünschte Gnade vor Anstaltsrecht ergehen lassen: zwar verstreichen über dem langen Amtsweg noch bängliche 6 Wochen, doch dann, am 24. 5., empfängt May vom Seminardirektor Wild, Plauen, den Endbescheid, daß er seine Studien dort fortsetzen darf. Am 2. 6. besteht er die Aufnahmeprüfung; 2 Tage später tritt er ein.

In Plauen hat er dann – wenn auch nicht ganz reibungslos – die Ausbildung bis zum Ende absolviert. Am 17. 8. 61 erhält er von der Seminarkonferenz die eingeschränkte Sittenzensur »Zur Zufriedenheit«; am 23. 8. meldet er sich zur Schulamtskandidatenprüfung; vom 9. bis 12. 9. stellt er sich der Schätzung seines positiven Wissens; und am Tag darauf kann er die Gesamtzensur »Gut« denn endlich getrost nach Hause tragen: es ist gelungen.[26]

Für die Armenschule zu Glauchau wird ein Hilfslehrer gesucht. Am 5. 10. 61 spricht May auf der Superintendentur vor, quittiert mit Handschlag die ihm vorgelegten Bedingungen und erhält »gegen das hier übliche Vicariatsgehalt« (175 Taler jährlich plus Logisgeld) die 4. Klasse der Armenschule

überantwortet.[27] Aber nur von kurzer 14tägiger Dauer ist
der Dienst, den sich der Neunzehnjährige etwas zu versüßen
trachtet. Am 17. 10. »erscheint der hiesige Kaufmann Herr
Ernst Theodor Meinhold in der großen Färbergasse 7, gibt
an, daß der Hilfslehrer Carl Friedrich May bei ihm seit dem
5. Oct. sich in Wohnung und Kost gegeben, während dieser
kurzen Zeit aber in der unwürdigsten Weise durch Lügen
und Entstellungen aller Art sich bemüht habe, die Ehefrau
von ihm abwendig und seinen schändlichen Absichten geneigt
zu machen...«[28] Zwar ist der Untäter, vor dem die Gerechten ein weiteresmal kunstvoll zurückbeben, durchaus »dieser
Absicht nicht geständig«[29], muß aber einräumen, »daß er
sich Annäherungen an die Ehefrau des p. Meinhold erlaubt
habe...«: so wird ihm nahegelegt, die fristlose Kündigung
zu akzeptieren, und wieder muß er sich nach einer neuen
Bleibenden Statt umsehen.

Sie findet sich immerhin noch rasch: am 26. 10. stellt sich
May beim Superintendenten Kohl in Chemnitz vor; der holt
sich von der Kgl. Kreisdirektion in Zwickau die (bedingte)
Zustimmung zur Anstellung des Lehrers; am 6. 11. tritt May
sein Amt bei den Fabrikschulen der Firmen Solbrig und
Claus in Altchemnitz an – (und »der noch sehr junge Lehrer
hat kein übles Lehrgeschick«, wird dann von Kohl anläßlich
einer Schulrevision am 10. 12. beifällig vermerkt[30]: die
Schwierigkeiten scheinen überwunden). Aber der fromme
Wunsch, den der Glauchauer Amtsbruder des p. Kohl auf die
Post gibt: Gott werde Mithilfe leisten, »daß die ernste Verwarnung, mit welcher der p. May von hier entlassen worden
ist, Frucht tragen möge«[31]: erfüllt sich nicht. Als May auf
Befragen nach den Ursachen seines so eiligen Scheidens aus
jener ersten Stellung erzählt, wie er »dort das Unglück
gehabt, bei einem dem Trunke ergebenen Wirthe zu wohnen«
und »er unverhohlen demselben sein schändliches Treiben
aufgedeckt« und »jener Mann... ihn nicht nur bei dem
Herrn Consistorialrath und Superintendenten Dr. Otto ver-

klagt, sondern auch anderen Leuten gegenüber verunglimpft«
und »seinem Rufe in Glauchau geschadet habe«[32], erblickt
der D. Otto »den Beweis, daß der Lügengeist, dem der junge
Mensch ... sich ergeben hat, von ihm noch nicht gewichen ist«,
und empfiehlt, »den jungen Menschen zuvor einer sorgfälti-
gen Überwachung und einer längeren scharfen Prüfung zu
unterwerfen«[33]. Die ›Wahrheit‹ des so überflüssig gebausch-
ten Falls mit gleicher Schärfe zu überprüfen, scheint sich
dagegen den beteiligten Sittenrichtern nicht empfohlen zu
haben: nur »erforderlichen Falles« sollen der Kläger Meinhold
und seine »in allen Stücken unschuldige Ehefrau«[34] ihre
Angaben eidlich bestärken; und »überdies war der Ruf einer
achtbaren Familie möglichst zu schonen«[35]. May zu schonen:
war kein Anlaß; so wird (nur eine der Folgen jenes Abwei-
chens vom schnurgerade sturen Pfade amtlicher Tugend) ihm
eröffnet, »daß er nur provisorisch und unter speciellster Con-
trolle sein Amt als Fabriklehrer zu Altchemnitz verwalten
könne, und er bei der geringsten Veranlassung zu Unzufrie-
denheit mit ihm in Lehre, Leben und Wandel seiner Stellung
wieder werde entlassen werden...«[36]: jeder Schritt geht
jetzt über Glatteis.

Ein weiteresmal verkehrt sich May solcherart eine verhält-
nismäßige Bagatelle in einen nicht geringen Schock; ein weiterer Nebel kommt dem blinden Gewölk hinzu, das sich in
ihm zusammenbraut. Die erste Folge läßt nicht lange auf sich
warten. Am 21. 12. 61 fährt er in die Weihnachtsferien nach
Hause; – da wird er am 2. Feiertag ganz plötzlich im
Hohensteiner Gasthof ›Drei Schwanen‹ verhaftet, wo er
gerade Billard spielt. Die Anschuldigung: er habe seinem Stu-
bengenossen in Altchemnitz eine Uhr gestohlen, eine »An-
beißpfeife« und eine »Cigarrenspitze« ... Die Gegenstände
werden bei ihm gefunden, doch leugnet er die Absicht des
Diebstahls (und glaubwürdig ist die auf die Uhr, die angeblich mit Zustimmung des Eigners öfter schon entliehene, sich
beschränkende Selbstdarstellung durchaus: gleichwohl bleibt

auch diese ›widerrechtliche Benutzung fremder Sachen‹ nach dem – später mit Grund aus dem RStGB 1871 fortgelassenen – § 330 des StGB f. d. Kgr. Sachsen (1855) auf Antrag eine strafbare Handlung, die mit ›Gefängnis bis zu 6 Wochen‹ gerächt wird[37] –): man liefert May in Untersuchungshaft beim Gerichtsamt Chemnitz ein, das auch den Superintendenten Kohl in Kenntnis setzt. An Kohl auch schreibt am gleichen 26. 12. noch Heinrich May einen Brief, aus dem hervorgeht, wie dunkel der Fall auch für die Familie war: »Wohl werden Sie von dem traurigen Vorfalle meines Sohnes ... Kunde erlangt haben. Das Vorgekommene versetzt mich, sowie meine ganze Familie in den tiefsten Kummer, da wir durchaus gar nicht wißen, wie sich eigentlich die Sache verhält. / Ich kann kaum glauben, daß mein Sohn die Uhr in der Absicht an sich genommen hat, einen Diebstahl begehen zu wollen. Ich glaube vielmehr, daß er es gethan hat, besagte Uhr während der Feiertags Ferien zu benutzen und sie dann stillschweigend wieder an den Ort ihrer Bestimmung hinzubringen. / Sollte es sich so verhalten, wende ich mich im Vertrauen auf Ihre Güte mit der unterthänigsten Bitte an Sie, falls Sie etwas zum Schutze meines Sohnes beitragen könnten, dasselbe geneigt thun zu wollen, da ich nicht weiß, wohin, oder an wem ich mich wenden soll. / Sollte die kaum begonnene Laufbahn meines Sohnes schon eine andere werden, und vielleicht eine solche, welche mit der größten Ungewißheit umgeben ist, welch ein Unüberwindlicher Schmerz würde das für uns alle werden ...«[38] Denn die Folgen einer Verurteilung waren auch den Eltern aus den ›Verhaltensregeln für Schulamtscandidaten des Kgr. Sachsen‹[39] nur zu gut bekannt ... Aber der Superintendent hegt keine der gewünschten Superintentionen; erst 16 Monate später erkundigt er sich einmal beim Chemnitzer Gerichtsamt nach dem Verbleib dieses Geringsten unter seinen Nächsten: »ob derselbe Strafe erhalten und seine Strafe verbüßt hat ...«[40]; er liest die Antwort: »... daß der Fabriklehrer C. F. Mai zu

Altchemnitz durch den in 2. Instanz bestätigten Bescheid des unterzeichneten Gerichtsamtes wegen Diebstahls zu 6 Wochen Gefängnis verurtheilt worden ist und nach Abschlagung der von ihm bzw. seiner Eltern angebrachten Gnadengesuche diese Strafe vom 8. Sept. bis 20. Oct. 1862 verbüßt hat ...«[41] Der Dreivierteljahrszeitraum zwischen der Inhaftierung und der Verbüßung der Strafe scheint eigentliche Beweise nicht zutage gebracht zu haben; May wird »ungeachtet seines Läugnens für überführt erachtet«, wie es etwas später ein Zeitungs-Report weiß[42] (die Akten selber sind nicht mehr erhalten): eine Verurteilung auf Indizien hin also, – und wenn auch ein Leugnen Mays nun leider gar nichts besagen würde, so ist auf der anderen Seite die Strafbemessung, die auf den genannten § 330 paßt, doch ein Hinweis, daß der Kgl. Sächsischen Gerechtigkeit bei ihrem Ratschluß gar so wohl nicht war: – der Fall wird immer unentschieden bleiben.

Weniger unentschieden ist die Wirkung, die er – jenseits aller Rechts- und Unrechtserwägungen – auf den Getroffenen hat: dem kommt er *wie ein Schlag über den Kopf, unter dessen Wucht man in sich selbst zusammenbricht. Und ich brach zusammen! Ich stand zwar wieder auf, doch nur äußerlich; innerlich blieb ich in dumpfer Betäubung liegen; wochenlang, ja monatelang ... Es herrschte jetzt in mir das strikte Gegenteil von Klarheit; es war Nacht; es gab nur wenige freie Augenblicke, in denen ich weitersah, als grad der heutige Tag mich sehen ließ. Diese Nacht war nicht ganz dunkel; sie hatte Dämmerlicht. Und sonderbar, sie erstreckte sich nur auf die Seele, nicht auf den Geist. Ich war seelenkrank, aber nicht geisteskrank ...* Und die lange Apologie, die May im Alter seinem damaligen Zustand widmete, mag immer mit gehört werden, so sehr sie sich dem gepeinigten alten Mann auch in die Theorie verschob; entschuldigen müssen ihn nicht die Zwangszustände einer gestört verwirrten Seele, sondern ganz platt und massiv die förmlich verschwörerisch um ihn zusammengerotteten Realitäten ... denen freilich seine stets mehr von flackerndem Affetto als intellektuell gesteuerte Person nur allzu unglückselig Vorschub leistet.

Aus der Chemnitzer Haft entlassen, geht May zu den Eltern nach Ernstthal; die nächsten anderthalb Jahre verbringt er dort mit wechselnd kümmerlichem Fristen seines unübersichtlich gewordenen Lebens. Privatstunden geben die dünne Basis; als Rezitator tritt er gelegentlich auf, als Musikant; den Gesangverein ›Lyra‹ scheint er zeitweilig geleitet zu haben (dafür entstehen eine Reihe Kompositionen, Gebrauchsmusik, flott und flach gemachte, je nachdem *Vaterunser*-mäßig getragen oder *Immer forsch resolut*[43]). Ob freilich die ersten schriftstellerischen Versuche (von Gelegenheitsreimereien abgesehen) bereits in diese Zeit fallen, bleibt unbewiesen: *Humoresken schrieb ich von 1860 an*[44], heißt es in einer späten Notiz, und: *Meine ersten Veröffentlichungen erschienen schon im Jahre 1863 . . .*[45] Durchaus falsch jedenfalls sind die grandiosen Gesten der Selbstbiographie: *Um meine Zukunft oder um eine Anstellung war es mir nicht; die hätte ich zu jeder Zeit erhalten können . . . Und ich begann zu schriftstellern. Ich schrieb erst Humoresken, dann ›Erzgebirgische Dorfgeschichten‹. Ich hatte nicht die geringste Not, Verleger zu finden. Gute, packende Humoresken sind äußerst selten und werden hoch bezahlt. Die meinigen gingen aus einer Zeitung in die andere . . .* Weder noch und weder noch; wie später immer wieder, hat man auch hier May gegen seine eigenen, ungeschickt bezweckten Behauptungen in Schutz zu nehmen. Denn: am 20. 6. 63 verfügt das Kultusministerium auf Antrag der Kreisdirection Zwickau, daß er aus der Candidatenliste gestrichen wird[46]; seine Zeugnisse werden kassiert; und wenn er gar, ganz heimlich, und wider schlimmeres Wissen, vielleicht doch noch gehofft hat, aus der müßigen, wenig süßen Ernstthaler Stagnation eines Tages wieder in den alten Beruf fortzukommen, so ist es damit jetzt gründlich aus: er steht wieder am Anfang, steht – nach sechs Jahren nun vergeblicher Quälerei – vor dem Nichts.

Ein Jahr eben dauert es, bis sich die Konsequenzen einstellen.

Am 9. 7. 64 erscheint in Penig ein »Dr. med. Heilig, Augenarzt und früher Militair aus Rochlitz«: »Alter: 21–23 Jahre; Größe 68–69 Zoll; Statur: mittel und schwach; Gesicht: länglich, blaß; Haare: dunkelbraun; Nase und Mund: proportioniert; Stirn: hoch und frei ... Brille mit Argentangestell ... von freundlichem, gewandtem und einschmeichelndem Benehmen ...«[47]: Portrait of the Artist as a Young Man. Derselbe läßt sich in einem Kleidermagazin ausstaffieren (nicht ohne den Doktor-med zuvor durch ein »zwar eine gute Schulbildung aber keine eigentliche medicinische Ausbildung verrathendes Augenheilrezept«[48] unter Beweis zu stellen) und verschwindet sodann, ohne zu bezahlen ... Am 16. 12. 64 taucht er als »Seminarlehrer Lohse« in Chemnitz wieder auf, läßt sich (mittlerweile mit kurzem dünnen Backenbart versehen und in den Augen der Gendarmerie auf 26 Jahre und 72 Zoll Größe avanciert) in den Gasthof ›Zum Anker‹ diverses Pelzwerk kommen (»Wert über 100 Thlr.«), begibt sich damit ins Nebenzimmer, um es dort seinem »kranken Herrn Direktor« zu zeigen, kehrt aber nicht zurück, sondern entfernt sich vielmehr alsbald »mit dem um 3 Uhr nach Leipzig gehenden Eisenbahnzuge ...«[49] In Leipzig aber spürt das Völkchen dann doch, wer sie da laufend am Pelzkragen hat: als sich am 20. 3. 65 der Notenstecher Hermin (gelegentlich auch »Hermes«: nach so brillanten Erfolgen nicht mehr nur einfacher Dieb, sondern gleich Gott der Diebe) am Thomaskirchhof 12 einmietet und sogleich das alte Manöver wiederholt, geht der Hauswirt zur Polizei; die Pfandleihen werden benachrichtigt; man kommt dem Fremden auf die Spur, die ins Rosental führt; – und dort wird er nach einem Handgemenge »ergriffen und nachher mittels eines Fiakers hierher transportiert«: aufs Polizeiamt Leipzig. Dort ist der Arretierte »anfänglich ganz regungslos und anscheinend leblos gewesen und hat auch, nachdem der Polizeiarzt herzugerufen wurde, nicht gesprochen und erst später angegeben, daß er Karl Friedrich May heiße, in Ernstthal heimatberechtigt und dort Lehrer gewesen sei . . . «[50]

Ob May in den offenen Zwischenzeiten ähnlich tätig gewesen ist[51], wie es später in so rüdem Ausmaß behauptet wurde, läßt sich mit Sicherheit nicht entscheiden, ist aber unwahrscheinlich: verurteilt wird er ausschließlich aufgrund der 3 hier skizzierten Delikte. Am 8. 6. 65 ist die Verhandlung vor dem Bezirksgericht Leipzig; »allenthalben des ihm Beigemessenen geständig«[52], wird er »wegen unter erschwerenden Umständen verübten gemeinen Betrugs«[53] (an anderer Stelle: »wegen mehrfachen Betrugs«[54]) zu der Strafe verurteilt, die heute gelegentlich für Beihilfe zum Massenmord verhängt wird: 4 Jahre 1 Monat Arbeitshaus . . .

Eine Woche später ist das »unwürdige Glied des Lehrerstandes«[55] nur noch die »Nummer 171« unter den rund 1000 Gefangenen der Strafanstalt Schloß Osterstein in Zwickau.

Acta in Sachen des Rechtes ·/. C.F.M.

Es ist weit über ein Menschenalter her, daß ich an einer
schweren seelischen Depression erkrankte, deren Äußerungen
man vor den Strafrichter brachte, anstatt vor den Arzt und
Psychologen. Ich habe es schwer zu büßen gehabt, daß der
Stand der gerichtlichen Psychologie damals noch nicht derselbe war, wie er es heutigen Tags ist. Heut würde man mich
freisprechen ...⁵⁶ Heute: zwei weitere Menschenalter nach
der Niederschrift dieser Sätze: würde man May gewiß eben-
sowenig ›frei-sprechen‹ wie damals; und ob der ›Stand der
gerichtlichen Psychologie‹ in den vergangenen 100 Jahren
eine heilsame Änderung erfahren habe, ist eine Frage, auf die
das Strafgesetzbuch auch nach Revision nur eigentlich trübe
Antworten austeilt. ›Vor Gericht‹, vor welchem immer,
wäre Mays Fall nur wenig aussichtsreich, heute wie immer⁵⁷;
ein Verstehen ließe wohl einzig aus jener Humanität sich
erwarten, nach der sich der alte Mann dann so verzweifelt
umsah und so vergeblich: die er, blind tappend zwischen
den mit ihm alt gewordenen Erinnerungen, nicht mehr zu
greifen bekam, so süchtig auch er zu ergreifen suchte. Anrührend immer bleiben diese späten Versuche, die heillos
dunkle Zeit seiner Jugend ins Licht der Begnadigung zu
bringen; bei sachlicher Aktennüchternheit zu bleiben haben
gleichwohl die kurzen Referate, mit denen sie im Gesamt-
bild seines Charakters noch am ehesten menschlich vorüber-
zuschaffen ist.

Am 2. 11. 1868 wird May »in Folge Allerhöchster Gnade«
vorzeitig aus Osterstein entlassen. Aber die brutal verhängte
lange Zeit hat von allen theoretisch möglichen Wirkungen die
unterste gezeitigt, die nächstliegende und verständlichste: nur
geduckt versteckt unter verworrener Schweigsamkeit, bricht
sie im Augenblick des Freiwerdens durch die dünne Kontroll-

decke herauf. Er geht zu den Eltern nach Ernstthal, *und
kaum war ich dort, so stürzte sich alles, was ich beseitigt
glaubte, wieder auf mich. Die Anfechtungen begannen von
neuem. Ich vernahm unausgesetzt den inneren Befehl, an der
menschlichen Gesellschaft Rache zu nehmen, und zwar
dadurch Rache, daß ich mich an ihren Gesetzen vergriff* ...
Die ›inneren Stimmen‹, auf die May in der späten Beschreibung den Konflikt projizierte, sind freilich bereits Imagines
einer höheren Einordnung; bei kälterem Licht besehen, und
abgelöst von der belletristischen Überfärbung, zeigt sich der
Zwiespalt weit verwischter, dumpfer in der tieferen Region
der kaum mehr sichtbar abgegrenzten Antriebe: wenig wahrscheinlich ist, daß die Parteien des Getümmels dem Bewußtsein
deutlich geworden wären, einem Bewußtsein, das – ohnehin
unklar genug – von den immer dichter heraufreichenden, von
Alkoholzufuhr aufgerührten Bodensätzen fehlschlägiger Erziehung am Ende nun ganz eingetrübt wird. Nach knapp
5 Monaten Freiheit bereits folgen die Folgen.

Am 29. 3. 69 begibt sich ein vorgeblicher Polizeileutnant v.
Wolframsdorf aus Leipzig in Wiederau auf einen Ostermon-
tagsspaziergang zum Krämer Reimann, teilt diesem mit, er
sei »beauftragt, nach Falschmünzern, mit denen Reimann
bereits seit Jahren in Verbindung stehen solle, zu recherchieren«[58] und fordert den stramm stehenden Untertan forsch
auf, doch einmal seine Kassenscheine zur Prüfung herzuzei-
gen – (und der Auftritt wird schon echt genug ausgefallen
sein: den ›Leutnantston‹ beherrschte May, wie er dann in
den Kolportageromanen demonstrierte, durchaus virtuos).
Ein Zehn-Taler-Schein wird herbeigeholt; natürlich ist er
falsch und läßt sich »nach anscheinend genauer Unter-
chung« beschlagnahmen. Enttäuscht nun von der geringen
Ausbeute seines Recherchierens, erblickt der Herr von Wolframsdorf des Krämers »vergoldete Zylinderuhr« (Wert: 8
Taler) und nimmt auch diese zu sich, »mit dem Bemerken,
daß er sie als gestohlen erkannt«. Dann fordert er Reimann

auf, »behufs weiterer Erörterung mit ihm nach Clausnitz zu gehen, wo sich die Gendarmerie befinde«; doch dort wartet der Krämer vergeblich im Gasthof, daß man ihn zur Einvernahme hole: der Polizeileutnant ist verschwunden . . .

Weniger freundlich verläuft der zweite Streich, der diesem sogleich folgt. Ermutigt von der Erfahrung, wie leicht es in Deutschland doch sei, das Volk im Gewande der Obrigkeit um brachliegende Barschaften zu bringen, erscheint am 10. 4. 69 ein weiteresmal ein »Mitglied der geheimen Polizei« beim Seilermeister Krause in Ponitz, verlangt diesen unter vier Augen zu sprechen und fordert ihn dreist zur Vorlage der im Haus vorhandenen Gelder auf: das sind 23 Taler Courantbillets und ungefähr 12 Taler »klingender Münze«, von denen der Geheime unverzüglich 30 »unter der Erklärung, daß dieses Geld falsch sei« zu sich nimmt, nämlich sämtliche papierenen und 7 der klingenden Münzen. Alsdann fordert er den Krause auf, »ihm sofort nach Crimmitschau an Gerichtsamtsstelle zu folgen. Auf dem Wege dahin und vor Frankenhausen ist indes der Angeklagte« (= der geheime May) »unter dem Vorgeben, ein natürliches Bedürfnis befriedigen zu müssen, abseits getreten und hat plötzlich querfeldein die Flucht ergriffen, ist von Krause und einem von diesem zu Hülfe gerufenen Dritten verfolgt und eingeholt worden und hat, nachdem er vorher das Krausen abgeschwindelte Geld von sich geworfen, der von seinen Verfolgern beabsichtigten Ergreifung dadurch mit Erfolg sich widersetzt, daß er ein bei sich geführtes Doppel-Terzerol . . . aus der Tasche gebracht und damit auf seine Verfolger, wenn sie ihn nicht gehen lassen würden, zu schießen gedroht hat . . .«[59] Der interessanteste Zug dieses Stückleins ist die »Widersetzung gegen erlaubte Selbsthilfe«: denn eigentliche Gewalttätigkeit hat May nie gelegen, obwohl er schon bei der Verhaftung am 27. 3. 65 im Rosental gräßlicherweise ein Beil bei sich führte, angeblich »um es in Leipzig schärfen zu lassen«. Daß dieses neuerliche »Doppel-Terzerol damals geladen gewesen, hat man dem Angeklagten, der das in Abrede gestellt, nicht nachweisen können ...« Immerhin aber entkommt er mit Hilfe des Geräts, doch fassen jetzt bereits die ersten ›Bekanntmachungen‹ nach ihm: »Der Unbekannte ist von mittlerer Größe mit braunem dünnen Schnurrbart und braunem langen Haupthaar, trug breitkrempigen hellbraunen Filzhut, hellbraunen Rock und Weste, Beinkleider von gleicher Farbe und schwarze Gallons ...«[60]

Die Betrügereien aber sprechen sich noch schneller herum, als man annehmen möchte. Als May am 12. 4. 69 bei den Eltern in Ernstthal auftaucht, ist bereits ein Bericht des Obergendarmen Prasser unterwegs[61], der die Identität des Gesuchten vermutet; er hat also einige Gründe, eiligst wieder zu verschwinden. Am 18. 4. fährt er nach Schwarzenberg, um sich mit einer »Geliebten«, dem Dienstmädchen Auguste Gräßler, zu treffen; einen Tag lang erfreut er sich des Intermezzos, dann geht es weiter nach Leipzig, von wo er am 20. 4. an die Eltern schreibt, er gedenke, sich nunmehr nach Nordamerika zu begeben: *Ich traf nämlich zwei nordamerikanische Herren, Vater und Sohn, welche von einer Vergnügungs- und wohl auch halb und halb Geschäftsreise kamen und über Leipzig, Frankfurt, Amsterdam etc. nach Hause wollten. In Prag hatten sie ihren Hofmeister zurückgelassen und machten mir den annehmbaren Vorschlag, an dessen Stelle zu treten, mit nach Pittsburg zu gehen und dort die jüngeren Geschwister zu unterrichten ... Ihr werdet wohl mit meinem Schritte einverstanden sein, der mir vielleicht Aussicht auf etwas mehr Glück biethet, als ich bisher gehabt habe ... Ich reise ab; man wird meine Vergangenheit vergessen und verzeihen, und als ein neuer Mensch mit einer besseren Zukunft komme ich wieder ...*[62] Obwohl nun die Vermutung nicht ganz fern liegt, der Brief habe schlicht eine Mystifikation sein sollen – bestimmt zuletzt auch, Behördennachforschungen irrezuführen, reist May tatsächlich noch am gleichen Tage mit den beiden Amerikanern nach Amsterdam ab; doch kommt er nur bis Bremen, von wo er wieder nach Sachsen zurückkehrt.[63] Zu Pfingsten (16./17. 5.) weilt er ein weiteresmal in Schwarzenberg bei Auguste Gräßler; dann taucht er am 27. 5. plötzlich in Ernstthal auf, jedoch nicht bei den Eltern, sondern beim Paten Weisspflog, der ihm – vermutlich aus geistesverwandter Abenteuerlichkeit – während der folgenden Zeit beisteht. Vermutlich ebenso ist er es gewesen, der dem Verfolgten die wenige Kilometer nördlich von Hohenstein in den Wäldern gelegene Eisenhöhle zuweist, später ›Karl-May-Höhle‹ genannt[64]; eher gutmütig vom Paten verschenkt als ihm gestohlen dürften die Gegenstände sein, die May sich in der Nacht zum 28. 5. dort hinschafft: 1 Kinderwagen, 1 Schirmlampe, 1 Brille mit Etui, 1 Brieftasche und 2 Börsen mit insgesamt 2 Talern 1 Neugroschen 3 Pfennigen Inhalt, 1/4 Pfund Waschseife und 2 Bunde mit zusammen 60–70 Sperrhaken alias Dietrichen ... Aber ein Nachbar hat die Transaktion beobachtet, und so muß Weisspflog, um nicht wegen Beihilfe – nach so mancher Tat und vor so mancher weiteren Tat – belangt zu werden, eine Schein-Anzeige erstatten[65]; er nimmt sich freilich eine ganze Woche damit Zeit, – aber das Delikt kommt zu denen, auf die hin May dann später verurteilt wird.

Kaum in seinem feuchten und wenig romantischen Hauptquartier etabliert, setzt May seine Bemühungen fort, sich an den Gesetzen der menschlichen Gesellschaft zu vergreifen. Am 31. 5. frühmorgens betritt er eine Gaststube in Limbach, bestellt ein Glas Wein, ohne es zu erhalten, da der Herr Wirt noch nicht aufgestanden ist, und nimmt sich stattdessen, »eine augenblickliche Entfernung des Schankmädchens benutzend«[66], einen Satz Billardbälle. Die 5 Exemplare werden später vom Gericht »legal auf 20 Thaler gewürdigt«, und für ein Viertel des Wertes kann er sie immerhin an einen Drechsler am Ort umsetzen; doch sein Abgang vollzieht sich sodann in größter Eile, denn zwei Chemnitzer Polizeidiener haben von dem verdächtigen Handel erfahren, folgen dem Händler und fordern denselben auf, »über seine Person sich auszuweisen«, worauf wiederum derselbe lieber verzichtet.

Ein gleichartiger Diebstahl ereignet sich in der Nacht zum 4. 6. in Bräunsdorf, wo dem Gasthofbesitzer Schreier ein Pferd samt Trense, Reitpeitsche und Halsriemen aus dem Stall verschwindet (Wert: 66 Taler 15 Ngr.). Für billige 15 Taler darf es der Pferdeschlächter Voigt in Höckendorf erwerben, doch leider ist der Vorbesitzer allzu eilig zur Stelle, und so hat es May dann doch »für rathsam gehalten, ohne den Kaufpreis für das Pferd von Voigt ausgezahlt erhalten zu haben, aus Höckendorf sich schleunigst zu entfernen«.

Am 15. 6. erscheint er in Gestalt eines »Expedienten des Advocaten Dr. Schaffrath in Dresden« dem Bäckermeister Wappler zu Mülsen St. Jacob. Der vernimmt die frohe Botschaft, es sei ihm von einem amerikanischen Verwandten eine Erbschaft zugefallen, macht sich sogleich mitsamt seinen 3 Söhnen weisungsgemäß auf den Weg nach Glauchau, wo in ›Dingelstädts Hotel‹ der Doktor Schaffrath persönlich ihrer harre, und kaum sind sie fort, so eröffnet der Expedient nach altgeübter Weise bei des Bäckers Eheweib und Schwiegertochter seine Falschgeldforschungen. Man trägt herbei, was man hat, und »mindestens 28 Thaler« dienen diesmal der Beförderung der Literatur: der Forscher nimmt sie »an sich und mit fort«.

So grotesk die, sagen wir, Hochstapeleien Mays am Ende doch nur wirken, so bedenklich macht zugleich ihre zunehmende Hemmungslosigkeit. Daß die tölpelhaften, allzu leicht zu foppenden Opfer nicht eben dazu beitrugen, sein bißchen Gewissen zu Besinnung und auch nur annähernder Tateinsicht kommen zu lassen, liegt auf der Hand; so werden die ursprünglich von vielerlei, vielfach ineinander verschränkten Zwängen[67] diktierten Strafhandlungen immer dreister; die materielle Not, die anfangs alles beherrschende, tritt als Motiv zurück; fast komödiantische Züge werden sichtbar. Der Einstieg ins Hohensteiner Kegelhaus (Ende Juni) läßt sich eigentlich nur noch als eine jener Sport-Veranstaltungen sehen, die in der heutigen Jugendkriminalität als Typus bekannt sind: in kraus verblasenen Bestätigungen schafft sich das lange schlimm gedämpfte Selbst-Bewußtsein Kraft. Die Beute: ist nichts als 1 Handtuch und »1 Cigarrenpfeifchen« im Gesamtwert (nach gerichtlicher ›Würdigung‹) von 10 Neugroschen 5 Pfennigen . . . Leichtsinn vor dem Fall.

Am 2. 7. 69, nachts 3 Uhr, wird May in Hohenstein verhaftet und nach Mittweida ins Gerichtsgefängnis geschafft; am andern Tag wird er vom Staatsanwalt Taube vernommen. Doch seine Zuversicht scheint während der Verhöre keineswegs gelitten zu haben: erst die zutiefst demütigenden Lokaltermine versetzen ihm einen Stoß und lösen zugleich die Rebellion in ihm aus. In Handschellen wird er nach Wiederau transportiert (5. 7.)[68], nach Werdau, nach Mülsen St. Jacob (15. 7.) –; da hält er es nicht mehr aus, und bei Kuhschnappel, auf dem Weg nach Bräunsdorf, reißt er am 26. 7. alle seine Kräfte zu einem starken Stück zusammen: er zerbricht die ›eiserne Bretze‹ und entkommt . . .

Bei der Verhaftung am 2. 7. wurden in Mays Besitz 2 Schriftstücke gefunden, »welche der Angeklagte recognoscirt und geständlich in der Absicht selbst gefertigt hat, um davon bei Ausführung seiner Betrügereien und Schwindeleien Gebrauch zu machen . . .«[69] Das eine: ist eine »Polizeiliche Legitimation« mit der gefälschten Unterschrift »Dresden, am 19. Juni 1869 / Dr. Schwarze, Generalstaatsanwalt« und darauf angelegt, dem Inhaber bei seinen Falschgelderhebungen zu dienen; das andere, »Acta betreffend in Sachen der Erbschaft des Particuliers . . .«, trägt die Unterzeichnung »Dresden, am 24. Mai 1869 / Vereinigtes deutsch-amerikanisches Consulat / G. D. Burton, amerikanischer Generalkonsul / Heinrich von Sybel, sächs. General-Consul« – und bemerkenswert daran ist, daß May sich hier eines Namens bediente (›Burton‹ – so hießen auch die beiden Amerikaner), unter dem er selber noch im Alter in ›Winnetou IV‹ den Wilden

Westen bereist: Namen wie Profile seiner späteren Figuren bleiben noch in der weit auswuchernden Imagination der Handlungsweisen ein paar einzelnen, zwanghaft wiederkehrenden Mechanismen verhaftet. Ob May von den selbstgefertigten Papieren irgendeinen praktischen Gebrauch gemacht hat, »ist von ihm in Abrede gestellt, ihm auch nicht nachgewiesen worden ...« Dunkel ebenfalls bleibt, mit welcher Betätigungen Hilfe er sich in den folgenden Monaten am Leben erhalten hat: nach erfolgloser Polizeisuche am 11. 8. (»Gestern Nacht rückten hier gegen 25 Gendarmen, die Polizeimannschaften der Umgegend und die Steiger-Section der Ernstthaler Turnfeuerwehr aus, um in den Hohensteiner Wäldern dem berüchtigten ... May auf die Spur zu kommen ...«[70]) bleibt er verschwunden, und erst Ende November wieder ist ein Aufenthalt in Plößnitz bei Halle nachgewiesen. Er reist dann im Dezember durchs Herzogtum Coburg-Gotha, hält sich in Coburg auf[71] und geht dann nach Böhmen; und dort ereilt ihn – unter ironisch bizarren Umständen – sein Geschick ...

Am 4. 1. 1870 wird in Algersdorf (Böhmen) ein Unbekannter aufgegriffen[72], der auf verdächtige Weise in einer Scheune übernachtet hat. Man schafft ihn zum Bezirksgericht Bensen und untersucht auf Diebstahl, stellt das Verfahren aber wieder ein und gibt den »ausweislosen Fremden« an die Bezirkshauptmannschaft Tetschen weiter, »zur Konstatierung seiner Identität«[73]. Die ist nun einzig auf die selbstgebastelten Data des Verhafteten angewiesen: Albin Wadenbach heiße er, so gibt er an, stamme von Orby auf Martinique, wo er eine von seinem Vater Heinrich W. geerbte Landwirtschaft besitze; seine gegenwärtige Reise gelte dem Besuch diverser Verwandten in Europa, – und er nennt auch ohne Scheu die Namen: einen an der Bürgerschule Chemnitz angestellten Lehrer W., eine Kantorswitwe, wohnhaft in Wendisch-Ossa bei Görlitz, eine weitere Tante, vermählte Rittergutsbesitzerin Ulrich bei Görlitz, und schließlich noch eine dritte namens

Alwine W., die als Wirtschafterin des Oberamtmanns Poppel bei Halle hause. Dieser letzte Name (der den Initialfunken für die ganze exotische Geschichte geliefert hatte: denn diese echte Alwine hatte der falsche Albin Ende Nov. 69 tatsächlich in Plößnitz aufgesucht, damals vorgeblich in Gestalt eines »Schriftstellers Reichel aus Dresden« und »natürlichen Sohns des Prinzen von Waldenburg«, und dabei auch ihre frühere Anstellung bei besagtem Poppel in Siegelsdorf erfahren) – dieser Name läßt das so künstliche Gebäude am Ende zusammenstürzen. Wenn auch die Nachforschungen nach den übrigen Verwandten natürlich erfolglos bleiben, so wird doch jene Alwine bald ermittelt; Tetschen schreibt den ganzen Befund an die Dresdener Polizei-Direktion (28. 1. 70) und bittet um Ermittlungen; ein eigens angefertigtes Porträt-Photo des Wadenbach wird 3 Tage später hinterhergeschickt; und da trifft am 2. 2. das Telegramm der Dresdener Staatsanwaltschaft ein: »Der dort zur Haft gebrachte angebliche Albin Wadenbach aus Orby, welcher identisch mit dem entsprungenen Carl Friedrich May, ehemaliger Schullehrer, und ein sehr gefährlicher Verbrecher ist, soll dort sofort aufgehalten werden . . .«[74]

Er wird es; man stellt ihm eine Falle (»Unter Benutzung seiner schon damals erworbenen Kenntnisse von ausländischen Gegenden und Sitten schrieb er . . . an den angeblichen Onkel einen Brief, aus dessen Inhalt man tatsächlich hätte schließen können, daß der Häftling auf Martinique wie zu Hause sei . . .«[75]); er wird überführt[76]; und am 14. 3. holt man ihn von Tetschen ab und schafft ihn nach Mittweida, zum Bezirksgericht, wo er ein umfassendes Geständnis ablegt. Die Hauptverhandlung findet öffentlich am 13. 4. 70 statt; der königliche Richter »erkennt für Recht«, daß Carl Friedrich May des »einfachen Diebstahls, ausgezeichneten Diebstahls, Betrugs und Betrugs unter erschwerenden Umständen, Widersetzung gegen erlaubte Selbsthilfe, und Fälschung« schuldig sei: ein »Strafansatz« von 2 Jahren Arbeitshaus wird »für angemessen erachtet«, dem sich für die Widersetzung (Ponitz), den Pferdediebstahl (Bräunsdorf) und die Fälschung der Legitimationen 1 Jahr hinzugesellt; 1 weiteres Jahr wird pauschal wegen »Rückfälligkeit« verhängt; und die so addierten 4 Jahre Arbeitshaus werden »gemäß der Vorschrift Art. 300 Abs. 1 des Rev. StGB in die nächsthöhere Strafart von gleicher Dauer verwandelt«: Zuchthaus. Die Rache der Gesetze, die May im Gesamtwert von 106 Thalern 12 Ngr. 3 Pfg. beschädigt hatte, ist so brutal wie stets zuvor; freilich scheint sein Verhalten diesmal auch kaum Anlaß zu humanen Regungen gegeben zu haben: »Die ganze Persönlichkeit des Angeklagten«, schreibt der Verteidiger Haase aus Haynichen in seiner Berufung (17. 5.), »machte in der Hauptverhandlung den Eindruck eines komischen Menschen, der gewissermaßen aus Übermuth auf der Anklagebank zu sitzen schien . . .«: *er (der Haase) hat mich nicht verteidigt, sondern belastet, und zwar in der schlimmsten Weise . . . Dieser Advokat war unfähig, mich oder überhaupt ein nicht ganz alltägliches Seelenleben zu begreifen . . .* Tatsächlich liest sich der Protest des Mittweidaer Routine-Verteidigers gegen das Urteil befremdlich genug: er hält die Strafe »nur deswillen für zu hoch, weil nicht sowohl Schlechtigkeit und Böswilligkeit den Angeklagten zu den Verbrechen getrieben zu haben scheinen, als vielmehr grenzenloser Leichtsinn und die angeborene Kunst, den Leuten etwas vorzumachen und daraus Gewinn zu ziehen, . . . wenn schon ich anerkenne, daß der Angeklagte ein gemeinschädliches Individuum ist . . .«; und damit meint der Mann dann »das Wenige, was für den Angeklagten spricht, herangezogen zu haben«. Eine derartige Berufung richtet natürlich nichts aus; am 16. 5. 70 wird das Urteil vom Sächs. Oberappellationsgericht Dresden bestätigt.[77]

Vier lange Jahre lang: vom 3. 5. 70 bis 2. 5. 74: ist Karl May der Sträfling Nr. 402 im Zuchthaus Waldheim.

Aus der Mappe eines Vielgereisten

Die vier Jahre Waldheim bilden die dunkelste Zeit in Mays Leben, und nicht nur im Blick auf die dumpf verworrenen Seelenzustände, deren Quittung sie sind: schweigsamer als irgend sonst bleiben die Dokumente, und was sich in diesem vergitterten Zeitraum vollzieht, die große Wendung, der Anfang des Wortwerdens allen lange allzu schwachen Fleisches, ist zuletzt nur eigentlich im Ergebnis sichtbar. Mysteriös bleibt die Verwandlung in allen Details, und das gerade da, wo May es selber zu ihrer Erklärung an Einzelheiten nicht fehlen ließ.

Nicht halten läßt sich, neben so manchen anderen Deutungen des Feinsinns, die patente Lösung, die Straftaten selbst seien von förmlich abgespaltenen, halb bewußtseinslosen Zuständen nur ermöglicht worden und erst unter der Besinnung der Zelle durch die *dicke Schicht von Lehm und Häcksel* in die regulierten Bezirke von Einsicht heraufgedrungen: *»Die sogenannte Spaltung des menschlichen Innern, ein Bild der Menschheitsspaltung überhaupt«*, die May – im Alter verwirrter noch als je vor den ihm rüde ins Gesicht geworfenen Fakten – für sich in Anspruch nahm, ist eine Mystifikation – wie das Buch mit dem genannten Titel, das den Beichtspiegel abgegeben haben soll, – und wie am Ende wohl auch die Rolle, die spät sublimierte, des katholischen Anstaltskatecheten Johannes Kochta (1824–86): ein weiteresmal – wie bei der Märchengroßmutter und ihrem Buch – borgte sich May bei einem aus lauter Erinnerungslücken verdichteten Modell Anhalt und Autorität, die anders für sich herzustellen ihm mißlang. Nicht abgespalten, sondern – nach endlos langen Übungen in kahler Zellenstille – ganz heimlich und behutsam in sich isoliert werden sämtliche so verhängnisvollen Züge der gescheitert zerschundenen Person; ein gleichwohl riesiger

45

Schub von Energie überführt sie in einen Bewußtseinsbezirk, in dem sie fortan schadlos weiterschalten können: in Bücher gebannt, von Einbänden gebändigt, vermögen sie heil zu bleiben noch im kranken, krankhaften Detail: die Heilung des Konflikts selbst entgeht der schmerzhaften, verkrüppelnden Operation. Was May hier gelingt, ist so ziemlich ohne Beispiel (und ein ›Geniestreich‹, wenn man will): nicht stutzt er zurecht, beschneidet, duckt, bekämpft, was ins bürgerliche Milieu nicht einzupassen war und auf weitere Zeit darin hätte umkommen müssen, sondern er verwandelt das Milieu selbst: er schafft seiner so bizarren Person und allen ihren heroischen, revoltierend herrischen Attitüden eine eigene, imaginäre Umwelt, in der sie ungehemmt gedeihen können: einen Traumraum, der in zähem Kleinarbeiten von jetzt an mit immer reicheren Details von höherer Wirklichkeit ausstaffiert wird. Der Vorgang dauert lange: über ein Vierteljahrhundert hin vollzieht sich Mays Entwicklung nunmehr im Gehäuse seiner Imagination. Was draußen in der rohen Realität übrig bleibt, ist nur der schattenhafte Umriß des alten vertrackten Charakters: ein ungefährliches, umweltverträgliches Wesen, das auf sehr leisen Sohlen weitergeht, bis ... das wird später zu verfolgen sein. Am 2. 5. 1874 liegt *die Zeit, welche für mich und für jeden Menschenfreund die schrecklichste, für den Psychologen aber die interessanteste ist,* – wenn auch nicht buchstäblich hinter ihm, so doch auch nicht mehr eigentlich vor ihm und um ihn: *Es war ausgestanden. Ich kehrte heim* ...

Wann die ersten Exerzitien des Einsiedlers in der gestreiften Kutte zustande kommen, die ersten Schreibensversuche, ist kaum mit Sicherheit auszumachen. Ein Manuskript ›Ange et Diable‹ lag bereits in Mittweida vor[78]; das Weihnachtsgedicht, das May später in seine Schulzeit verlegte, ist offenbar in Waldheim selbst entstanden; von den vielgesuchten ›ersten Veröffentlichungen‹ bis dahin aber fehlt jede gewisse Spur. Mit größerer Wahrscheinlichkeit aus der Waldheimer

Zeit stammt das Dokument des *Repertorium C. May*[79], eine Sammlung von 2 längeren Entwürfen und rund 200 Titelnotizen, von denen einige wohl damals schon ausgeführt wurden: solche Arbeiten vermutlich hatten May die Bekanntschaft mit H. G. Münchmeyer eingetragen[80], dem tranig funzelnden Leitstern der Folgejahre.

Ursprünglich Zimmergesell und Tanzmusikant auf den Dörfern, hatte der Heinrich Gotthold Münchmeyer (1836–92) 1862 in Dresden ein »Verlags- und Colportage-Geschäft« begonnen, mit dessen Produkten – Groschenheften und Kalendern – er rings im Land begreiflich reüssierte. 1868 kann er das Begonnene »nunmehr auch dem Gesammt-Buchhandel eröffnen«; 1874 ist die anfängliche Handdruckpresse einer kompletten »Druckerei mit Dampfbetrieb« gewichen, und aus dem Geschäft erblüht eine Sorte Volksliteratur, für deren Besitz sich heute unverändert Volk wie Verleger selig preisen würden: ein ›Venustempel‹ ist dabei, ein ›Buch der Liebe‹ – dessen III. Abteilung ›Die Liebe nach ihrer Geschichte‹, ein Traktat im Höhern Chor, von May stammt, – und ein 4bändiges ›Schwarzes Buch / Verbrecher-Gallerie‹: eine Art Kolportage-Pitaval, in dem 2 oder 3 anonyme Geschichten vielleicht Mays frühester Muse zu danken sind. Die eigentlich engere Zusammenarbeit zwischen May und Münchmeyer beginnt 10 Monate nach der Entlassung aus Waldheim: da erscheint der Verleger ganz plötzlich in Ernstthal und bietet dem nun fleißig ums Brot Schreibenden, der ihm gleich die längere Novelle ›Wanda‹ überreicht, einen Redakteurposten an: der bisherige Verweser des Wochenblattes ›Der Beobachter an der Elbe‹, Otto Freitag, hat sich mit Krach auf eigene Füße gestellt, Konkurrenz ist zu befürchten: da liegt schon so etwas wie eine wirkliche Aufgabe. Und May wird nur zu gern nach dieser Chance gegriffen haben, so grandios er später auch Bedenken und Abneigung beteuerte; auch winken 600 Taler Jahresgehalt: – *da gab ich ihm den Handschlag; ich war – – – Redakteur.*

Bereits 2 Tage später, am 8. 3. 75, reist er nach Dresden und mietet sich am Jagdweg 7 ein, ganz in der Nähe des Münchmeyerschen ›Geschäftslocals‹, der Nr. 14. Aber nach kaum einer Woche faßt auch hier die Vergangenheit nach ihm: kurz vor der Entlassung noch hatte die Kgl. Kreisdirektion Leipzig dem zweifelhaften Gefangenen 2 Jahre Polizeiaufsicht verordnet; das veranlaßt sogleich am 12. 3. 75 den Gendarmeriebrigadier Frenzel, der Dresdener Kriminalpolizei anzuzeigen, daß der »bereits wegen schweren Diebstahls, Betrugs, Widersetzung und Fälschung bestrafte Gauner und frühere Schullehrer Carl Friedrich May« sich von Ernstthal nach Dresden entfernt habe; »da nun zu vermuthen steht, daß derselbe ... auch seine frühere verbrecherische Laufbahn theilweise wieder betreten dürfte ..., so wollte der Unterzeichnete nicht unterlassen, einem geehrten Commissariate hiervon ganz gehorsamst Notiz zugehen zu lassen«[81], – und die Notiz wird nur zu gnädig angenommen, die Vermutung zu eigen gemacht, und am 15. 3. weist man May aus Dresden aus. Zwar setzt er gleich am folgenden Tag ein langes Gesuch an die *hohe Kgl. Polizei-Direction* auf (und die Gnadenbitte ist wahrlich anrührend zu lesen: *Nach langem Irren ist mir endlich eine Stellung gebothen, welche mich von Sorgen befreit und mir Gelegenheit biethet, das Vergangene wieder gut zu machen und den Beweis zu führen, daß der Weg meines Lebens nie wieder sich einem ›dunklen Hause‹ nähern werde. Wer da weiß, wie schwer es dem entlassenen Strafgefangenen wird, sich aus dem Schmutze emporzuarbeiten, der wird begreiflich finden, daß ich mit innigster Freude und Genugthuung dem Rufe gefolgt und in die gebothene Stellung eingetreten bin. In den wenigen Tagen meines Hierseins habe ich das vollständige Vertrauen meines Chefs erlangt, und ich hegte die freudige Hoffnung, daß ich die Vergangenheit hinter mich werfen und mit unbeirrtem Eifer vorwärts streben könne ... Wohl weiß ich, daß ich schwer gefehlt und gesündigt habe, und die Thätigkeit meines gan-*

zen *Lebens muß darauf gerichtet sein, Verzeihung des Ge-schehenen zu erlangen* ...[82]); doch obgleich er sich erbie-tet, im Fall der Erfüllung seiner Bitte *in steter Dankbarkeit der Humanität* zu *gedenken, welche meinen Eltern die bit-terste Kränkung erspart und mir das Fundament läßt, auf welchem ich mir eine bessere Zukunft errichten möchte,* zieht die Polizeidirektion den Buchstaben des Gesetzes vor: am 24. 3. wird May endgültig angewiesen, binnen 3 Tagen Dres-den zu verlassen.

Er geht nach Ernstthal zurück, bleibt aber in Münchmeyers Diensten, und als er dann Anfang August erneut um Aufent-haltsbewilligung in Dresden nachsucht, wird sie ihm gewährt: er zieht ins Hintergebäude des Verlags. So wird der unsanfte Stoß doch relativ leicht überwunden, und die nun folgende Zeit verbringt May mit redlich fleißiger Arbeit: den ›Beob-achter‹, zu dem er nach der ›Wanda‹ nur noch den ›Gitano‹, ein erstes exotisches Abenteuer *unter den Carlisten,* beigetra-gen hatte, läßt er eingehen und gründet dafür zum Anfang September gleich 2 neue Wochenschriften: ›Schacht und Hütte‹ und ›Deutsches Familienblatt‹. Und die hehren Aufgaben, die er ihnen später zuschrieb, lassen sich selbst bei nachsichti-gem, milde gerührtem Betrachten der alten Folianten kaum übersehen: hausbacken und naiv sind Anlage und Inhalt – und so brav, wie man nur will: sie *waren darauf berechnet, besonders die seelischen Bedürfnisse der Leser zu befriedigen und Sonnenschein in ihre Häuser und Herzen zu bringen* ...: das ist so richtig, wie dergleichen lakonische Plattheiten nur sein können. Die zahlreichen Traktate, die ›Schacht und Hütte‹ füllen, belegen – sieht man vom damit gegebenen Porträtbildnis der damit befriedigten Leser ab – am Ende eigentlich nur, daß May um diese Zeit den, später noch häufig gepflogenen, Umgang mit dem Konversationslexikon erlernte; auch die zwar mit Sorgfalt stilisierten, doch ebenso gediegen nichtigen ›Geographischen Predigten‹ lassen sich nicht besser einschätzen, – allenfalls auf deutschen Kanzeln

könnten sie heute noch Ehre einlegen. Im ›Familienblatt‹
aber versucht er sich, nach der ersten Umrißzeichnung des
späteren ›Winnetou‹[83], mit dem zweiten Stück *aus der
Mappe eines Vielgereisten*, ›Old Firehand‹, zum erstenmal
an der Fabel, der langsam tastend erdachten, in die er seine
beschädigte Ich-Wirklichkeit verwandelt hat und hinübergerettet, planlos vorerst und noch ohne Zukunft – aber doch.
Und es ist schon ein bedeutender Augenblick, dieser Oktober-
tag des Jahres 1875, nicht nur für May selbst, sondern für
noch unabsehbare Millionen deutscher Leser: eine Mythologie
wird begründet: ein ganz absonderlicher Pegasus tut die
ersten Schritte: *Swallow, mein wackerer Mustang, spitzte die
kleinen Ohren* . . .

In die Mitte der Münchmeyer-Zeit, den Sommer 1876,
fällt auch ein weiteres, ausgesprochen folgenschweres Ereignis: da lernt May bei einem seiner häufigen Aufenthalte in
Ernstthal und Hohenstein im Hause seiner Schwester Christiane Wilhelmine verh. Schöne (1844–1932) jenes Wesen kennen, das in seiner Biographie der wohl kompliziertesten
Sonderstudie bedürfte: Emma Lina Pollmer (1856–1917),
Tochter der »unverheiratheten Weibsperson« Emma Ernestine
P. (1830–56), die zwei Wochen nach der Entbindung starb,
und Enkelin des »Chierurgus und Barbiers« (auch zeitweili-
gen Lotterie-Kollekteurs) Christian Gotthilf P. (1807–80),
bei dem sie lebt und nicht-webt: eine verwöhnte und üppige
Lokalschönheit von jetzt 19 Jahren, die beständig, bei Tag
und auch Nacht, von schwärmerischen Verehrern umgeben
ist. Und wo alles liebt, kann Karl allein nicht hassen; es
folgt, was folgen muß; er verstrickt sich in das reizvolle
Netz, das sogleich beim ersten Bekanntwerden nach ihm aus-
geworfen wird. Kaum anders als komisch freilich ist die späte
Bericht-Erstattung zu lesen, die altersssteif nach den ›Gründen‹ für den schlimmen Irrtum greift: *Ich stand als Psycho-
log vor einer Sphinx, und ich nahm mir vor, das Rätsel dieser Sphinx zu lösen. Das war eine schriftstellerisch lohnende*

Aufgabe, die nur dann zum Fehler werden konnte, wenn ich, anstatt kühl objektiv zu bleiben, auf den Gedanken kam, mich auch subjektiv mit diesem Rätsel zu verbinden, und leider, leider blieb es nicht bei der kalten Objektivität![84] Offener liegen die wahrlich kaum rätselhaften Motive in dem inoffiziellen Bericht, den May für seinen präsumtiven Biographen hinterließ: da ist er *damals dumm genug, stolz darauf zu sein, daß ich alter Kerl die jungen Anbeter alle ausgestochen hatte, und zwar so schnell und gründlich, mit einem einzigen Male!* Denn sehr bald schon, *als man nach Hause ging, führte ich >Fräulein Pollmer< heim, brauchte das aber nie wieder zu thun, denn schon von morgen an kam sie täglich abends zu mir, anstatt ich zu ihr, sobald Pollmer schlafen gegangen war, heimlich, leise, durch meine Hinterthür, die für sie offen stand . . .[85]*

Wieder in Dresden, hält May die Verbindung durch Briefwechsel aufrecht, und darüber geriet er, wenn auch mißtrauisch, noch im Alter in redliches Schwärmen: *Ihre Zuschriften machten einen außerordentlich guten Eindruck. Sie sprach da von meinem >schönen, hochwichtigen Beruf<, von meinen >herrlichen Aufgaben<, von meinen >edeln Zielen und Idealen<. Sie zitierte Stellen aus meinen >Geographischen Predigten< und knüpfte Gedanken daran, deren Trefflichkeit mich erstaunte. Welch eine Veranlagung zur Schriftstellersfrau!* Und je mehr er sich mit dem Gedanken vertraut macht, die Dame zu seiner Gemahlin zu erheben, in desto widerlicherer Gestalt erscheint ihm nun das Münchmeyersche Milieu. Im September 76 hat er >Schacht und Hütte< wie auch das >Familienblatt< eingehen lassen und es mit einer neuen Zeitschrift versucht, den >Feierstunden am häuslichen Heerde<, für die der Münchmeyer persönlich als Herausgeber zeichnet. Doch die Arbeit, die an Freiheit zunehmend verloren zu haben scheint, wird ihm sauer, zumal er nun immer enger mit zur Familie gehören soll: einer exemplarischen Gesellschaft, in der die Kolportage so lebensnah wie möglich praktiziert wird –: die Beschreibung, zu der May vielerlei Material hinterlassen hat, ergäbe ein durchaus reizvolles Büchlein. Als ihm der Fabrikant des in die Häuser und Herzen zu bringenden Sonnenscheins nun jedoch – vergangenen und künftigen Diensten zum zweifelhaften Lohn – die wenig reinliche Hand seiner Schwägerin Minna Ey offeriert, der Schwester seines eigenen Hausschatzes Pauline, kommt es Ende 1876 zur Kündigung. »Karl May und Minna Ey / die werden niemals zwei« faselt denn auch der nachbarliche Volksmund bald sehr richtig: im März 77 verläßt May das muntere Verlagshaus, läßt den *Historischen Roman aus der Jugendzeit des Hauses Hohenzollern,* ›Der beiden Quitzows letzte Fahrten‹, am häuslichen Heerde liegen, wie er liegt, und zieht in die Pillnitzer Straße.

Die peinlichen Auftritte können die Bindung an das Fräulein Pollmer nur beschleunigen. Zu Pfingsten (20. 5. 77) ist May wieder in Hohenstein, doch scheint es bereits vorher mit Emma zu Vereinbarungen gekommen zu sein, denn schon am 5. 5. hat sie sich entschlossen, den Großvater zu verlassen, und sich nach Chemnitz abgemeldet. Aber der eitle alte Lotteriespieler hat andere Pläne: *Er warf alle seine früheren und auch noch neue, größere Hoffnungen auf sie und erzog sie dementsprechend in der Weise, daß sie sich für den Engel hielt, der ja nicht zu einem gewöhnlichen, sondern nur zu einem möglichst hervorragenden Manne herniedersteigen dürfe...*[86]; so mündet die Aussprache mit May in hochdramatisches Zanken; der »arme Teufel« reist ab – und Emma folgt ihm nach Dresden. Am 26. 5. zieht sie dort zur Pastorswitwe Auguste Ernestine Petzold in die Mathildenstraße 18, wo sie die Künste der Haushaltsführung erlernen soll; doch es behagt ihr nicht lange, und bald ist sie »ohne Anmeldung fort« – nach Dresden-Strießen zu May, der dort ein »kleines möbliertes Parterre« gemietet hat...

Um sie zum Arbeiten anzuhalten[87], will May sie zu sich genommen haben; seine Arbeit aber ist es, die zuerst den

Schaden davon hat: denn wozu Emma auch immer veranlagt war, zur ›Schriftstellersfrau‹ war sie's nicht, und das ist May nicht lange verborgen geblieben. Was ihm sonst noch während dieser Zeit aufging, läßt sich nur vermuten; glaubwürdig immerhin aber ist die Notiz, daß er sie dann (etwa Okt. 77), als es den alten Pollmer doch wieder nach ihr verlangte, nach Hohenstein zurückbrachte, *weil ich sie los sein wollte* ...[88] Aber es kommt vielmehr zur dreieckigen Versöhnung mit dem alten Chierurgus und Barbier, und als May im Januar 78 nach Strießen zurückkehrt, hat das Verhältnis mehr oder minder freiwillig die alte Herzlichkeit.[89]

In Dresden hat er nun auch, nach dem sehr knappen freiberuflichen Zwischenspiel, eine neue Stellung gewonnen: der Verleger Bruno Radelli stellt ihn als Redakteur für sein Wochenblatt ›Frohe Stunden‹ ein, und der Jahrgang II (Okt. 77–Okt. 78) enthält nun in dichter Folge 12 Beiträge des Sechsunddreißigjährigen (7 davon unter dem Pseudonym ›Emma Pollmer‹: ein rührender Versuch, das Mädchen an der Schriftstellerei Geschmack finden zu lassen). Auch andere Blätter bringen jetzt langsam diese und jene kürzere Arbeit – Humoresken, Dorfgeschichten, Abenteuererzählungen –, und wenn auch die buntschematischen Fabeleien sich kaum für mehr als Talentproben halten lassen, so mag doch immerhin das Urteil Peter Roseggers daneben stehen: »Vor kurzem«, schreibt er am 12. 7. 1877 an Robert Hamerling, »erhielt ich von einem Herrn Karl May, Redakteur in Dresden, für meinen ›Heimgarten‹ eine Erzählung ›Die Rose von Kahira, ein Abenteuer aus Ägypten‹. Diese Geschichte ist so geistvoll und spannend geschrieben, daß ich mir gratuliere ... Seiner ganzen Schreibweise nach halte ich den Verfasser für einen vielerfahrenen Mann, der lange Zeit im Orient gelebt haben muß ...«[90] Das Inkognito des auf Gedankenreisen verbannten Ich übt seine ersten Suggestionen.

Mitten in diesem zäh und langsam beginnenden Aufstieg stößt May noch einmal mit dem Gesetz zusammen. Und das innere Schauspiel, das der Fall bietet, ist wichtiger und interessanter als der äußere Verlauf, der wenig mehr als einen Unfall erkennen läßt: Sicher geworden in den buchstabilen Regionen großer Gebärden, riskiert May es einmal, den auf Erden verbliebenen Rest seines Ich sie imitieren zu lassen; einmal versucht er eine praktische Anleihe bei der wachsend stärkeren Imagination; – daß die Dämpfung so jäh und grob auf ihn niederkommt, erklärt, warum nun um so längere Zeit in um so sorgfältigerer Behutsamkeit verstreicht. Fast 20 Jahre dauert es, bis May – dann allerdings in großem Stil – die Identifizierung mit seinem abseits restaurierten Ich ein zweitesmal unternimmt: um ein zweitesmal, in großem Stil, damit zu scheitern ...

In der Nacht zum 26. 1. 78 stirbt der einzige Sohn des alten Pollmer, Emil Eduard (geb. 1828), unter mysteriösen Umständen im Pferdestall eines Gasthofs zu Niederwürschnitz.[91] Die Sache wird untersucht und als Unfall ad acta gelegt; doch damit ist der alte Pollmer nicht zufrieden. Auf seine Veranlassung hin begibt sich May am 25. 4. an den Tatort (und ins benachbarte Neuölsnitz), um zu recherchieren, – und da kann er es, von alten Erinnerungen gepackt, nicht lassen und gibt sich bei seinen Vernehmungen ohne weitere Umstände für Gott den Allmächtigen aus (id est: – und die Definition stimmt ja genauer, als es den Anschein hat –: als »höherer, von der Regierung eingesetzter Beamter«, der noch über dem zuständigen Staatsanwalte stünde). Doch die Dorfbürger glauben ihm das Inkognito weit weniger, als man annehmen möchte; wie stets auch findet sich ein Gendarm, der unübliche Erscheinungen zur Anzeige bringt (in diesem Fall hieß er Oswald und stammte aus Ölsnitz); und am 15. 5. geht an die Staatsanwaltschaft Chemnitz die pflichterfüllende Denunziation, es handle sich bei dem gedachten Höheren um den berüchtigten, vielfach vorbestraften »Socialdemokraten« Karl May. Der trägt nun am 11. und 20. 6. bei der Dresdener Behörde seine Version des Falles vor, doch am 24. 6.

beschließt das Bezirksgericht Chemnitz, die Untersuchung »wegen Ausübung eines öffentlichen Amtes« lt. § 132 RStGB gegen ihn einzuleiten. May unternimmt nun (unter Aufgabe seiner Dresdener Stellung) allerlei Reisereien, vermutlich in der Hoffnung, der läppische Fall werde sich am besten in seiner Abwesenheit von selbst erledigen. Aber davon ist keine Rede, und als er Ende August wieder in Hohenstein eintrifft (wo er in der Pollmer-Wohnung am Markt[92] bis Ende Januar 1879 bleibt), erreicht ihn alsbald die Vorladung; sogar eine Inhaftierung wegen Fluchtverdachts wird erwogen. Es folgen zermürbende Wochen; am 9. 1. 1879 verhängt das zuständige Amtsgericht Stollberg in 1. Instanz 3 Wochen Gefängnis; weitere Zeit verstreicht über Einspruch und – nach Bestätigung des Urteils in 2. Instanz am 12. 5. – Gnadengesuch an den König Albert; und langsam bröckelt über der gräßlichen Aufregung die anfängliche Sicherheit, ja Arroganz von May ab – bis nur noch der demütige Bittsteller übrig ist, dem man doch die Schande, in der eigenen Heimatstadt einsitzen zu müssen, ersparen möge. Aber nichts wird ihm erspart; das Urteil bleibt aufrecht, so tönern auch die Paragraphenfüße sind, auf die es sich stützt, und so durchaus fehlerhaft die langatmige Untersuchungsführung war; vom 1. bis 22. 9. 1879 verbüßt Karl May im Gefängnis des Gerichtsamtes Hohenstein-Ernstthal seine letzte Strafe...

Daß er sich anschließend, schlimm mitgenommen von der Demütigung, aus der engeren Heimat entfernt, ist nur begreiflich; zuletzt auch scheint die Flucht in nun pausenlos rotierende ›freie‹ Brotarbeit ein Zurückweichen vor der Frau gewesen zu sein, in der er sein Unheil wittert – und nicht nur wittert –, ohne jedoch von ihr loszukommen. So eindeutig auch die späten Konfessionen an allzu viele praktische Zwecke geheftet waren, als daß sie mehr als ein künstliches Reißbrett-Produkt ergeben hätten, e i n Dokument der Zeit bestätigt auch kühnere Vermutungen, und immer wird

der sonst ganz triviale Roman ›Scepter und Hammer‹
(erschienen ab Okt. 1879 im Stuttgarter ›All-Deutschland‹)
um seines IX. Kapitels[93] willen Interesse behalten: d a s Porträt der ›Emma Vollmer‹ und ihres armen Karl geht über
alle theoretische Beschreibung . . .

In Hohenstein scheint Emma bereits länger schon für Mays
Frau gegolten zu haben; bei einer Vorladung im Stollberg-
Verfahren gab er selbst sie gar dafür aus.[94] Und sonderbare
Gewissens-Konstruktionen stellen sich ein: *Als gerecht den-
kender Mann warf ich mir vor, sie in Dresden bei mir aufgenommen und damit, wenn auch nicht die wirkliche Ehre, so
aber doch ihre Ehre vor den Menschen geschädigt zu haben.
Ich war verpflichtet, das wieder gut zu machen . . .*[95] Hinzu
kommt der Tod des alten Pollmer (26. 5. 1880): dem vom
Schlaganfall gelähmten Sterbenden verspricht er, die Enkelin
nicht zu verlassen. Und was zur Ausführung des Entschlusses
noch fehlt, wird dieselbe Enkelin leicht erreicht haben; Wahrscheinlichkeit genug hat die Annahme für sich, daß zum
Anfang dieser Ehe der Spiritismus ebenso mitgeholfen hat,
wie er dann nach 22 Jahren das Ende dirigierte. Pollmers
Geist erscheint: *Man sah ihn nicht, aber er sprach durch das
Medium. Er sagte, er sei »im Himmelreich«. Auch sein Sohn
kam, der zu Grunde gegangene Vagabund. Meine Frau
nannte ihn Onkel Emil. Er sagte, er sei »im Himmelreich«.
Dann kam die verstorbene Frau des alten Pollmer, die von
meiner Frau nicht Großmutter, sondern Mutter genannt
wurde. Sie sagte, sie sei »im Himmelreich«. Und endlich kam
auch die während der Geburt gestorbene, eigentliche Mutter,
die von meiner Frau aber ›Mama‹ genannt wurde. Sie sagte,
sie sei »im Himmelreich«. So wohnte also die ganze liebe Familie »im Himmelreich«, und heute waren diese vier Engel
von da droben herabgestiegen, um den verblendeten Mann
ihres noch auf der Erde weilenden Kindes in das Gebet zu
nehmen und ihm den Kopf zurecht zu setzen. Die vier Geister
von Großpapa, Onkel, Mutter und Mama sprachen theils solo,*

theils tutti in einer Weise auf mich ein, daß ich innerlich ganz breitgeschlagen wurde . . .[96]

. . . und so nimmt ein trübes Geschick denn seinen Lauf: *Im Jahre 1880, kurz nach dem Tode ihres Großvaters, habe ich dann meinem Versprechen gemäß die Emma Pollmer aus Mitleid, Gerechtigkeitsgefühl und in der Hoffnung, daß ich mit ihr glücklich werden würde, geheiratet*[97]: am 17. 8. vor dem Ernstthaler Standesamt, am 12. 9. vor dem Altar von St. Christophori: *Das Band, das Band, das man die Ehe nennt! / Verhaßt, verhaßt, mir fürchterlich verhaßt . . .*[98]

Schundmacher und Poet dazu

Die folgenden sieben Jahre, eine Traumerfüllung – fett und mager in einem, bilden vielleicht den folgenschwersten Abschnitt in Mays Leben: längere Schatten noch als die Zeiten der Haft werfen sie auf alle Zukunft voraus. Im Alter, da die massiven Folgen über ihn kamen, hat May nur wieder allzu moralisch zensiert und sein gutes Wollen vor den bloßen schlimmen Umständen in Sicherheit zu bringen versucht. Aber beides ist nicht zu trennen und schon gar nicht auf verschiedene Urheber und Verantwortlichkeiten zu verteilen: Hand in Hand geht das, was immerhin die *Durchführung meiner literarischen Pläne* heißen mag, mit einem geradezu selbstmörderischen Versuch, das eben zum Aufbruch gekommene Talent zu ruinieren. *Ich war bereits berühmt* – so sieht May seine Situation später –, *meine Reiseerzählungen sicherten mir ein reichliches Einkommen; meine ›Erzgebirgischen Dorfgeschichten‹ brachten mir schönes Geld ein, und die französische Übersetzung meiner Erzählungen . . . wurde sehr gut bezahlt . . .*[99] Nichts davon ist jedoch richtig, und May erwies sich mit der selbstbewußten Verklärung seiner Dürftigkeit einen miserablen Dienst: die eine Begründung für den Abstieg zu den Matern der Kolportage, die einzige, die eine sehr menschliche Rechtfertigung für ihn bereit hielt: nahm er sich selbst.

Die Begründung liegt in seiner wirtschaftlichen Notlage, dem Engpaß (von ›Chatar‹), in dem schon Größere zum billigeren Papier gegriffen haben. Solange der Redakteursberuf noch die Absicherung liefert, geht alles leidlich knapp und gut; seit aber die Schriftstellerei zum Brotberuf, zum hauptamtlichen Handwerk geworden ist, stellt sich nur allzu schnell heraus, wie mäßig golden dessen Boden ist. Die beiden mit krampfhaftem Fleiß auf Jahrgangsumfang gebrachten Romane ›Scepter und Hammer‹ und ›Die Juweleninsel‹ liefern May bis 1881 nur eben das Existenzminimum, das durch die unermüdlich angefertigten Humoresken und Erzgebirgischen nicht mehr als schwach aufgebessert wird; nun aber setzt, und das ist unschwer begreiflich, eine Art Erschöpfung ein, und von den im Sommer 1881 rundgeschickten 500 000 Silben findet nur ein Bruchteil sein Unterkommen, und auch der bringt nur lachhaft geringfügige Nachdruckhonorare. Ende 1879 hat der ›Deutsche Hausschatz‹, führendes Familienblatt des Katholizismus, May einen festen Vertrag angeboten: Kommerzienrat Pustet läßt ihm *durch seinen Redakteur Venanz Müller mitteilen, daß er bereit sei, alle meine Manuskripte zu erwerben; ich solle sie keinem andern Verlage senden. Und zahlen werde er sofort. Bei längeren Manuskripten, die ich ihm nach und nach schicken solle, gehe er sehr gern auf Teilzahlungen ein* ... Das sieht verlockend aus (und May hat die *hochanständige Firma* im Alter selbst dann noch gepriesen, als er zum Gegenteil alle möglichen Gründe hatte); aber so klingend ist auch die Regensburger Münze nicht, daß damit ein sorgenfreies Leben möglich wäre: eine runde Mark zahlt Pustet pro MS-Seite; das entspricht 20 Mark pro Bogen der späteren Freiburger Ausgabe; mit den *Reise-Erinnerungen aus dem Türkenreiche*, ›Giölgeda Padishanün‹, und ihren Fortsetzungen ›Reise-Abenteuer in Kurdistan‹ und ›Die Todes-Karavane‹ 1 (zusammen 1469 Seiten Freiburg) verdient May bei pausenlosem Schreiben von Januar 1881 bis Juni 1882 ganze 1840,– Mark ... Und er hat eine nicht eben anspruchslose Frau ... und für die Zukunft nurmehr nichts als Pläne ...

Im Spätsommer 1882 erwischt ihn das Schicksal, das seine Lage für den Augenblick bessern und zugleich für lange Zeiten verderblich werden lassen soll. Mehr Emma als sich selbst gönnt er die achttägige Erholungsreise nach Dresden, wo beide im ›Trompeterschlößchen‹ absteigen. Und da ist die alte Atmosphäre wieder, der er so günstig entronnen

war; Erinnerungen tauchen auf, Namen, und die menschen-
hungrige Emma klammert sich an jede Abwechslung vom
tristen Kleinstadtleben, die sich in Aussicht stellt: *Ihrem Wun-
sche entsprechend ging ich abends, es war in der Dämmerstunde, mit ihr in die mir bekannte Stammkneipe Münchmeyers, in das Rengersche Gartenrestaurant am hiesigen
Plauenschen Platze. Als wir dies Restaurant betraten, sah ich
Münchmeyer als einzigen Gast im Garten an einem Tische sitzen, den Kopf auf die Arme gestützt, mit dem Rücken nach
dem Eingange. Er saß da wie ein Mensch, der mit schweren
Sorgen zu kämpfen hatte. Ich machte meine Frau auf ihn
aufmerksam, ging von rückwärts an ihn heran, hielt ihm beide Hände vor die Augen und ließ ihn raten, wer ich sei.
Münchmeyer erkannte mich sofort an meiner Stimme. Er war
sehr erfreut, mich wiederzusehen und meine Frau kennenzu-
lernen; er begrüßte mich mit den Worten: »Sie schickt mir
der liebe Gott ...«*[100] May hat die Szene, mit geringfügigen
Abweichungen, wiederholt und ausführlich geschildert; aber
noch aus den erbittertsten Versuchen, einen Schuldigen für
die Folgen dingfest zu machen, redet in kleinen Winkeln des
Vokabulars das Bewußtsein seiner Torheit: mit vollem
Bedacht reicht er der Madame Colportage nicht nur die
Hand, sondern auch den Kopf zum Bunde. Münchmeyer ist
*plötzlich froh und munter. Er strahlte vor Vergnügen. Er
machte mir in seiner Kolportageweise die unmöglichsten
Komplimente, eine so schöne Frau zu haben, und meiner
Frau gratulierte er in denselben Ausdrücken, einen so schnell
berühmt gewordenen Mann zu besitzen ... Er machte Eindruck auf sie, und sie ebenso auf ihn. Er begann zu schwärmen, und er begann, aufrichtig zu werden. Sie sei schön wie
ein Engel, und sie solle sein Rettungsengel werden, ja, sein
Rettungsengel, den er brauche in seiner jetzigen großen Not.
Sie könne ihn retten, indem sie mich bitte, einen Roman für
ihn zu schreiben ...* Denn dem Herrn ist es seit Mays Weggang aus der Redaktion so gut nicht mehr ergangen; die Zeit-

schriften gingen ein, und der Heftchenvertrieb erlaubt angeblich nur noch ein sehr einfaches Leben. Und May ist weich und töricht genug, sich allerlei Schuldgefühle auf den Hals reden zu lassen: wie er doch selber letztlich den Schaden verursacht habe durch sein Fortgehen und *gleichsam moralisch verpflichtet* sei –: das war er nun wirklich nicht, weder gleichsam noch irgendwie sonst. Die Rolle, die Emma bei den folgenden Unter- und Überredungen spielte, hat May zu verschiedenen Zeiten verschieden gesehen; im Alter transponierte er den bösen Geist seines Entschlusses ganz auf sie – und erhob sich selber nach alter Mü-Manier in den Herzensadelsstand des unschuldigen Opfers, dem alle besten Absichten und Taten bösartig durchkreuzt und verdorben wurden. In Wirklichkeit aber ist wohl alles so prosaisch gekommen, wie es seine Aussage vor Gericht vom April 1908 festgehalten hat: *Meine Frau drang, zum Teil vielleicht aus Mitleid, zum Teil aber auch um die ihr erwiesene Freundlichkeit zu erwidern, in mich, dem Bitten Münchmeyers nachzugeben. Ich erklärte ihm schließlich, ich würde mir die Sache überlegen ... Bevor wir uns trennten, erklärte er, am nächsten Morgen zu mir ins Hotel kommen zu wollen, um mit mir das Nähere zu vereinbaren ...*[101] Und ob nun Emma wirklich in der Nacht darauf *alle Töne, die ihr zu Gebote standen, erklingen* ließ, ob sie *darauf brannte, sich der Frau Münchmeyer und ihrer Schwester, die ich hatte heirathen sollen, zu zeigen und ihnen im Triumph ad oculos zu demonstriren, daß mir ganz andere Chancen zur Verfügung gestanden hatten*[102], ob sie May nun wirklich *beschwatzte und überredete*, einig sind sich beide zumindest in der Erwägung, daß hier eine Aussicht auf wesentliche Aufbesserung der finanziellen Lage sich eröffne, an der Emma natürlich vordringlich gelegen ist. So wird, als Münchmeyer am andern Morgen erscheint (*so zeitig, daß meine Frau noch gar nicht auf war; die Verhandlung mit ihm fand infolgedessen nur unter vier Augen statt*)[103], zugesagt und eine Vereinbarung getroffen, kein Vertrag, jeden-

61

falls kein schriftlicher. *Er sagte, wir seien beide ehrliche Män-*
ner und würden einander nie betrügen. Es klinge für ihn wie
eine Beleidigung, von ihm eine Unterschrift zu verlangen ...
Heute hat es sich eingebürgert, die ehrlichen Männer doch für
alle Fälle in der genannten Weise zu beleidigen; daß May
desgleichen gut getan hätte, haben ihm dann endlos bittere
Erfahrungen erst beibringen müssen.

Schon die ausgemachten Bedingungen sind alarmierend
ehrlich: 100 Hefte zu je 24 Seiten (à 3800 Anschläge) soll der
gewünschte Roman umfassen; 20 000 Stück vom Ganzen
darf Münchmeyer drucken; dafür zahlt er dem Autor ein
Heft-Honorar von 35 Mark; hernach fallen die Rechte an
May zurück, dem überdies dann noch eine »feine Gratifika-
tion« zuteil werden soll ... Und die kürzeste Rechnung
zeigt, was für ein Geschäft da Geschäft ist: 10 Pfennig kostet
das Heft; der Roman bringt also 10 Mark; der Verleger
macht einen Bruttoumsatz von 200 000 Mark und zahlt dem
Autor 3500 – gleich ganze 1,75% ›vom Ladenpreis‹: ein
Vorgang, der natürlicher nicht dadurch wird, daß dergleichen
räuberische Gebräuche noch heute in der Branche unverändert
gern geübt werden.

Kaum nach Hohenstein in die Marktwohnung zurückge-
kehrt, beginnt May mit förmlich wüstem Fleiß den Dienst
für die beiden so ungleichen Herren. Denn die Hausschatz-
Verpflichtungen laufen ja weiter: der Beginn des neuen Jahr-
gangs ix bringt im Oktober den 11. Teil der ›Todes-Karavane‹, dann ›Damaskus und Baalbek‹ und, bis März 1883,
die Fortsetzung ›Stambul‹: *Reiseerzählungen* sie alle. Und
die Arbeiten dieser Gattung, in der sich May nun immer frei-
er bewegt, haben trotz aller Form- und Planlosigkeit zuletzt
auch literarisch darum zu gelten, weil sie die zweite elemen-
tare Figur seiner Mythologie umspielen, die er der Weltlite-
ratur eingebracht hat: den Hadschi mit dem langen Namen,
den heute noch Millionen wie einen Begriff auswendig hersa-
gen können: eine Gestalt, so echt und singulär (wenn auch

eher vom psychologischen Mechanismus als von der Gestaltung selber her gesehen), daß man sie schon recht hoch einschätzen muß – höher jedenfalls noch als den Winnetou, der zwar vulgo den stärkeren Idolwert hat, aber doch eine grobe Erfindung bleibt, mit der May um diese Zeit auch keine weiteren Absichten verbindet: nicht umsonst hat er ihn gerade im ›Wilden Westen Nordamerikas‹ feierlich sterben lassen ...

Unter der Schwelle von Mays literarischem Gewissen aber rotiert zu gleicher Zeit pausenlos die Kolportagemaschinerie: *Schon nach einigen Wochen kamen günstige Nachrichten: Der Roman ›ging‹* ... Der Roman – das ist: ›Das Waldröschen / oder / Die Verfolgung rund um die Erde. Großer Enthüllungsroman über die Geheimnisse der menschlichen Gesellschaft von Capitän Ramon Diaz de la Escosura‹: so hat ihn Münchmeyer, der dem Volk nicht umsonst jahrelang auf das Geschmack geschaut hat, zielsicher genannt. Daß er pseudonym erscheint, ist eine von Mays Bedingungen.

Welchem Einfluß der Capitän Ramon Diaz zuletzt nachgibt, als er am 7. 4. 1883 nach Dresden-Blasewitz, Sommerstraße 7, umzieht, ist nicht ganz entscheidbar. Er selber wird einiges Verlangen nach dem Stadtleben gehabt haben; mehr noch aber liegt der 26jährigen Emma am süßen Trubel der Hauptstadt und am engeren Verkehr mit den Münchmeyern – Wünsche, die sich in der Folge denn auch schönstens erfüllen. Die Wohnung wird zum Schauplatz ausgedehnter Kolportage-Romanzen. Münchmeyer läßt es sich nicht nehmen, *alle seine Sonntage bei uns zu verleben. Als ihm das nicht mehr genügte, mietete er sich eine Blasewitzer Wohnung in unserer Nähe, um es zu ermöglichen, öfter als nur einmal wöchentlich bei uns zu sein ...*[104] Und Emma und er finden ein rechtes Wohlgefallen aneinander: *Sie war Barbierstochter gewesen und innerlich geblieben. Er war Zimmergesell gewesen und innerlich geblieben. Sie ließen einander ihr Wohlgefallen in echter Barbier- und Zimmermannsweise merken; sie*

haben lange, sehr lange für einander geschwärmt . . .[105]
Ganz harmlos freilich; die Welt als Heftroman; gesündigt
wird mehr gegen den Geschmack als gegen irgendwelche Sitten: *Gesagt muß hierbei sein, daß die Schwärmerei Münchmeyers und meiner Frau nicht etwa zu Dingen geführt hat,
die ich mir als Ehemann hätte verbitten müssen. Diese
Schwärmerei war, besonders seinerseits, zwar eine etwas der-
be, doch stand ich höflicher Weise immer dabei, um auch mit
schwärmen zu dürfen . . .*[106] Und es ist der Geschmack Mays,
der sichtbar immer mehr verkommt: immer falscher wird der
Ton des Bandwurmromans, immer alberner, kitschiger, pfu-
scherhafter die Sprache. Daß May nun anderthalb Jahre lang
für den ›Hausschatz‹ keine Zeile schreiben kann, zeigt sogar
etwas Bewußtsein davon, sich die Hand verdorben zu haben.
Zugleich aber hält er sich kläglich an den Glauben, etwas
geleistet zu haben; allzu reichlich umgibt ihn die Schwärmerei, für die er zeitlebens anfällig bleibt. Es wäre leider gänzlich illusorisch zu meinen, er habe sich, das eine Auge zuge-
drückt und das andere fest auf den Umsatz gerichtet, in aller
Kälte entschlossen, dem Volke denn zu geben, was des Volkes
ist, wenn anders seiner Notlage nicht zu entkommen war –:
in einem Verzeichnis seiner Taten dieser Zeit führt er die
Münchmeyer-Romane durchaus pfauenhaft als *Hauptwerke*
auf, und seine Selbstbespiegelungen in den dicken Büchern –
ihre darbend-tiefsinnigen Dichterfiguren – liegen schon überhaupt weit jenseits jeder Parodiefähigkeit. Den Barrieren, die
ihm Über- und Einsicht verstellen, kommt – verhängnisvoll –
die Eitelkeit hinzu, und sie begnügt sich mit geringsten Gründen.

So erscheint der zweite Riesenroman, ›Die Liebe des Ulanen‹, zu dem er sich leicht überreden läßt, nun unter seinem
Namen (im Jahrgang VIII, Okt. 1883 bis Sept. 1884, von
Münchmeyers ›Deutscher Wanderer‹). *Ich arbeitete damals
mehr als fleißig, oft wöchentlich zwei oder drei Nächte hin-
durch . . .*[107] Dieser ruhelose Fleiß ermöglichte es mir zu ver-

gessen, daß ich mich in meinem Lebensglück geirrt hatte und noch viel, viel einsamer lebte, als es vorher jemals der Fall gewesen war . . . Was er zuletzt doch auch tut, um Emma den gewünschten ›Lebensstil‹ zu verschaffen, kehrt sich gegen ihn: denn natürlich fühlt sie sich ›vernachlässigt‹ . . . Und sucht sich Ersatz: *Sie saß täglich bei ihren Klatschbasen fest oder brachte sie mir, was noch schlimmer war, ins Haus. Ich fand nach der Arbeit weder Ruhe noch Erholung daheim, denn ein geistiger Austausch war mit dieser Frau unmöglich* . . .[108] Läßt man beiseite, daß mit May um diese Zeit viel Geistiges auch kaum auszutauschen war, so ist doch seine menschliche Vereinsamung anrührend und für vieles Entschuldigung. *Ich hatte zwar ein Haus, aber kein Heim . . .*

Das Kolportagepersonal im Haus nimmt zu – (und sie sind alle in die Münchmeyer-Romane eingegangen, die Damen und Herren, und in keiner Biographie Mays dürften diese *bioi paralleloi* fehlen): Emma annonciert in einem Dresdener Blatt nach einer Freundin. *Als ich die Erwählte zu sehen bekam, war es eine Berlinerin mit einer sehr schönen Büste, die aber nicht ganz echt erschien, und mit einem sehr poetisch klingenden Namen, den ich aber nicht für den richtigen hielt. Sie kam sehr oft zu uns; sie aß bei uns; sie blieb tagelang, ja wochenlang als Gast bei uns. Sie brachte einen ›Onkel‹ mit, der auch mit aß. Als dieser nicht mehr kam, brachte sie einen ›Bräutigam‹ mit, der auch mit aß. Hierauf kam der ›Onkel‹ doch wieder und sah den ›Bräutigam‹. Es gab eine Szene. Ich warf sie alle hinaus . . .*[109] Aber andere wirft er nicht hinaus: so die Turnlehrersfrau Dietrich (samt 5 Kindern), die dann bis zur Jahrhundertwende noch mit Emma verkehrt; oder die Frau Jäger, Münchmeyers älteste Tochter, *die damals nach Männererfolgen auf der Bühne strebte, dann aber ganz plötzlich einen Münchmeyerschen Contoristen zu heirathen hatte, der infolge seines Eheglückes in einer Trinkerheilanstalt untergebracht werden mußte*[110]; oder das weitaus übelste Exemplar, *die junge, fette Frau eines alten Herrn,* der ihr den Kosenamen *Karnickel* gegeben hatte, um anzudeuten, was hier an dieser Stelle nicht angedeutet werden darf. Als er starb, heiratete sie schnell weiter und immer weiter, so daß ihr Name jetzt folgendermaßen zu schreiben ist: *Frau Luise Achilles, verwitwete Frau Luise Häußler, verwitwete Frau Luise Langenberg, verwitwete Frau Luise Hübner, geborene Luise Schmidt*[111]: – sie alle später gegnerische ›Zeugen‹, und das in einer Weise, daß May im Alter die ganze Gesellschaft wie ein förmliches Pandämonium sah.

Daß er im Frühjahr wieder umzieht, nach der Prinzenstraße 4, um den endlosen Mitessern und ihrem Radau zu entgehen, hilft nur wenig. Auch hierher kommt Münchmeyer mit Gefolge nach, bis May sich seinen Wirt, den Besitzer des Rittergutschlosses Kreischa, zu Hilfe holt: der nimmt Münchmeyers Neigung, Mays durch fortgesetztes Geigenspiel zu unterhalten, zum Anlaß, *persönlich mit ihm zusammenzukrachen und den verliebten, zudringlichen Heinrich hinauszuärgern.*[112] So ist während der Woche leidlich Ruhe; aber die Sonntage werden nach wie vor gemeinsam verbracht, mit Ausflügen in die Dresdener Heide, nach der Hofewiese, der Heidemühle, nach Langebrück, Klotzsche und so fort; der Kolportagetratsch geht weiter, und Mays faustisches Unterfangen, *den Kampf mit den Pollmerschen Dämonen aufzunehmen, den Sumpf der Perversität auszutrocknen und in gutes, fruchtbares Land zu verwandeln*[113], reicht kaum über eher klägliche Ansätze hinaus. Der einzige Freund um diese Zeit, mit dem so etwas wie ein ›geistiger Austausch‹ zustande kommt, ist der fast taube Ingenieur Nese in Blasewitz; mit dem Dresdener Heilmagnetiseur und Spiritisten Prof. Hofrichter verbindet ihn einige Bekanntschaft; sonst aber lebt er zwischen verliebten Ulanen und anderen deutschen Herzen und Helden als verlorener Sohn dahin.

Die kleine gewonnene Ruhe benutzt er im Herbst 1884 zu dem angestrengten Versuch, das ›Giölgeda Padishanün‹ für den ›Hausschatz‹ wiederaufzunehmen; aber nur 6 Fortsetzungen des ›Letzten Ritts‹ kommen zustande, und in den Folgejahren bleiben die Beiträge auf kleine Lieferungen beschränkt (Sept. 85; Okt. 85 bis Febr. 86; Sept. 86). Zwar nimmt die fromme Redaktion keinerlei Anstand, den drängenden Lesern allerhand Geschichten zu erzählen, wie doch die Post . . .; in Wirklichkeit aber hat May den Faden völlig verloren.

Fünf monströse Kolportage-Romane insgesamt erscheinen bei Münchmeyer bis 1887; fünf Jahre groben Aufwands werden schmählich vertan. Zwar bessern die so eilig in Umlauf gebrachten Segnungen der Hintertreppe die wirtschaftliche Lage spürbar auf (und vom ›Ulan‹ ab bekommt May gar bare 50 Mark pro Heft: Herr Münchmeyer verläßt die Seinen nicht), doch hat er den Seitenkopfsprung ins vorbedachte Literaturgeschäft in aller Zukunft schlimm noch zu bezahlen. Fünf Jahre bedenkenloser Schriftherstellerei im Genre des Konsums: 5 dicke Romane – gleich 513 Hefte mit 12 390 Seiten – gleich 24 382 Seiten im Satzspiegel der Freiburger Ausgabe – gleich 41 816 000 ›Anschläge‹: im Genre des Konsums: verderben ihm die Hand, und nicht nur die Hand: bringen ihm eine heillose Geläufigkeit ein und zögern seine ohnehin sehr späte Entwicklung zur Literatur um weitere Zeit hinaus.

Die Frage, wieweit die unerfreulichen Texte von Mays eigener Hand stammen, ist heute ganz und gar müßig. Vor Gericht konnte er sich später bis zu 5% Änderungen von Hand des Verlegers bescheinigen lassen[114]; das wäre ein beträchtlich starkes Stück, wenn es eben beweisbar wäre. Aber die das Geständnis ablegten, um Ruhe zu haben, waren nicht mehr die Beteiligten selber; und ›bewiesen‹ wurde eigentlich gar nichts. Davon abgesehen sind die fetten Werke so ganz konsequent, so ganz geschlossen in ihren kitschigen Künsten, daß kaum ein Kenner mehr an Mays voller Urheberschaft zweifelt. Es brächte zudem nichts ein, jene 5% abzustreichen, selbst wenn man die Stellen nach Belieben wählen dürfte: die verbleibende Fülle innigster Volksnähe ist zu reichlich. Daß es dagegen mit den »abgrundtiefen Unsittlichkeiten«, die Hermann Cardauns später bei der Lektüre so peinigten, nichts auf sich hat, bedarf keiner extrastarken Versicherung: dergleichen Kritisierung war ebenso falsch wie der gequälte Aufwand, mit dem sich May gegen sie zur Wehr setzte. Der eigentliche ›Schund‹-Begriff bei den Münchmeyer-Romanen hätte sich zuletzt – gibt man es überhaupt auf, ihnen mit Literaturmaßstäben zu kommen – einzig aus dem zu definieren, was man immerhin, in durchaus angemessener Feierlichkeit, ihr Weltbild nennen mag – (um sodann auf jede weitere Benennung zu verzichten): die Modellverkündigung des deutschen Stubenglücks, das mit gefalteten Händen am leeren, aber reinlich gescheuerten Tische sitzt, den König milde über sich an der Wand und den Herrgott noch höher darüber im Himmel droben . . .

»Ich hatt' eine Großmuttern, die war gar fromm. Sie hat ein gar tiefsinnig' Gemüt habt und mir mancherlei verzählt von denen Menschen auf dera Erd', denen Geistern in dera Luft und denen Engeln und Seligen im Himmel droben. Auch von denen Sternschnuppen hats wußt, was sie zu bedeuten haben.« – »So ist sie eine gar kluge Frauen gewest.« – »Ja, das war sie, denn die größte Klugheit besteht nur darinnen, daß man fromm ist, an den lieben Herrgott glaubt, denen Menschenkindern brav Gutes erweist und sich fleißig in acht nimmt, keine Sünd' zu begehen.« – »Da hast sehr recht; das ist ja auch ganz die meinige Meinung . . .«[115]

Und es mag ja immer sein, daß es unverändert reichlich Menschen gibt und geben wird, denen das die ihrige Meinung ist, und zwar nicht nur in den glücklichen Almenlanden, deren Dialekt und Dialektik May hier so herzzerreißend imitierte. Aber w a r u m das – unverändert – so ist und sein wird, wäre eine Frage, zu deren Beantwortung die Kolportageromane unverächtliches Material beitragen könnten. So exakt, so einzig unzensiert sind diese Imagines, daß man ihren Auf- und Abzeichner am Ende dafür doch noch hoch zu loben hätte: Wer es unternähme, sei's soziologisch, sei's psychologisch, dem deutschen Menschen der 8oer Jahre und seine Façon, selig zu werden und selig zu machen, eine Pathographie zu widmen, der fände hier ein Anamnese-Material, wie es so ausgeprägt nicht eben jede Epoche hinterläßt ...

Im Frühjahr 87 zieht May abermals um, nach der Schnorrstraße 31, und wenn auch der Verkehr zwischen Emma und der Pauline Münchmeyer seinen üblen Fortgang nimmt, so entfernt doch er sich nun auch innerlich immer mehr aus dem muffigen Milieu. Ein zweitesmal, das ist nicht zu vergessen, gelingt ihm die beträchtliche Energieleistung, einer Tiefperiode seines kaum sehr sonnenreichen Lebens zu entkommen. Ein zweitesmal spricht er mit fester Stimme den Exorzismus gegen Münchmeyer aus: den begonnenen, nicht mehr gedruckten sechsten Roman ›Delilah‹ vom Sommer 87 bricht er ab[116], und als sich ihm eine neue wirkliche Aufgabe bietet, die für die Fließbandfertigung von Heften eine seriöse Arbeitsweise einzutauschen erlaubt, die Niveau gestattet und sorgfältige Arbeit, greift er mit beiden Händen zu: Münchmeyer verschwindet bühnenabwärts – und mit ihm Kitsch und allzu gern erfüllte Konvention: die Kolportage ist überwunden.

»Im lieben, schönen Lößnitzgrund . . .«

Daß die Peripetie, zumindest in Mays Produktion, sich so präzise vollzieht, ist wesentlich Joseph Kürschner (1853 bis 1902) zu danken, für dessen Revue ›Vom Fels zum Meer‹ May in den Vorjahren einige Bagatellen geliefert hat.[117] Eine nähere Verbindung, um die sich der Herausgeber wiederholt bemühte, ist aber nicht zustande gekommen, und erst am 3. 10. 1886 trifft eine Anfrage die geeignete Situation: »Ich will diese Gelegenheit nicht vorübergehen lassen, ohne Sie zu fragen, ob Sie nicht geneigt wären, einmal einen recht packenden, fesselnden und situationsreichen Roman zu schreiben. Ich würde I h n e n in diesem Falle ein Honorar bis zu 1000 Mark pro ›Fels‹-Bogen zusichern können . . .«[118] Für den ›Fels‹ bekommt Kürschner hernach zwar nur einen kurzen Artikel, ›Maghreb-el-Aksa‹[119], doch führt der gewünschte ›Roman‹ unmittelbar zu dem Unternehmen, das May aus der Kolportage heraushilft. Am 1. 1. 1887 schon erscheint das 1. Heft von ›Spemanns Illustrierter Knaben-Zeitung: Der Gute Kamerad‹, die der ›Fels‹-Verleger auf Kürschners Anregung hin herausgibt, und darin ›Der Sohn des Bärenjägers‹ von Karl May (bis September 1887; von da an paßt sich die Zeitschrift mit 52 Nummern dem damals üblichen Oktober-Oktober-Turnus an). Und das ist ein unvergleichlich frisches und geschickt redigiertes Blatt, das dem Erziehungsbegriff der Zeit beträchtlich vorausschreitet, und wenn auch dies für May keine unmittelbaren Konsequenzen bringt, so wird doch erreicht, daß er zum erstenmal wohl ganz eine Mission als Schriftsteller spürt: mit Fleiß und Energie widmet er sich den Beiträgen, die ausgesprochen ›Schriften für die Jugend‹ sein sollen: belehrend, ohne trocken zu sein; spannend, ohne allzu sehr ans Oberfläche kunterbunten Zeitvertreibs sich zu hal-

ten; ›jugendfrei‹ auch, in jedem Sinne; kurz das, was ihm
nach bestem Wissen erzieherisch scheint (einschließlich alles
möglichen ›Positiven‹). Daß er die entsprechenden Tabus
gelten läßt, ohne mit ihrer Berechtigung so kritisch zu schalten, wie es der Gesamtstil der Zeitschrift durchaus zugelassen
hätte, schränkt freilich die Verbindlichkeit, den Gültigkeits-
bereich seiner Typen und Handlungsnormen ein: ihre
›Wahrheit‹ bleibt die der Märchen. Doch kommt (und eben
darum vielleicht) den acht Erzählungen, die bis 1897 im
›Guten Kameraden‹ erscheinen, das Maß klassischer Leistung zu; noch heute gehören sie unverändert zu den Guten
Büchern, die Kindern in die Hand zu geben wären.

Am 6. 9. 1888 stirbt Heinrich August May, seit zwei Jahren nach einem Schlaganfall halbseitig gelähmt; nach dem
Tode der Mutter (15. 4. 1885) hat May ihn, so gut es ihm
möglich war, finanziell unterstützt. Und er gedenkt der
Eltern stets mit leicht schwermütiger Liebe, in der sich sein
bleibendes Schuldgefühl verbirgt: *Sind sie gestorben, so hat
der Kirchhof den besten Teil des Kindes empfangen, und keine Seele auf Erden meint es mit ihm wieder so gut und treu
wie die Hingeschiedenen...*[120]: Sätze wie diese, die ihm
immer wieder in die Arbeiten der Jahre geraten, haben einiges zu sagen, horcht man ihnen nur geduldig genug unter den
Kalenderton.

Nach Abschluß der ›Bärenjäger‹-Fortsetzung ›Der Geist
der Llano estakata‹ verbringt May im Sommer 1888 einige
Wochen in Ossiach am See (Kärnten): dort entsteht die dritte
›Kamerad‹-Erzählung, ›Kong-Kheou, das Ehrenwort‹[121], das
beste der exotischen Hausmärchen – (und 1905 noch hat
May dann der Kirche des ehemaligen Benediktiner-Stifts ein
buntes Fenster gestiftet: *Salve Regina Protectrix Ossiacensi-
um*). Und nach dem ›Hausschatz‹ ist nun ein zweiter Zirkel
entstanden, in dem er unbedingte Verehrung genießt, ist eine
zweite Stufe des Ruhms erklommen: diese Münze, mit der
alle Welt zahlt, wird auch ihn nun immer besser – und welt-

licher – bezahlen. Am 12. 10. 1888 mietet er sich die ›Villa Idylle‹ in Kötzschenbroda, Schützenstraße 6; und am 2. 12. trifft aus Stuttgart der Vertrag ein, nach dem es »Herrn W. Spemann erwünscht ist, Herrn Dr. Karl May als dauernden Mitarbeiter seines Verlages zu gewinnen«: der ›Gute Kamerad‹ verpflichtet sich, über alle Manuskripteinsendungen Mays umgehend zu entscheiden, für die akzeptierten sofort ein Interimshonorar zu zahlen und die definitive Abrechnung gleich bei Druckbeginn vorzunehmen: Bedingungen, die May einige weitere Freiheit in der täglichen Fron bringen, wenn auch das Honorar selbst (4 Mark pro ›Kamerad‹-Spalte) die Kameradschaft zwischen dem reichen Mann in spe und dem armen May vor Übertreibung bewahrt.

Das Verhältnis zu Emma hat sich durch die äußere Trennung von der Münchmeyerei nicht gebessert. Ob nun sie allein daran schuld war, oder ob seine *Versuche, sie zu heben*, so ungeschickt und penetrant ausfielen, wie's leider anzunehmen ist, – jenseits aller Verschuldensfragen bleibt die Tatsache, daß sie seiner späten, aber um so steileren Entwicklung nicht folgte und daß er schließlich resignierte und sich von ihr zurückzog – am Ende dann bis auf den Gegenpol jenes singulären Hasses, zu dem gerade die von Grund gütigen und weichen Menschen fähig sind. *Es ekelte ihr vor geistiger Arbeit. Ihr Ideal war ein immerwährend offenes Haus, ein Staarkasten für schwatzhafte Meisen und lockere Vögel allerlei Art, besonders aber jener Gattung, die weder arbeiten noch spinnen, und euer himmlischer Vater, nämlich ich, ernähret sie doch! Schauspieler, Sänger, lustige Künstler, allerlei fahrendes Volk sollte bei mir verkehren. Da wollte sie herrschen; da wollte sie als Königin gelten, da wollte sie geliebt sein und wiederlieben . . .*[122] Gleichwohl hätte eine ausführliche Biographie Mays der Frau mit viel Gerechtigkeit zu gedenken; denn lange doch hat sie ihm zumindest die physische Ruhe der Ehe gegeben: ihre animalische Natur, deren Ausschließlichkeit dem Alternden nicht mehr genügte, ist ein nicht zu unterschätzender Motor der Aufstiegsjahre; durch sie zuletzt auch kommt bei May ein schöpferisches Äquivalent zustande, das ihr gerade da nicht vergessen werden darf, wo von ihren negativen Zügen die Rede zu sein hat (eine Rede, die ›im Ernstfall‹ allerdings sehr lang würde).

Mays Leben läuft auch in diesen Jahren wachsenden Ruhms einsam wie je dahin. *Ich hatte einsehen müssen, daß es für mich kein anderes Glück im Leben gab als nur das, welches aus der Arbeit fließt* . . . Je mehr er sich aber, schreckhaft zuckend noch immer unter dem Nachhall der schlimmen Schocks seiner Vergangenheiten, an den Außenrändern der Gesellschaft hält, desto nachhaltiger restauriert er sein Ich und dessen Selbst-Bewußtsein in den Projektionen des Werkes: alle Wünschbarkeiten, alle noch so bizarren Bedürfnisse werden Schicht für Schicht abgelöst von der groben Folie des beschädigten Lebens und in die Traumräume überführt; bis sie sich dort zur immer stabileren, glänzenderen Rüstung zusammenfügen, zum hieronymen Gehäuse, in das dann einmal selbst gesichert einzuziehen wäre. Immer lautloser und unscheinbarer werden die Schritte, die er durch die Realität tut; nirgends zeigt er lange das Gesicht, das unter das gesicherte Visier noch nicht hat schlüpfen können; immer wieder zieht er um: im Frühjahr 1890 nach Nieder-Lößnitz (Lößnitzstraße), im Frühjahr 1891 nach Ober-Lößnitz (Nizzastraße, ›Villa Agnes‹); vor Freunden scheut er sich mehr noch als vor Feinden; und will ihn wer besuchen, so ist er nach Möglichkeit jeweils ›auf Reisen‹ . . . Die einzigen Menschen, denen er sich während dieser Jahre aufschließt, sind die Familien Plöhn in Radebeul und Seyler in Deidesheim, bürgerliche Gesellschaften beide, bürgerliche Alibis beide: Richard Plöhn (1853–1901) war Gründer und Besitzer der ›Sächsischen Verbandstoff-Fabrik‹ in Radebeul, Commerzienrat Emil Seyler (1845–1926) Besitzer von Weingütern um Deidesheim, Ruppertsberg und Forst. Die Freundschaft mit beiden zeigt May von einer Seite, die in größerem

Zusammenhang ausführlich zu untersuchen wäre: wie nie und nirgends sonst, so scheint es, hat er bei ihnen einmal einen Winkel Wirklichkeit gefunden, in dem er sich frei bewegte. Den Frauen ist er, mit einiger Reserve, ähnlich zugetan, und so unterschreiben sie sich gelegentlich auf einem Photo, auf dem sie sich in orientalischer Verkleidung zusammengestellt haben, als sein ›Harem‹; bei Seylers sind es jedoch mehr die fünf Töchter, die ›Orgelpfeifen‹, denen er die Liebe des unfreiwillig Kinderlosen zuwendet, denen er unermüdlich Geschichten erzählt und Scherzgedichte schickt. Klara Plöhn (1864–1944), Tochter des Dessauer Kastellans Heinrich Beibler (1789–1880) und der Wilhelmine Höhne (1837–1909), hält er um diese Zeit *für ein Gänschen, nicht ganz so groß wie meine eigene Gans, doch geistig unbedeutend* – eine Ansicht, die er dann später, da sie *mir in der schwersten Zeit meines Lebens ein wahrer Engel gewesen ist*[123], erheblich geändert hat . . .

Daß May sich den ›Kamerad‹-Erzählungen mit größter Akribie widmet (und gegen den Titel ›Jugendschriftsteller‹ ist er um diese Zeit noch keineswegs allergisch), hat seinen Grund mit darin, daß die Regensburger Hausschatz-Luft mit den Jahren unbekömmlicher geworden ist. Zwar hat das Blatt in gleichem Maße an Heiligkeit zugenommen, und unaufhaltsam ist es »in der stetigen äußeren und inneren Vervollkommnung fortgeschritten«, wie die Redaktion »mit frohem Erstaunen« bemerkt; aber daß man das im wesentlichen doch auch May zu verdanken habe, kann nicht sein, weil's nicht sein darf. 1888 ist Venanz Müller ausgeschieden; sein Nachfolger wird Heinrich Keiter (1853–1898), ein Mann, der ›auch‹ schreibt und mancherlei auch schreibende Bekannte hat. Und so hebt der xv. Jahrgang (1888/89) ganz konsequent mit der Erklärung an: »Heiß wogt unter unseren Lesern der Kampf um die Romane des Reiseerzählers Carl May. Während der eine Theil in fulminanten Zuschriften bei der Redaktion sich beklagt, daß die Romane einen so großen

Raum einnehmen, der viel kostbarer verwendet werden könne, verlangt der andere in nicht minder bestimmten Ausdrücken, daß sofort im neuen Jahrgang wieder mit einer
Erzählung von Carl May begonnen werde. Da ist die
Redaktion denn doch gezwungen, den goldenen Mittelweg
einzuschlagen, um beiden Theilen gerecht zu werden. Den
Gegnern von Karl May zu Gefallen bringen wir also vor der
Hand Erzählungen aus der Feder anderer Autoren, den
Freunden des Abenteuerromans aber verraten wir, daß sich
in unsern Händen wieder eine sehr spannende Erzählung
von Carl May befindet ...« Vorderhand also breiten sich
nunmehr erst einmal die ›anderen Autoren‹ aus: darunter
Hermann Cardauns (ein Herr, von dem später noch zu reden
ist), H. Kerner (= Herr Hermann Cardauns) und M. Herbert (= Frau Therese Keiter); dann folgt Mays ›Scout‹.
Und wenn es auch, man muß mit allem rechnen, sehr wohl
möglich ist, daß es einige Leser wirklich fulminant nach noch
mehr klerikalen Lebensläufen verlangte, als ihnen ohnehin
aus dem hierin schier unerschöpflichen Haus-Schatz geboten
wurden, – die eigentlichen Motive für die plötzliche Besorg-
nis um den Raum, der ›viel kostbarer‹ verwendet werden
könnte, liegen anderswo, und dementsprechend bleibt die
gute Miene, die Keiter schließlich doch wieder machen muß,
verkniffen genug.

May läßt es sich nun zwar einige Anstrengung kosten, den
›Hausschatz‹ in möglichst dichter Folge weiter zu beliefern,
aber der zweiteilige ›Sendador‹ (Jahrgänge XVI/XVII – Oktober 1889 bis September 1891) wuchert ihm unter der unlusti-
gen Hand, und frischer und ungezwungener gerät ihm das
›Vermächtnis des Inka‹, in dem er den Stoff für den ›Kameraden‹ (VI – 1891/92) neu aufbereitet. Im ›Hausschatz‹ folgt
der wieder zweiteilige ›Mahdi‹ (XVIII/XIX – 1891–1893) und
die ›Felsenburg‹ (XX – 1893/94), – und über deren Fortsetzung ›Krüger Bei‹ (XXI – 1894/95) kommt es zum offenen
Bruch mit Keiter: der hat nämlich einfach den Bleistift ge-

nommen und von den 1210 Seiten Handschrift ohne jede Vorwarnung 440 gestrichen. May hält das unverzüglich für die Frechheit, die es ist, stellt im Mai 1895 die weitere Manuskriptlieferung ein und entzieht dem ›Hausschatz‹ seine Mitarbeit. Pustet *versuchte, mich brieflich umzustimmen, doch vergeblich. Da kam er, der alte Herr, persönlich. Das war rührend, hatte aber auch keinen Erfolg. Er schickte dann seinen Neffen, ganz selbstverständlich mit demselben negativen Resultate, denn beide waren es doch nicht, die sich an meinen Rechten vergriffen hatten. Da kam der Richtige, Heinrich Keiter selbst* ... Und May nimmt die Absage zurück, mit ganz den souveränen Gebärden, die er sich jetzt leisten kann; aber Keiter wird nicht heiterer davon, er bleibt sein Feind.

Die Opfer, die May – bewußt und unbewußt – dem ›Hausschatz‹ gebracht hat, sind letzten Endes beträchtlich und folgenschwer. Denn zu weit unterhalb der Kontrollschwelle lagen die Motoren seines Schreibens, als daß er es auf Dauer über sich vermocht hätte, zwischen den Zweck- und Folgebewegungen des Getriebes noch kühl zu unterscheiden. Bald schon werden die Funktionen, die er anfangs dem allerchristlichsten Blatt bloß konzediert, zum unauslöslichen Bestandteil seiner Denkmechanik: immer länger breiten sich in den Reiseerzählungen die Reflexionen aus, mit denen er seine Helden und Abenteurer als Missionare verkleidet. Im Grunde hat er, von Taufe aus Protestant und eher indifferent, die Christlichkeit stets liberal traktiert; dann gibt er sich lange damit zufrieden, daß sie schlicht mit ›der Moral‹ identisch sei: er borgt sich ihre Vokabeln, um seine eigene tiefe Humanität ideologisch auszurichten und mit Namen zu versehen, geht dann auch sehr freigiebig damit um, wo's gewünscht wird (doch ohne ›Not‹: in den ›Kamerad‹-Erzählungen wieder kommt er gut und gern ohne räuchernde Weihe aus); – aber als sein Kopf sich anschickt, erst eigentlich zu erwachen – und auch diese Entwicklung kommt spät gegen die Widerstände der Erziehung hoch –, hat die so arglos akzeptierte Denkhemmung bereits den Horizont verbaut, und es kommt nurmehr zu leer rotierenden Ersatzleistungen: ein weiteresmal verbiegt ein dummes Geschick, eine grobe Konjunktur ihm das Wachsen. Die Kapitulation fällt grob entsprechend aus: im ›Kürschner‹ 1894 läßt er sich nun auch äußerlich das fette ›k‹ aufheften, die Plakette des Tendenzkatholiken.

Bedenklicher noch fällt die Rückwirkung der mehreren ›Marienkalender‹ aus, denen er als Mitarbeiter den kleinen Finger reicht: förmlich aberwitziger Blätter, die ihre Seligkeit derart vollendet in der Geistesarmut suchen und finden, daß die glatte Einpaßbarkeit Mays allein schon theoretisch gegen ihn spräche. Zwar handelt es sich auch da, auf beiden Seiten, nur um ein Geschäft – (das Firmenschild ›Verlag der Gesellschaft des göttlichen Heilandes‹ bedarf ja nicht eben vieler Kommentare, – und an der Reklame des Kalenders von Benziger & Co können sich selbst heute kaum viele Fabrikanteneinfälle messen: das Blatt war irgendwie »ins Vorzimmer des Heiligen Vaters« geschafft worden, und der hatte beim Anblick viermal »Das ist recht« gesagt und gleich einen schriftlichen Segen auf die Post gegeben, in dem der Firma Erleuchtung von Herz und Sinn gewünscht wurde: zu lesen im Jahrgang 1876); aber für May wiegen die inneren Folgen schwer über den geringen Absatzvorteil hinaus: Geschichten wie ›Christus oder Muhammed‹ (1891) oder ›Maria oder Fatima‹ (1894) oder ›Er Raml el Helahk‹ (1896), falsch und schrecklich bis in die Untertöne, gehören zu seinen ärmsten Eingebungen, und ein ›Zufall‹ ist es sicher nicht, daß sein später Aufbruch zur Literatur mit der Trennung von den katholischen Blättern zusammenfällt.

Einen Versuch mit Buchausgaben hat Spemann bereits 1888 vorgesehen und zwei Jahre später vorsichtig begonnen. Aber 1891 stellt sich endlich der Verleger ein, den May nötig hat, um der literarischen Konventikel-Existenz zu entkommen: Friedrich Ernst Fehsenfeld (1853–1933), ein Mann mit bedeutenden Anlagen, der im Haus des alten Julian Schmidt aufwächst (und dort beachtliche Gesellschaft um sich hat: Herman Grimm, Dilthey, Reuter, Freytag, Auerbach, Spielhagen u. a.), dann von den Büchern zum Buch-Handel kommt, um es schließlich mit einer eigenen Verlagsgründung zu versuchen. Und bei der »Umschau nach gangbaren Verlagswerken« stößt er »auf die Erzählung ›Im Schatten des Großherrn‹« (= auf türkisch, wenn auch weniger richtig als wohlklingend, ›Giölgeda Padishanün‹) »von Karl May. Ich begann zu lesen und kam nicht davon los. Familie, Geschäft, Essen und Trinken, alles vergaß ich! D i e s e Erzählungen aus ihrer Zerstückelung in den Zeitschriften herauszuholen, sie in Bücher zu fassen und so der deutschen Jugend und dem ganzen Volk zu schenken, das war ein Gedanke, der mich nicht wieder losließ.«[124] Also ein ›May-Leser‹ comme il faut, – und Fehsenfeld hat dann noch jahrelang aufs treugläubigste die Reiseerzählungen seines Autors für bare Münze genommen: schon bei der ersten Begegnung glaubt er an Old Shatterhand »den leichten Schwung von Reiterbeinen« bemerken zu müssen, und von der Orientreise 1899/1900 kann ihn May ganz ungestraft mit ›Grüßen von Ben Nil‹ (aus dem ›Mahdi‹) foppen: nicht wenige verlegerische Ungeschicklichkeiten gehen später auf solche Naivität zurück. Der Vertrag kommt rasch zustande, und im nächsten Jahr 1892 bereits erscheint das ›Giölgeda‹ als Band I–VI von ›Carl May's gesammelten Reiseromanen‹. Den ›Anhang‹ mit der Erzählung vom Tod des Rappen Rih schreibt May neu hinzu; ebenso entsteht 1893 der erste Band ›Winnetou‹ unmittelbar für die Buchreihe, – die beiden anderen Bände freilich werden (bis auf das Schlußkapitel) aus sehr ungleichwertigen älteren Geschichten zusammengeleimt, und zwar mit derart sorgloser Hand, daß sie den Roman als Ganzes so ziemlich verderben, wenn auch der erste Band hervorragend gelingt. Mays kritisches Vermögen hat sich bei der endlosen Zeitschriftelei nicht entwickeln können; daß es ein anderes sei, ein ›Buch‹ in die

Welt zu setzen, vermag er noch nicht zu sehen. Die Bände x–xiii (1893/94) kommen einfach aus den alten Abdrucken zusammen, kaum durchgearbeitet; für Band xiv ›Old Surehand‹ 1 rafft er sich zwar wieder zu etwas Neuem auf, – doch da schlägt die Erschöpfung dann über ihm zusammen (was ja kein Wunder ist – *wenn ich ganze Nächte arbeite und mir den Kopf zerbreche*), und der 11. Band (Nr. xv) greift trostlos wieder auf alte Sachen zurück (u. a. sogar auf einen Teil des ›Waldröschen‹) und ergibt, von der Rahmenerzählung höchst brüchig nur gekittet, formal und inhaltlich die allergröbste Pfuscherei. *Ich bin stets der Ansicht gewesen, daß man umso stärker wird, je mehr man leisten muß*, heißt es in ›Winnetou‹ 1, im gleichen Band, in dem May bekennt, er habe *nie nach Schätzen getrachtet, welche von dem Roste und den Motten gefressen werden* –: aber die Leistung, die abermals förmlich monströse, zu der er sich in diesen Jahren nötigt, macht ihn ›stärker‹ nur eigentlich in wirtschaftlicher Hinsicht; – seinem Talent fügt die pausenlose Betriebsamkeit wieder manchen Schaden zu . . .

Obwohl er seine Fachbibliothek in dieser Zeit vergrößern kann (und es finden sich seltene und bedeutende Werke unter dem Material, das er zur Staffage der Reiseromane benutzt), werden seine Studien flüchtiger und teilweise bedenklich unbedenklich. Schon 1882 hatte die ›Alte und neue Welt‹ über das ›Giölgeda‹ geschrieben: »Wer speziell etwas von dem berühmten Assyriologen Layard kennt, möchte sich zu dem Nachweis versucht fühlen, daß der phantasievolle Verfasser seine Reisen sogar bis auf Layards Werke ausgedehnt habe . . .«[125]; und wenn auch die Anschuldigung massiven Plagiats, die Ansgar Pöllmann 1910 dann so heiligzornig vortrug, nur ganz geringe Werkspartien unmittelbar trifft, so bleibt doch über Mays Umgang mit den Quellen mancherlei zu sagen. So phantastisch weit sind die Amplituden seiner Handlungen gar nicht, wie es dem nach der bloßen bunten Unterhaltung greifenden Leser scheinen möchte: im Grunde kommt er mit ganz wenigen Motiven und Charakteren aus, deren Vernutzung bei allzu häufigem Gebrauch gar nicht ausbleiben kann. Seine Kunst, seine Schaffens-Kraft zeigt sich am überzeugendsten in der Erfindung der Grundgebilde, archetypischer Märchenfiguren und -situationen; vor ihrer Entwickelung, Verarbeitung, Komposition aber versagt sie zumeist, und das zunehmend, als er nun immer mehr auf die Künste der Variation angewiesen ist. Deutlicher immer mehr erstarren die Landschaften zu Stereotypen; die ihnen aufgehefteten Figuren wirken plakettenhaft, maschinell gestanzt und von immer flacherem Halbrelief; – und jene unverwechselbare personelle Aura, die so sehr sympathische, ja faszinierende, umgibt anhaltend eigentlich nur die Ich-Gestalten und ihre Derivate –: May muß es gespürt haben, daß er lebendig nur zu füllen verstand, was er selber erfüllte; darum im Alter die immer dichter häufigeren Ich-Travestien. Was aus ihnen nicht unmittelbar redet, verblaßt zum Geräusch von Formeln, von bloßen kulissenhaft verschobenen Vokabelgruppen. Zuletzt verweisen alle Verbrauchsspuren auf Mays Stil: sie verklagen die Enge der Sprache dessen, der im Dialekt aufwuchs und dessen Texte einzig in Dialogen frei zu sprechen vermögen, zwischen ihnen aber nur steife, hölzern linierte Fortbewegungen vollbringen: Mehr noch als am eigentlichen Bildungsindiz erhellt aus seiner früheren und mittleren Sprache, daß er sich die ausgedehnte Bekanntschaft mit der Großen Literatur und ihren Modellen versagte; mehr noch für sie gilt betrüblich genug, was er von den Werken unserer ›großen Philosophen‹ bekennt, *welche noch heut in meiner Bibliothek ›glänzen‹, weil ich sie außerordentlich schone, indem ich sie fast nie in die Hand nehme . . .*[126] Sein Autodidaktentum hat wenig positive Züge; auf eigentlich originales autoritätsloses Lernen hat er sich, auch im Alter, nur ganz selten verstanden . . .

Im lieben, schönen Lößnitzgrund, / da saßen zwei selbander; / die schlossen einen Freundschaftsbund, / gehn niemals auseinander. / Der Eine schickt Romane ein, / der Andre läßt sie drucken, / und's Ende wird vom Liede sein: / 's wird Beiden herrlich glucken.[127] So reimt May zu Beginn seinen Verleger an; aber es ist nicht nur das buchhändlerische Unternehmen, das (1895 mit über 60 000 Bänden Jahresabsatz) aufs herrlichste gluckt: – ein anderer Schritt wird, lange heimlich länger längst schon vorbereitet, Hand in Hand damit vollzogen: die Kunst der Flucht, die stärkste von seinen Künsten: der ›*Sprung über die Vergangenheit*‹ . . .

Le Bourgeois Gentilhomme

Der letzte Schritt über die Grenze, der letzte ›Umzug‹, vollzieht sich fast geräuschlos: so künstlich verdunkelt hat May die Szenerie seines persönlichen Ghettos bis dahin gehalten, daß er sie nun auf offener Bühne wechseln kann, und der Applaus der reichlich assistierenden Statisten deckt jedes ächzende Nebengeräusch zu, das auf den Schweiß hätte schließen lassen, der – von welchen Göttern immer – vor diesen Preis gesetzt war. Ein Scheinwerfer erstrahlt, wie er in der Literatur nur selten Verwendung findet, und magisch beleuchtet erscheint der Künstler als schon nicht mehr ganz junger Mann: »ein unternehmend dreinschauender Herr mit Schlapphut, Kanonenstiefeln und einem mächtigen Schießprügel ...«[128] Das offizielle Porträt des Show-Spielers bringt der XIX. Band der (nicht mehr lange so heißenden) ›Reiseromane‹ bei Fehsenfeld: *Old Shatterhand (Dr. Karl May) mit Winnetou's Silberbüchse;* ein weiteres Bildnis *Old Shatterhand (Dr. Karl May)* erscheint in einem Verlagsprospekt; endlos weitere folgen. *Meine Leser drängen nach Photographien; ich ließ mir darum einen Verehrer (natürlich Photograph) kommen, der 101 Aufnahmen von mir gemacht hat. Er will die Sache in eigenen Verlag nehmen ...*[129] Der Herr, der so nützliche Gedanken mit seiner Verehrung verbindet, ist Adolf Nunwarz aus Urfahr-Linz; am 24. 6. 96 kommt der Vertrag zustande, und im Dezember vermag der Lichtbildner dem Verehrten gar noch 2700 Mark ›Geschäftsbeihilfe‹ abzuschwatzen: da muß auch dieser Handel herrlich glucken. Visitenkarten werden gedruckt; sie auf hölzerne, silberne, selbst goldene Teller zu legen, wird jetzt immer öfter Gelegenheit sein; das zivile Inkognito ist zu Ende, der alte defekte Adam abgelegt; und der neue Mensch tritt hervor, »mit Lasso und einem Halsschmucke, der anscheinend aus Bärenzähnen besteht«[130]: *Dr. Karl May, genannt Old Shatterhand / Radebeul-Dresden / Villa Shatterhand.* Das Haus in Radebeul, Kirchstraße 5, auf dessen Fassade die Aufschrift gülden erglänzt, hat er am 14. 1. 96 als Eigentum bezogen; nur allzu genau paßt in das wunderliche Bildnis dieses ›Werdeganges‹, daß er eng neben dem wirtschaftlichen Aufstieg einhergeht. Fünfzig Jahre alt wurde May, bis er plötzlich die »Einkünfte eines Millionärs« bezog: was alles ihm, dem lebenslang Gestoßenen und in vielerlei Hinsicht Ausgehungerten, am fernsten Horizont der Wünsche gelegen hatte, vereinigt sich bei der Erfüllung. Und zuletzt ist für ihn beides nicht mehr unterscheidbar: nur die materielle Freiheit und Sicherheit bringt ihm auch die immaterielle, nur der Wohlstand einmal mehr das Angenehme Leben. Das große Spektakel, mit dem das lange lädierte, nunmehr reparierte Ich sich zur Schau stellt, ist eine geschäftliche Transaktion; – und so sehr ist May davon durchdrungen, daß mit ihrem Gelingen alles gelungen sei, daß er aufjauchzend nun die allergeringste Vorsicht vergißt. Geld mache nicht glücklich, – das hat er immer wieder beteuert; aber im übrigen hält er es bitterernst mit dem Volksmund: es ›beruhigt‹ . . .

Um den Vorgang dieser zunehmenden Selbstberuhigung genauer zu verstehen, als es der Anschein zuläßt, hat man sich immer und wieder zu erinnern, auf was er reagierte. Nach langen Jahren innerer Rekonvaleszenz, abseits gehalten von jeder nur möglichen Aufmerksamkeit, jedem Einblick, selbst dem von Freunden, ängstlich eng versperrt, den schlimmen Schaden seines so komplizierten Lebens bei jedem Werk noch dauernd gegenwärtig vor Augen, – nach Jahren der Isolation hat May Sich Selber gesichert zu Stande gebracht: mit einemmal eröffnet sich ihm der Eingang in die Große Gesellschaft, und zwar nicht nur die des Bürgertums, das ihm seine ›Ehrenrechte‹ zehn Jahre lang entzogen hatte. Das inbrünstige Verlangen nach der Aufnahme in den Zirkel der Massenhaften ist begreiflich; es muß bei May, dem sie so wenig freigestanden hatte, unvergleichlich stark gewesen sein, – so süchtig stürzt er der Gemeinschaft derer entgegen, die ihn bestätigen wollen, die ihm die Überwertigkeit seines imaginären Ich bestätigen sollen, in das er den peinlich genug zu tragenden Erdenrest seines wirklichen Daseins nun ganz hinübergerettet hat. Dessen Konturen denn auch folgerichtig vor allem anderen verwischt werden: im ›Kürschner‹ 1896 zieht er seinen Geburtsort in ein sehr pseudonymes ›Hohenburg‹ zusammen (ein geheimes Örtchen, günstig genug weitab in Bayern und damit geradezu prädestiniert, etwas außerhalb der Wahrheit zu liegen); seine persönlichen Umstände, nach denen immer mehr Fragen in die Leserbriefkästen gesteckt werden, paßt er der fable convenue gefällig ein: die Großmutter, selbst Hauptbestandteil der Fabel noch bis in die späteste Zeit, *starb im Alter von 96 Jahren,* – er selber ist *dreimal blind gewesen und mußte dreimal operiert werden*[131], – verheiratet ist er auch, das ja, aber: *noch nicht lange,* – ob glücklich oder unglücklich?: *da kann ich denn aus vollem Herzen sagen: sehr glücklich!*[132] (– zu einer Zeit, da May dem häuslichen Eheglück ausgedehnte Aufenthalte in der Lößnitzer ›Grundschenke‹ durchaus vorzog); und die dunkelsten Punkte, die dunkelsten acht Jahre, erhalten den immer virtuoseren Kontrapunkt: *Ich habe jene Länder wirklich besucht und spreche die Sprachen der betreffenden Völker,* hat er schon zwei Jahre zuvor kühl verkündet; *auch ohne dies zu wissen, muß und wird jeder Fachmann aus meinen Werken ersehen, daß ich solche Studien unmöglich in der Studierstube gemacht haben kann. Die Gestalten, welche ich bringe (Halef Omar, Winnetou, Old Firehand ...) haben gelebt oder leben noch und waren meine Freunde ...*[133]

Die virtuelle Wahrheit seines Ego-Bildes zeichnet sich langsam immer deutlicher ins Bewußtsein ab; immer brüchiger wird mit den Jahren, parallel zum physischen Abnehmen, die Gegenbesetzung; langsam vertauscht sein zwiegespaltenes Ich die Rollen. Den Anfang mag ein bloßes Kopfnicken gemacht haben, wenn ein Herr Irgendwer ihn Mr. Shatterhand titulierte; dann kommen Fragen, auf die er antworten muß, kommen genauere Fragen, auf die er genauer antworten muß: nicht genug kann die Neugier erfahren, nicht genug kann er mit immer gewagteren Fabeln davon befriedigen. Im III. ›Surehand‹ (1896) schon wird er ungewöhnlich persönlich; *soll ein Buch seinen Zweck erreichen*, meint er, *so muß es eine Seele haben, nämlich die Seele des Verfassers. Ist es bei zugeknöpftem Rock geschrieben, so mag ich es nicht lesen.*[134] Aber nicht nur die Seele Mays wird unter dem aufgeknöpften Jagdrock sichtbar; im ›Satan‹ ist es der *Dres'ner Doktor* persönlich; in ›Weihnacht‹ (geschrieben im Sommer 1897 in Birnai an der Elbe: – im Garten-Restaurant Herzig läßt May sich ein Zimmer leerräumen, umgibt sich mit »zahllosen Landkarten und Plänen« und schreibt Tag und Nacht bei Petroleumbeleuchtung; innerhalb kurzer Zeit ist das Buch fertig) wird das Gleichheitszeichen, bei Petroleumbeleuchtung, in allen feinsten Details zwischen Old Shatterhand und dem Dr. May gesetzt. Im ›Hausschatz‹ erscheint im Juni das ›Ave Maria‹, *Gedicht und Komposition für Männerchor von Dr. Karl May* (als Sonderdruck, zusammen mit einem weiteren polyhymnischen Produkt *Vergiß mich nicht!*, im Folgejahr dann auch bei Fehsenfeld); und da er sein Gedächtnis jetzt systematisch auf Wasser und Brot gesetzt hat (genauer: auf Kaffee und Zigarren), vergißt er ganz, daß er seinen Winnetou zwar »eines höchst erbaulichen Todes«[135], aber doch unter fremden Klängen hatte sterben lassen. Ein ähnliches Versehen passiert ihm mit der ›Silberbüchse‹, die er (IX, 475) dem *edelsten Freunde* mit ins Grab gegeben hatte, die aber nun plötzlich zum gerechten Staunen der Besucher neben seinem Schreibtisch hängt; – er ist eitel genug, das Buch zu korrigieren: XIX, 328. Und er läßt sich auf höchst riskante Exkurse ein: *Der Bärentödter ist ein doppelter Vorderlader mit 2-lötigen Kugeln, Treffsicherheit 1800 m, Gewicht 20 alte Pfund ... das einzige Gewehr dieser Art.*

Der Henrystutzen ist gezogen; der Lauf wird nicht warm, was eben sein größter Vorzug ist. Treffsicherheit 1500 m. Die Patronen sind in einer exzentrisch sich drehenden Kugel enthalten...[136] Einzelheiten und Einzelheiten werden zur Komplettierung der Fiktion verbreitet: *Winnetou*, schreibt er an eine Leserin[137], *war geboren 1840 und wurde erschossen am 2. 9. 1874. Er war noch herrlicher, als ich ihn beschreiben kann.* Sogar Haare vom berühmten blauschwarzen Schopf des Verblichenen spendet er besonders reliquienhungrigen Gläubigen; aber auch da ist er reichlich unbesorgt; Pferdehaare sind es, und es kommt heraus. Und der Aberwitz der Auskünfte wächst mit dem der Leser: als eine Gräfin aus Cabuna (Slawonien) sich grämt, daß Winnetou als sündiger Heide dahingefahren sei, und anfragt, warum er denn nicht vom ›k‹ und ›k‹ Dr. Shatterhand die Nottaufe erhalten habe, antwortet May, er habe ihm dieselbe tatsächlich verabreicht, es im Roman jedoch nicht erwähnen wollen, um nicht Angriffe von protestantischer Seite zu erfahren...[138]

Die sorgfältige Beachtung, die May um diese Zeit den konfessionellen Empfindsamkeiten seiner Herde widmet, hat sicher recht platte praktische Gründe; aber wie stets vermengen sich diese alsbald mit dem, was er seine Überzeugung nennt: ein Trennstrich ist da endgültig nie zu ziehen. Daß seine Märchenbücher es mit der Religion vor allem halten, die in Sachen des ›Glaubens‹ die äußersten Strapazierungen verträgt, mag ein bloßer Instinkt gewesen sein; darüberhinaus ›liegt‹ ihm der olympisch umwölkte mythologische Apparat des Katholizismus weit mehr als das ungespäßig trockene Dogmengehäuse des Protestantismus: vom edlen Geisterchor umgeben fühlt er sich am wohlsten, und die Erleuchtung seines bedürftigen Herzens geht mit der Beschwichtigung der Gedanken günstig genug einher (welche letzteren er um diese Zeit leider gar nicht verwöhnte; die meisten Werke der betreffenden Abteilung seiner Bibliothek könnten gediegen in jeder höheren Pfarrbücherei stehen;

Traktate; Hausschatz-Feuilleton; heute würde er Jean Gebser lesen): *Wohl dem Menschen, der sich aus der glücklichen
Jugendzeit seinen Kinderglauben hinüber in die neue Zeit
des ernsten Mannesalters gerettet hat!*[139]: insofern stimmt
das ›Programm‹ der ›Geographischen Predigten‹ recht
genau. Die schlimmsten Produkte solcher ›Überzeugung‹
sind die bereits erwähnten Marienkalendereien, die in dieser
Zeit – alles fließt – auch auf das übrige Werk übergreifen: so
etwa auf den Schlußteil des ›Mahdi‹ (Buchausgabe 1896)
oder auf die Endlösung der Unglaubensfrage in ›Weihnacht‹
(1897): – förmlich greuliche Geschichten nach dauernd gleichem Schema: dauernd muß sich erweisen, daß *Gott sich nicht
spotten* läßt: die Guten, die ihr Leben anweisungsgemäß selig
verbringen, werden am Ende sorgfältig abgelohnt, – die
Bösen hingegen, die's von Zeit zu Zeit mit kleinen Flüchen
quittieren, verfallen irgendeinem ausgeklügelt gräßlichen
Geschick: sie werden zerschmettert, geblendet oder von gott-
gesandten wilden Bären gefressen –: dem Frommen gehört
die Welt. Freilich sind May dergleichen Theodizeen gleich
wieder so aberwitzig geraten, daß sie, von seinen Absichten
losgelöst, schon fast so etwas wie eine immanente Kritisierung des Begriffs selbst freigeben (was geriebene Katholiken
wie Pöllmann auch durchaus bemerkten).

Das eigentliche ›religiöse Bedürfnis‹ aber befriedigt May
mit Hilfe des Spiritismus (zu dem er sich wechselnd bekannt
und distanziert hat): daß im Hause »ständig jede Woche
etwa zweimal spiritistische Sitzungen stattgefunden hätten«,
bezeugt noch später eine Freundin Emmas[140]; »ein Herr
Pfefferkorn habe sie eingeführt« (das ist ein Schulfreund
Mays, der's in Amerika – Lawrence, Massachusetts – zum
reichen Arzt gebracht hat und 1896 mit Frau in der Villa
Shatterhand zu Besuch weilt); »auch die bekannte Anna
Rothe« (ein vielfrequentiertes Dresdener Medium) »sei zu
diesen Sitzungen ein- oder zweimal zugezogen worden. Frau
Plöhn sei Schreibmedium gewesen, ihr hätten die ›Lieben‹

immer des Nachts ihre Befehle in die Feder diktiert...«
Zuerst sind es die, tatsächlich beide stark medial veranlagten,
Frauen, die am Tischrücken Gefallen finden; Plöhn und May
sitzen zumeist nur spöttisch dabei. Seit Pfefferkorns Beleh-
rungen aber lernt er selber das Überirdische schätzen: immer
häufiger erscheinen ihm die ›Schutzengel‹ nebst Verwandten; *indem ich hier an meinem Tische sitze und diese Zeilen
niederschreibe, bin ich vollständig überzeugt, daß meine
Unsichtbaren mich umschweben und mir, schriftstellerisch
ausgedrückt, die Feder in die Tinte tauchen*[141]; und sogar
der ›liebe Alte Dessauer‹, Held vieler früher Humoresken
(dem May 1892 eine *dreiaktige Posse* widmen wollte und noch
jetzt, April/Mai 1898, eine ausgedehnte Studienreise widmet), erscheint auf diese Art zu Besuch. Der Casus hat dunkle
Seiten, denn wie's mit dem ›Höheren‹ meist geht, muß auch
dieser Kultus hernach zu allerlei lichtscheuen Geschäften in
Mays Haushalt dienen: – eine Spezialstudie hätte diese son-
derbarste Ressource seiner Wesens- und Werksentwicklung
mit viel Sorgfalt zu behandeln. Unmittelbar vom Spiritismus
beeinflußt ist ›Am Jenseits‹ (erschienen 1899): das Große
Buch dieser sonst weniger erhabenen Periode, in dem es May
gelingt, die dissolute Form der Reiseerzählung in ein bedeutendes allegorisches System zu bringen: ein Vorspiel auf dem
Theater der späteren Parabel von Ardistan und Dschinnistan;
eine geisterhaft durchhuschte Galerie von schlicht-grandiosen,
atemlos-dichten Bildern, mit denen die Verwandlung des
Alters beginnt: *Lesen Sie die Korrekturen von Band* xxv?
*Ja? Dann werden Sie gemerkt haben, daß Karl May jetzt
beginnt, mit seinen eigentlichen Absichten herauszurücken. Es
handelt sich um eine wohlvorbereitete, großartige Bewegung
auf religiös-ethisch-sozialem Gebiete... Man beginnt nun
endlich einzusehen, daß Karl May keine Indianergeschichten,
sondern ›Predigten an die Völker‹ schreibt...*[142] Das Buch
bleibt unvollendet; die Fortsetzung ›Im Jenseits‹, die May
noch längere Zeit hernach verspricht und unter die Pläne

reiht, *die selbst der Blindheit beide Augen öffnen müssen*[143], ist nie zustande gekommen.

Um diese Zeit steht May »auf dem Gipfel seiner Macht«[144]. Zahllos stellen sich die Leser ein, schreiben, stehen anbetend vor der Haustür (und selbst Fürstlichkeiten kommen oder laden ihn zu Gast: die Prinzessin von Schönburg-Waldenburg etwa läßt ihn mit der herrschaftlichen Equipage vom Bahnhof abholen, und May passiert mit sehr gemischten Gefühlen die Gegenden seiner Vergangenheit). Aber je saurer ihm der zähe Teig des täglichen Ruhms wird, der ihn viel Zeit kostet und viel Geld (... *5000 Briefe, welche ich jetzt zur Beantwortung hier liegen habe* ...), desto gieriger verzehrt er das unalltägliche Brot. In den ›Freuden und Leiden eines Vielgelesenen‹ (Okt. 1896 im ›Hausschatz‹) flackert noch etwas von der Ironie, mit der er sein Leservölkchen besieht; aber es ist nur noch ein Rest, den die Eitelkeit bald ganz überwuchert: – vor sich selber verging May – ob in Freud, ob in Leid – meist jeder Humor, von den schärferen Formen der Selbstbetrachtung zu schweigen. Entsprechend gestützt kann er reagieren, als der ›Hausschatz‹ wieder einmal unerfreulich wird: dort war man – und es ist ein durchaus unheimlicher Wink, der ihn da erreicht – »aufmerksam gemacht worden, daß Karl May 1883/87 bei H. G. Münchmeyer Hintertreppen-Romane der allerbedenklichsten Sorte herausgegeben habe. Nachdem wir uns durch Autopsie von dem über alle Maaßen unsittlichen Inhalt überzeugt ... hatten, wurde Karl May von uns befragt...« – und May antwortet am 16. 7. 1897 großartig: *Ich werde die Münchmeyersche Verlagsbuchhandlung gerichtlich belangen und Ihnen das Resultat mittheilen* ...[145] Aber weder mit dem Belangen noch mit dem Mitteilen hat er auch nur die geringste Eile; fast scheint es, als habe er um diese Zeit jeden Blick für die Realität verloren, so leichtsinnig hantiert er vor dem sich zusammenbrauenden Gewölk – (und er hat jetzt die breite Tagespresse hinter sich: als die Frankfurter Zeitung zu Weihnachten 1897 meint, daß er »auf den Index gehöre«, lacht er *recht herzlich über den Demokraten, der sich geberdete, als ob er selbst so fest auf dem heiligen Index sitze, daß nur ihm allein das Recht zustehe zu bestimmen, wer neben ihm Platz zu nehmen habe . . .*[146] In den ausgehenden 80er Jahren hatte May in Dresden-Niedersedlitz bei Münchmeyers noch verkehrt, als »literarischer Aufsichtsrat« der Firma (die sich mit Max Dittrichs ›Deutsch-Französischem Krieg‹ nach seinem Weggang leidlich über Wasser hielt); später rückt man ihm verschiedentlich mit Bitten um einen neuen Roman ins unterdessen reiche Haus, gesteht auch ein, die vereinbarte Auflage von 20 000 erreicht zu haben; doch May rechnet den Fall längst mit unter seine *Sturm- und Drangperiode*, die er stürmisch zu verdrängen beschäftigt ist, und selbst als ihm 1898 dann Gerüchte hintertragen, die Witwe des mittlerweile seligen Münchmeyer wolle das Geschäft verkaufen, scheint er ihr keineswegs seine Rechte so klargemacht zu haben, wie er es später angab. Gleichwohl nimmt er es im Herbst 1898 erbittert übel, daß der ›Hausschatz‹ in einem Waschzettel nicht auch bedingungslos hinter dem Schöpfer der Münchmeyer-Romane steht, sagt Pustet telegraphisch die Mitarbeit auf und verlangt die schon eingereichten Manuskripte zurück (vermutlich den Schlußteil von ›Im Reiche des silbernen Löwen‹ I–II, dessen Buchausgabe im Winter erscheint, und den Anfang des späteren III. Bandes).

Gipfel der Macht: Anfang 1898 weilt May auf hohe Einladung 5 Wochen in Wien, – und er läßt keine Gelegenheit aus, sich der diversen Erzherzöge zu rühmen, die ihn umschwärmen: Vor die Gattin des österreichischen Thronfolgers tritt er mit den Worten: *Kaiserliche Hoheit, soll ich als cow-boy oder als Schriftsteller die Unterhaltung führen?* »Die Erzherzogin entschied sich für das letztere. Beim Abschied bat May, seine Gönnerin möge für ihn beten.«[147] Derweil steht in den Zeitungen, May sei wahnsinnig geworden; – ein Dienstbote hatte die geräuschvollen Studien des

Herrn (er *übte sich damals in der an Schnalzlauten so reichen Namaqua-Sprache*[148] –) mißverstanden und das unfreundliche Gerücht in Umlauf gebracht. Im übrigen: *Ich spreche und schreibe: französisch, englisch, italienisch, spanisch, griechisch, lateinisch, hebräisch, rumänisch, arabisch 6 Dialekte, persisch, kurdisch 2 Dialekte, chinesisch 6 Dialekte, malayisch, Namaqua, einige Sunda-Idiome, Suaheli, hindustanisch, türkisch, und die Indianersprachen der Sioux, Apatschen, Komantschen, Snakes, Uthas, Kiowas, nebst dem Ketschumany 3 südamerikanische Dialekte. Lappländisch will ich nicht mitzählen . . .*[149] Rund 40 Sprachen; auch *übersetzt* er aus ebendenselben, wenn's sein muß (und es muß ja nicht sein). Doktor der Philosophie ist er auch: er nennt sich ja seit 20 Jahren so, wohlbewandert im Umgang mit dem deutschen Nächsten; – und im Oktober 1898 fordert er gar dreist die ›Korrektur‹ des Radebeuler Adreßbuchs: *Ich bin nicht im Besitz eines von einer deutschen Universität verliehenen Doktortitels, dagegen habe ich den Doktortitel in Rouen in Frankreich verliehen erhalten*[150]; und weiter behauptet er bei der Befragung, »daß er große Reisen unternommen habe, u. a. lange in China gewesen sei und dabei eine dem Doktortitel gleiche oder noch höher stehende Würde erworben habe . . .« Amerika habe er mehr als 20mal bereist, erzählt er in München, wo er Anfang Juli 1897 »stundenlange Vorträge« im Speisesaal des Hotels Trefler »vor Hunderten von Zuhörern und Zuhörerinnen« hält; da »versteht« er gleich »über 1200 Sprachen und Dialekte«[151]; – Massenaudienz eines Königs, – und die Verehrung nimmt solche Formen an, daß die Feuerwehr erscheinen muß, um die Gläubigen mit einer Spritze zu zerstreuen. *Das Titelwort ›Reiseromane‹ ist ohne meine Erlaubniß gesetzt (also falsch) und jetzt in ›Reiseerzählungen‹ umgeändert worden –* (weitgehend auch ›Reiseerlebnisse‹). *Ich bin wirklich Old Shatterhand resp. Kara Ben Nemsi und habe erlebt, was ich erzähle . . .*[152]

Die Idee, daß er »nicht in erster Linie ›Reiseerzählungen‹,

sondern ›Reden an die Völker‹, Predigten des Gottvertrau-
ens und der Menschenliebe« verfasse, hat May aus dem
Leserbrief eines Regierungsrats empfangen[153], und sie hat
ihm gefallen. Und so sind es am Ende die unvorstellbar
reichlich einfließenden Leserhymnen, die es besorgen, daß
ihm die Fähigkeit zu jeder Selbstregulierung entgleitet. »Es
bleibt dabei: Sie sind der größte Schriftsteller Deutschlands,
ein Säkularmensch. Sie sind ein großer Theologe. Nächstens,
wenn ich meine Gemeinde zur Beichte vorbereite, werde ich
den Tod Ihres ›Old Wabble‹ auf die Kanzel bringen, wört-
lich, um in meinen Pfarrkindern Reue und Leid zu erwecken.
Ich habe nämlich auch Hartgesottene!« – schreibt ein Pfarrer.[154] »Die Lectüre der May'schen Reisen ist eine Erholung
und Bildungsgelegenheit zugleich, namentlich für einen Geist-
lichen. Möchte der Herr ihn noch lange reisen und erzählen
lassen!« – ein anderer Pfarrer. Und eine Klosteroberin:
»Diese Bücher werden die Ehre Gottes befördern, und ich
hoffe, daß dadurch noch viele Seelen gerettet werden.« Zwei-
fellos. »Ich bin Missionar, und Sie sind es auch; meine größten Schätze hier im Innern Afrikas sind das Wort Gottes und
Ihre Bücher«[155]: einer im Innern Afrikas. »Ich meine, Sie
hätten einen größeren Einfluß auf das deutsche Volk als
Shakespeare auf das englische«: ein Pfarrer. »Sie sind in den
mir zugänglichen, glaubenslosen Kreisen zum Apostel geworden.« : »O fahren Sie, lieber Herr, nur fort, dieses herrliche
Apostolat auszuüben!«: ein Freiherr. »Ich werde besser durch
Lesung ihrer herrlichen Schriften«, meldet dieser und jener;
Bekehrungen werden angezeigt : »Ein Glaubensflämmchen ist
angefacht!«; Sünden werden gebeichtet: »Ich haßte trotz
meiner Jugend die Kirche und die Herren Seelsorger . . .«
Und bei all dem: »Ihre Schreibweise ist so faßlich, natürlich,
ungekünstelt und doch voll Kunst, ächt christlich – – Wie
herrlich ist nicht Ihr ›Ave Maria‹, Sie prächtiger Dichter!«
Man liest nicht 2 Minuten lang in den Bekenntnissen *seiner*
lieben deutschen Leser, ohne daß einem die Augen feucht

werden; und manche der gemeldeten Konversionen zum Guten und Schönen können gleich schieren Schwindel erregen –: »Seit wir Ihre Werke gelesen haben, sind wir keine Sozialdemokraten mehr.«[156] Fazit: »Wer Ihre Bücher gelesen hat, aus dem muß ja ein guter und ordentlicher Mensch werden!« – alias (sagen wir es halblaut): ein guter Untertan: der Kirche: der Obrigkeit: des Hohen, Höheren, Höchsten –: vaterlandsliebend, bürgerpflichtig ruhig: kurz, ein deutscher Mensch – und kein Sozialdemokrat (bzw. heute auch das) . . .

Ein solcher König kann nicht einfach mehr zurücktreten; er regiert weiter – in Deutschland unter Umständen sehr lange –, oder er wird – in Deutschland unter Umständen um so heftiger – gestürzt . . . Karl May: wird gestürzt.

Ormasd und Ahriman

Siebenundfünfzig Jahre alt ist May, als er sich entschließt, das Land der Araber nicht länger nur mehr mit der Seele zu suchen ... 50 000 Mark sind für das bunt bizarre Unternehmen bereitgestellt; die Presse ist gebührend benachrichtigt; ein Testament gemacht (*welches seinem ganzen Inhalte nach schon jetzt keine geheime, sondern eine öffentliche Angelegenheit ist*[157]): öffentlich soll auch diese Szene in Szene gehen. Denn die Reise (*– nach Arabien zu Hadschi Halef, dann durch Persien und Indien nach China, Japan und Amerika zu meinen Apatschen*[158]: so lautet der Plan –) ist das letzte Ornament, das kapitale Kapitäl, das May an seiner so künstlich gelungenen Ruhmessäule anzubringen gedenkt: mit laut beredten Texten und Zeichen soll es die Stelle zudecken, an der er immer und immer noch sterblich ist: soll für Gegenwart und alle Zukunft ›beweisen‹, *daß meine Bücher nicht in meiner Studierstube entstehen*[159], und für die Vergangenheit einige Analogieschlüsse nahelegen. Dann erst kann er selber ganz beruhigt darauf Platz nehmen, im vollen Ornat des wilden Westens und Ostens: die Legende wird zur Wahrheit: die Existenz des Effendi und Emir kann fürder auch durch Pässe und Ansichtspostkarten belegt werden.

Das war in Genua für mich ein böses Scheiden: am 3. 4. 1899, als May von Plöhn samt ›Miez und Mausel‹ (= Emma und Klara) Abschied nimmt. *Ich habe an derselben Stelle gestanden, bis nach 2 Stunden das Land ganz verschwunden war. Diese herrliche, unvergleichliche Reisewoche hat es mir noch heut angethan!*[160] Die drei haben ihn von Dresden begleitet; am 26. 3. ging es los; je 2 Tage wurden in Frankfurt und Freiburg verbracht; dann Lugano, Como, Mailand, Pavia, Genua (mit einem Ausflug nach Arenzano, wo sie übers Jahr wieder zusammensitzen sollen).

Mit der ›Preußen‹ vom Norddeutschen Lloyd fährt May über Rom, Neapel und Messina nach Port Said, wo er am 9. 4. im Hotel Continental absteigt; am 14. ist er in Kairo, dem vielbeschriebenen ›Tor des Orientes‹: Bauwaabe el bilad esch schark; hier bleibt er erst einmal ganze 6 Wochen. Vorsichtig beginnt er, sich in der wunderlichen Fremde zurechtzutasten; kleine Ausflüge streifen die nähere Umgebung: bei Mondschein sitzt er vor den Pyramiden – nach Sakkara, Bedraschen und Heluan führt sogar ein *Ritt durch die Wüste* (19./20. 4.) –, aber dann bleibt er doch lieber wieder in Kairo und flüchtet sich vor Schmutz und Hitze ins bequemliche Hotel Bavaria. *Egypten ist eine ›Persönlichkeit‹, deren erhabene Heiligkeit nur Dem vor die Augen tritt, der sich nicht mit tausend kleinen und kleinlichen Bildern belastet* ...[161], aber das ist nur eine Behelfswahrheit. Was dabei die kleinen und kleinlichen Bilder anbetrifft, so beschriftet er ganze Stöße von Postkarten (am 23. etwa sind es 78 Stück), um seine alte Bekanntschaft mit der Persönlichkeit Ägypten den Lesern zu demonstrieren; wohlgesinnte Zeitungen dürfen immer neue *herzliche Grüße* ausrichten; und so sehr versperren ihm die strahlenden Gesichter der Gemeinde die weitere Sicht, daß er gar nicht einmal ahnt, wie all die vielen Belege dieser Reise zuletzt eigentlich nur herausstreichen, daß der Meister bei allen früheren abenteuerlichen Unternehmungen doch recht sparsam damit gewesen war. *Jetzt gehe ich nach dem Sudan, dann über Mekka nach Arabien zu Hadschi Halef, Persien, Indien* ...[162]: das mag mit einigem Überschwang geplant gewesen sein, wurde aber nicht ausgeführt: zwar geht er am 24. 5. nach Siut (mit der Bahn), am 28. nach Luxor, am 4. 6. mit der ›Sethi‹ auf dem Nil nach Assuan, – aber über den 1. Katarakt ist er nicht hinausgekommen (und das *Bischari-Lager, sechs Reitstunden von Schellal in Nubien*[163], das mehrere Postkarten als Schreibeort angeben, ist einmal mehr ein exotischer Scherz): schon am 12. 6. zieht er sich schleunigst zurück; Luxor, Kenneh, Abydos, Sohag, Minjeh; am 18. ist er wieder in Kairo.

Daß ihm die Exkursion wesentlich von dem Erdrutsch gestört worden sei, der sich unterdessen in Dresden ereignet hatte und später noch eine wahre Lawine auslösen sollte, ist kaum anzunehmen. Allzu gleichmütig hat er kurz vor Abreise von Dresden noch die Nachricht hingenommen, daß Pauline Münchmeyer das Geschäft nun doch verkauft habe (am 16. 3.): neuer Besitzer der Goldgrube im Hinterhof der Literatur ist Adalbert Fischer, und ihm hat May nur eben rasch ausgerichtet, daß er mit einem Prozeß zu rechnen habe, wenn er etwa die Kolportage-Romane für miterworben halte. Die Antwort Fischers wird nach Kairo nachgeschickt: er habe den Verlag *nur wegen der Romane von Karl May gekauft* und *werde diese meine Sachen so ausbeuten, wie es nur möglich sei, und mich, falls ich ihn daran hindere, auf Schadenersatz verklagen.*[164] Darauf erteilt ihm May am 30. 4. die entsprechende Antwort, reklamiert die 5 Romane *als mein ausschließliches Eigenthum*, droht seinerseits mit Klage auf *1000 M pro Bogen Schadenersatz* für den Fall des Weiterdrucks und auf *500 000 M Buße* für etwaigen Bruch des Pseudonyms (das freilich so pseudonym gar nicht mehr war: da der ›Weg zum Glück‹ unter seinem Namen erschienen war und die ›Deutschen Herzen‹ als »Roman vom Verfasser ›Waldröschen‹, ›Fürst des Elends‹ und ›Weg zum Glück‹«, blieb nicht eben mehr viel zu raten): *Sie wollen meine Berühmtheit für Ihren Beutel ausschlachten ... Ich mache Sie darauf aufmerksam, daß es grad diese Berühmtheit ist, welche mich zur erfolgreichen Vertheidigung befähigt ... Sie kennen nun mein Verbot ...* Und damit hält er, wenn auch tief empört, die Sache doch erst einmal für erledigt: *Nebenbei die Bemerkung, daß ich für jetzt in dieser Angelegenheit nichts mehr zu sagen habe ...*[165] Aber erledigt ist sie nicht, und was May jetzt nicht mehr sagte, hat er dann 12 bittere Jahre lang mit wüster Ausführlichkeit nachholen müssen.

Er hat auch gar keine Zeit übrig gegen *eine solche nieder-*

trächtige Handlungsweise[166] (und das ist matt und satt und müde genug gesagt); er hat zu arbeiten; er hat – und der vor wenigen Jahren noch verkündete Entschluß, seine Gedichte sollten erst nach seinem Tode veröffentlicht werden, ist nicht der einzige, der vor dieser Reise ins Wanken kommt – er hat zu dichten. Schon die Stationen der Anfahrt wurden umgehend in blaß verschnörkelte Reime umgesetzt: *Ade, mein Heim* ... *Südwärts* ... *Am Vierwaldstätter See* ... *Rigi-Kulm* ... *Am Gotthard* ... *San Salvatore* ... *Genua* ... *Erster Blick auf das Meer*...; und in Kairo setzt er am 20. 4. das zierlich fraktürliche Titelblatt zu einer ›Pilgerreise in das Morgenland‹[167] auf, unter dem er nun alles versammelt, was ihm an *Himmelsgedanken* in die, zuweilen auch von den ›Lieben‹ rüstig gelenkte, Feder gerät –: der Emir ist zum reisenden Eremiten geworden: ein Gast auf Erden – und hat hier keinen Stand. Freilich ist der Sudan für derlei nicht die geeignete Stätte, und so wendet sich May im zweiten Abschnitt der Reise doch lieber gleich dem Heiligen Lande zu: am 25. 6. abends fährt er mit der ›Scherkije‹ von Port Said nach Beirut ab, wo er vom 27. 6. bis 8. 7. in Quarantäne bleiben muß. In Kairo hat er sich einen Diener gemietet, der ihn nun überall hin begleitet: Saïd Hassan – (der dann in ›Friede auf Erden‹ als Sejjid Omar erscheint, in seinen Eigenschaften freilich ebenso idealisiert wie im Namen: ›auf Erden‹ war er ein säumiger und wenig ehrlicher Patron). Am 17. 7. geht es mit der ›Venus‹ nach Haifa; ein *Spaziergang auf dem Karmel*[168]; Nazareth (20.); Tiberias und See Genezareth (21.); wieder von Haifa aus ein *Ritt durch die Saron-Ebene* (24.); Sarona, Jaffa, El Ramle; – am 29. kommt er in Jerusalem an, wo er 3 Wochen bleibt.

Und hier, wo er mit frischgestärktem Selbstvertrauen eben dabei ist, sich zwischen den ›Lieben‹ und dem Peregrinus Syntax als lyrische Lichtgestalt zu etablieren (der Gott persönlich die Leier leiht), wo er jene freundliche Vorstellung von sich gewinnt, nach der er aussieht wie *Abraham, der*

Erzvater und *dem Auserwählten von Chaldäa gleicht*[169], hier stört ihn nun der Böse Feind gründlich in seiner Betrachtung von Zeit und Ewigkeit. Was lange fällig war, ist eingetroffen: Im Juni hat die ›Frankfurter Zeitung‹, zuerst ganz harmlos, das Thema May aufgegriffen und aus Anlaß einer Notiz im ›Bayerischen Courier‹, nach der Mays Schriften aus den Mittelschulen Bayerns verbannt würden, weil »seine Phantasie für die Jugend zu gefährlich sei«, ihre Meinung kurz und bündig zu Protokoll gegeben: »Wir fanden, daß sie alle nach einer bestimmten Schablone zurechtgemacht sind und daß sie von einer gesunden Roheit strotzen, die durch ihre Verquickung mit einer tendenziösen Verherrlichung des bigotten Christentums nicht gerade angenehmer wirkt. Wir halten also die ganze Karl-May-Literatur für keine erfreuliche Kulturerscheinung . . .«[170] Daraufhin laufen die üblichen Leserbriefe ein, gute und böse Mienen erscheinen in buntem Wechsel, und im Handumdrehen schränkt sich das Thema auf die Ferse des (darob hochergrimmten, weil nur zu leicht verwundbaren) Old Shatterhand ein, zumal auch Fehsenfeld noch der Zeitung mitteilt, daß »Herr Dr. Karl May« zurzeit im Sudan weile, »von wo er nach Arabien zu dem ihm befreundeten Stamme der Haddedihn-Araber zu reiten beabsichtigt«[171] – (ein Satz, den die Redaktion dann zu allerlei wohlapplizierten Witzen über den »Freund der Haddedihn« benützt). Hinzu gesellt sich auch noch Richard Plöhn, der in nur zu May-gemäßer Humorlosigkeit eine ›Berichtigung‹ verlangt und bei dieser Gelegenheit steif versichert, daß die Reiseerzählungen »durchaus keine Phantasiegebilde«[172] seien. Das war entschieden nun zuviel, und so holt der Feuilleton-Redakteur der FZ, der Mirza ›m‹, Fedor Mamroth (1851–1907), am 17. 6. zu einer Erledigung des Themas aus, die May ihm dann mit so verbissenem Grimm angerechnet hat, daß Mamroth darüber (dies nun allerdings ohn’ all sein Verdienst und Würdigkeit) mit unter die Unsterblichen der Literatur geraten ist . . . Die Frage, ob die Abenteuer persönliche Erlebnisse seien, »konnte als dreiste Zumuthung an die Leichtgläubigkeit von Kindern oder Idioten von vornherein ausgeschieden werden«; zu erörtern bleibt lediglich, ob der Autor »die fernen Länder, die er schildert, wirklich selbst betreten« habe: er hat es nicht, bis jetzt wohl nicht ... Von einem Leser aufmerksam gemacht, nimmt die Zeitung sich Mays »Selbstbiographie« vor (nämlich die ›Freuden und Leiden‹): »Die halbe Stunde, die wir mit der Lektüre verbrachten, werden wir lange in dankbarer Erinnerung behalten. Wir lasen und lachten dann, daß man es drei Gassen weit hörte ...« Aber: »Dieser Schriftsteller ist auf Wegen, die abseits von der politischen Tagespresse liegen, ein Faktor in den geistigen Strebungen der Gegenwart geworden, mit dem man zu rechnen hat« – und es folgt, mit ruhiger Eleganz, noch einige Anerkennung mehr. »Die süßlich-frömmelnde Propaganda für den wahren Glauben« freilich »ist uns widerwärtig«; freilich; desgleichen »der Kultus der Unwahrheit, der in diesen Geschichten betrieben wird ...« Einen Bundesgenossen erhält Mamroth alsbald in Hermann Cardauns (1847–1925), dem Chefredakteur der ›Kölnischen Volkszeitung‹, die nun allerdings »viel schärfer gegen May vorgeht, und wenn dieser das Blatt bei den Haddedihn zu Gesicht bekommt, wird er es sich schwerlich hinter den Spiegel stecken ...«[173]; der Artikel schließt mit dem kühlen »guten Rat«, May möge doch »darauf verzichten, Jules Verne und den Apostel Paulus in einer Person darzustellen, sich auf das erstere Genre beschränken und dabei, wenn eben möglich, seinen Stil verbessern«[174] – was ja ausgesprochen goldene Worte sind.

Die Situation, in der May in Palästina diese Blätter zu Gesicht bekommt, muß bei der Verbissenheit seines Reagierens mit in Betracht gezogen werden: in einem Augenblick, da er selbst die Krise nur zu deutlich spürt, der seine ganze innere Existenz sich ausgesetzt hat (und das große Buch der Selbstabrechnung beschreibt sie dann ganz unverhüllt als die einer schweren Krankheit), da er ganz sichtbar an einem Ende angelangt ist (und nicht nur seines ›Lateins‹), reizbar entsprechend und verletzlich, hinter sich lauter ›unvollendete Werke‹ – und *die eigentliche Aufgabe* vor sich nur mehr erst verhüllt in flauen Dünsten, – in diesem Augenblick kann er nichts weniger vertragen als den öffentlichen Antrag, man möge ihn doch nicht gar so sehr ernst nehmen. Er reagiert, als sei die Kritik, die ihn so lange verschont hat, jetzt ein wahrer Mordanschlag: unter allerlei Mystifikationen fertigt er eine Entgegnung für Richard Plöhn an, die dieser dann in 3 Folgen in die Dortmunder ›Tremonia‹[175] einrücken läßt (ein Blatt, dessen Chefredakteur Dederle May sich zuvor durch reichen Postkartensegen gesichert hat). Die Apologie ist schwach, – von der zweiten aber, der größeren, immer bedeutenden, um derer willen der ganze Fall aufbewahrt werden muß, ist später noch zu sprechen.

Immerhin erreicht der gröbliche Anstoß von außen, daß May aus aller besonnt versponnenen Beschaulichkeit wieder auf die plane Realität zurückgerät: er rafft sich auf, nun doch noch einige weniger heilige Länder zu bereisen, fährt am 2. 9. mit der ›Dakalije‹ von Jaffa nach Port Said, von da nach Suez (wo er dem *Nikotin entsagt*; Vegetarier ist er, mit kleinen Einschränkungen, bereits in Kairo geworden), und am 11. 9. mit der ›Gera‹ nach Aden, wo er am 15. ankommt. Was ihn bewogen hat, bei 51° C dann wieder für eine Woche nach Massaua zurückzufahren, ist schwer erklärlich: vielleicht geschah es nur wieder den Postkarten zuliebe, die auf die Weise eine anerkannt strapaziöse Stätte belegen konnten: sie *wird von den Italienern das Inferno genannt* ... Auf der ›Palestina‹ bezieht er den Extra-Salon des Prinzen von Genua, der die Reise abgesagt hat: *Ich habe das ganze Hinterdeck für mich allein; und kein Mensch darf mir zu nahe kommen. Ich werde mit größter Auszeichnung behandelt ... und dabei habe ich mit keinem Worte verrathen, daß ich ein berühmter Schriftsteller bin, sondern es ist wirklich nur die*

Folge des persönlichen Eindrucks, den ich gemacht habe . . .[176]
Daß in Massaua nun jene Störung über ihn hereingebrochen
sei, auf die er sich später so ausgiebig berief (– *als mein
arabischer Diener mir die Post brachte, quoll mir eine Menge
deutscher Zeitungen entgegen . . . Fischer hatte meine Abwesenheit benutzt, mit einer illustrierten Ausgabe meiner
Münchmeyerschen Romane zu beginnen, und zwar mit derartigen Reklametrompetenstößen, daß alle Welt auf dieses
Unternehmen aufmerksam werden mußte –*): ist eine mit
guten Gründen, aber schlechtem Geschick bewerkstelligte
Erinnerungstäuschung (denn das kam erst anderthalb Jahre
später); im Gegenteil schreibt er gerade von hier an Fehsenfeld: *Lassen Sie doch die Lügner schwatzen! Mich stört das
nicht im Mindesten! Lächerliche Bemühungen ohnmächtiger
Geister! Weiter nichts . . .*[177] Aber damit sind nur, und wieder
durchaus verstellt, Cardauns und Mamroth gemeint . . .

Von Aden nach Colombo (29. 9. – 6. 10.): *die überall herrschende Pest ist wegen der mit ihr zusammenhängenden
Quarantaine außerordentlich hinderlich*[178], und so darf er
auch in Bombay nicht an Land. In Colombo bleibt er 3 Wochen, schreibt Gedichte – und wird zugleich graus-krause
Momente lang wieder ›rückfällig‹: *Nun kommt eine Mit-
theilung, welche Sie wahrscheinlich interessiren wird*, heißt
es in einer fortlaufenden Serie von 22 Karten an Dederle
bzw. die ›Tremonia‹; *Ort, Zeit und dergleichen verschweige
ich . . . Es handelt sich um die Entdeckung eines reichen, aus-
gedehnten Goldfeldes, vielleicht eines orientalischen Klon-
dyke. Zwölf Reitstunden lang kann der Kenner das goldhal-
tige Gestein zutage treten sehen . . . aber dieser Fund läßt
mich sehr kalt; ich brauche ihn nicht, denn ich habe mehr
als genug, um nicht darben zu müssen . . . Ja, wenn die
Gegend in der Nähe einer deutschen Kolonie oder An-
siedlung läge, dann würde ich vielleicht nicht schweigen; aber
Fremden – – –? Nein!*[179] Und der Befund des Kenners geht
denn auch sogleich durch allerlei Zeitungen; wiederum wird

gebührend reichlich gelacht; und Cardauns bemerkte hernach lakonisch, es sei »zu befürchten, daß Hr. M. ›dieses Geheimniß mit ins Grab nehmen‹ wird . . .«[180]

Am 28. 10. mit der ›Vindobona‹ nach Penang; von da mit der ›Coen‹ am 4. 11. nach Ulehleh, Kota Radja, Padang: *Es ist hier so herrlich, daß ich gestern meiner Frau, dem Ihnen bekannten Herrn Plöhn in Radebeul und seiner Gemahlin depeschirt habe, daß sie sofort nach Port Said kommen sollen, wohin ich für morgen auch Dampfer genommen habe, um sie nach hier zu holen und ihnen dieses Paradies zu zeigen . . .*[181] Die Rückreise mit der ›Bromo‹ dauert 18 Tage; in Port Said muß May wegen Pestverdachts zum zweitenmal in Quarantäne; – Emma und Plöhns sind nicht gekommen. *Ich telegraphierte heim; sie war abgereist. Ich wartete bis zum nächsten Schiff; sie kam nicht. Ich schrieb und telegraphierte nach allen Orten, wo ich sie vermuten konnte. Endlich erfuhr ich, sie sei an der Riviera, aber wo, das wisse man nicht. Nun ging ich mit einem englischen Dampfer nach Marseille und ließ von da aus den Telegraphen spielen . . .*[182]: am 17. 12. – und kurz vor Weihnachten findet er die drei dann in Arenzano: Plöhn, seit längerem schon schwer nierenleidend, ist in Mailand krank geworden; so bleiben sie hier erst einmal zusammen.

Emma scheint, obwohl Mays Berichte darüber sämtlich aus der späten, finster verfärbten Zeit stammen, doch recht unverträglich geworden zu sein: – in ihm hat die lange Trennung (die erste der 20 Ehejahre) noch einmal das alte Gefühl heraufgerufen; seine doppelte Einsamkeit klammert sich doppelt daran; er schreibt ihr häufig, schickt ihr Geschenke (Stoffe für Kleider; Schmuck; auch allerlei heilige Andenken aus dem Heiligen Lande: Steine vom Karmel, Brote vom See Genezareth, Vasen aus Olive vom Ölberg, Blumensamen, Dornenkronen –; von Sumatra aus erhält sie einmal einen ganzen Sack Kaffee): – aber sie antwortet wenig und wenigsagend; sie kann ihm, der sich immer weiter von seiner und ihrer alten Lebensweise entfernt, nicht mehr folgen. Beim Wiedersehen wird der Abstand unangenehm deutlich; es kommt zu Szenen (und der Katalog, den May sich darüber angefertigt hat, ist einigermaßen unschön zu lesen); unter der Reise nach Ägypten, für das sie kein Interesse hat, sieht sie nur einen Vorwand des Mannes, *sie mit meinen gräßlichen Veredelungsbestrebungen von Neuem zu peinigen...*[183]: kein Wunder, daß da sein Blick immer häufiger zu der Anderen hinübergeht, der Stilleren (auch Jüngeren), der *lieben Schwester im Geiste*, zu der sie geworden ist (wie auch Klaras Mutter, Wilhelmine Beibler, bislang nur >*das Minchen*<, jetzt bereits auch für May schon zur *herzlieben, guten Mutter* wurde): *Gott segne sie mit der ganzen Fülle seines Segens...*[184]

Am 15. 3. 1900 brechen Mays und Plöhns von Arenzano auf; nach kurzem Aufenthalt in Pisa geht es für eine Woche nach Rom und für eine weitere nach Neapel; Anfang April fahren sie nach Port Said; am 10. sind sie in Kairo. Aber mit den von Klara später behaupteten längeren Ausflügen (nochmalige Nilfahrt bis Assuan etc.) hat es nichts auf sich: Ende April reisen sie von Port Said wieder ab, nach Jaffa, und noch einmal werden 2 Monate lang alle heiligen Stätten besucht. *Meine Beschreibung in Band III trifft das Richtige,* notiert May nach der Besichtigung der Akropolis von Baalbek; – aber es sind nur mehr solche allerkürzesten Gedanken, die noch die virtuellen Bilder seiner Landschaften streifen; sonst hat er es längst aufgegeben, seine eigentlichen Schauplätze noch aufzufinden, – er geht ihnen aus dem Wege. Was keine konstruktive Selbstkritik vermochte (von jeder anderen Zensurierung überhaupt zu schweigen), ist aus der bloßen Begegnung mit der Realität gelungen: vor ihr hat May das Fürchten gelernt.

Der Schlußabschnitt der Reise führt am 18. 6. über Zypern, Rhodos, Samos, Chios, Lesbos nach Konstantinopel (23. 6.) und von dort am 7. 7. nach Athen. May ist müde geworden und immer stiller; der Postkartenausfluß ist versiegt; er reist nurmehr noch auf mechanischen Baedeker-Routen: unsicher besichtigend: ein Tourist wie andere Touristen. *Ich kann nichts groß, gewaltig und schön genug bekommen und habe doch kein ausgebildetes Kunstverständnis für das Schöne. Goethe würde ganz anders sehen, denken und empfinden als ich. Das ist nun leider hier im Leben nicht mehr nachzuholen . . .*[185] Aber angesichts der durchaus grandiosen Bilderfluchten, in die sich ihm die Reise hernach dann umsetzte, ist dies Bekenntnis doch und doch um Grade zu bescheiden . . . Über Korinth, Patras, Korfu, Brindisi geht es heim (15. – 19. 7.); 4 Tage Venedig (bis 24. 7.); *dann führte der Schienenweg empor zur Alpenherrlichkeit . . .*[186] Am Abend des 31. 7. sind sie wieder in Radebeul.

Die Reise ist von ungeahnten Folgen. Achtundfünfzig Jahre alt ist May, als die zweite Großperiode seines Lebens ganz jäh und unerwartet zu Ende geht, literarisch ebenso wie menschlich. Eine neue Zeit dämmert herauf. *Zu Ihrer Orientierung kurz folgendes: Alle meine bisherigen Bände sind nur Einleitung, nur Vorbereitung. Was ich eigentlich will, weiß außer mir kein Mensch . . . Ich trete erst jetzt an meine eigentliche Aufgabe . . .*[187] Was er aufgibt, ist nicht nur der Realitätsanspruch allen bisherigen Lebens und Schreibens; was er preisgibt – als ›Aufgabe‹, als ›eigentliche‹ –: ist das gesamte bisherige Werk selbst.

». . . die Gebilde
einer unbekannten Atmosphäre . . .«

D er Entschluß, sich trotz allen Alters an einen gänzlich neuen Beginn zu stellen, muß in den Monaten unmittelbar nach Rückkehr von der Reise unvergleichlich stark gewesen sein: für Augenblicke gar mag sich May zu der ganzen Kompromißlosigkeit verstanden haben, die dann am Ende doch über seine Kräfte ging. Daß es ein Makel sein könnte, bloße Bestseller zu schreiben (alias »gangbare Verlagswerke«), und zuletzt ein Ausweis künstlerischer Einfalt, ist ihm freilich auch im Alter nur selten sichtbar geworden: so freudig registriert er die 2 Millionen Leser, die er jetzt hat, daß er zumindest halbbewußt doch seinem intellektuellen Gewissen immer wieder mit der Bedingung in die Quere kommt, sie nicht verlieren zu müssen. Er, der wahrhaftig einen Begriff davon bekam, wie es um den Geschmack der Mehrheits-Menschheit bestellt ist, vermag der Einsicht, daß so manches, was derart exemplarisch gefalle, nicht eben mehr als ein Produkt eben dieses Geschmacks selbst sei, doch nur gelegentlich und beklommen ins Auge zu blicken. Daß dabei auch ›die Kritik‹ mit zur Menschheit gehöre, will ihm nicht einleuchten (und andersherum kann man das zuweilen ja auch mit Grund bezweifeln); jeder Angriff regt ihn furchtbar auf und nötigt ihm immer wieder jene verschreckten Zugeständnisse ab, die man um des späten Werkes willen so sehr beklagen muß. Doch ist er andererseits auch kein geringer Gegner; – *diese Gegenströmung trägt mir die Gebilde einer mir bisher unbekannten geistigen Atmosphäre zu, und ich lausche schweigend, um ja nicht durch störende Eingriffe zu verscheuchen, was meine Menschenkenntniß zu bereichern hat*[188] –?: nein, er ist sogar zu beträchtlicher Feindschaft fähig, ist intolerant, wie es sein soll, gegen alles, was Intoleranz ver-

dient (so schief auch seine Diagnosen da manchmal ausfallen):
mit der früher so ausgiebig berufenen Feindesliebe hält er es
weit weniger, als man annehmen sollte.

Gleichwohl gewinnt er nur zögernd, immer schreckhaft,
stockend, immer halb versteckt, den Abstand zur ganzen langen Vergangenheit. Allzu schwindelnd ist die Höhe des
trügerischen Baus, den er jetzt mit aller Heimlichkeit und
Vorsicht abtragen will, als daß es dabei nicht doch öfter zu
grotesken, ja lächerlichen Armbewegungen käme. Aber trotz
aller komödiantischen Züge ist der Vorgang ein immer
unheimliches Schauspiel, und die offizielle Literaturgeschichte
muß schon eine unziemlich dicke Haut haben (eine Schwarte
förmlich), um das bis heute nicht zu spüren . . .

Zu den ersten Auftritten auf der neuen Bühne, den grotesken, gehört die Edition der ›Himmelsgedanken‹: sehr rasch
hat das Material der Reise den Umfang eines Bandes
erreicht; im Sommer 1900 kommt, teilweise von Güldenstub-
bes »Gedanken der Geister von jenseits des Grabes«[189]
inspiriert, eine Reihe ›Aphorismen‹ hinzu – (und das geringe
Pfündlein wuchert May derartig unter der Hand, daß er sich
bereits ein Zettel-Konvolut für einen zweiten Band anlegt).
Kalligraphisch wird die Reinschrift vollzogen; zu Weihnachten liegt der Prachtband vor: im Strahlenkranze, man sieht's
am Glanze: schwerer Goldschnitt wird nicht vergessen. Daß
May den Beruf des ›Dichters‹, zu dem er sich jetzt so feierlich entschließt, zunächst ganz einfach im Verfertigen von
Gedichten sieht, paßt in das Bild: sein Lernen beginnt auch
hierin bei den Anfangsgründen. Der Fleiß bringt ihm allerdings keinen Preis ein (sieht man vom ehrerbietigen Mur-
meln der Gemeinde ab), und in der Tat sind die Gedichte, bis
auf wenige winzige Impulse (*Im Alter* etwa), eine ziemlich
leer laufende Reim-Maschinerie, die besser aus dem Verkehr
geblieben wäre. Schon an der Nüchternheit Fehsenfelds, der
ihm erst überhaupt abrät, dergleichen in den Druck zu befördern, und dann ›nur‹ eine Auflage von 5000 riskieren will,

muß May erfahren, daß ihm für diese Muse nicht nur Bewunderung winkt; wofern das Echo nicht überhaupt ausbleibt, hat er sich mit Provinzbegeisterung zu begnügen. Unter den Kritikern, die den Goldband auf die Goldwaage legen und zu leicht befinden, ist auch Cardauns: »Als lyrischen Dichter müssen wir uns Hrn. May verbitten«, stellt er fest; – und May versteifte sich dann später unnötig forsch darauf, daß sich in jener Sammlung doch kein einziges ›lyrisches‹ Gedicht befinde: allzu sicher, daß er dem Kunsturteil entgehe, wenn er sich nur religiös genug gebärde.

In der Villa (und daß sie weiterhin ›Shatterhand‹ heiße, ließ sich wohl nicht ändern) haben sich unterdessen die Gegensätze, die in der letzten Phase der Reise unangenehm grell ans Licht gekommen waren, weiter verschärft. Emma lebt mit einiger Ausgelassenheit das alte Leben, das May, der es hinter sich gebracht hat, nun in doppelt widerlicher Gestalt erscheint: alles, was er zu verdrängen sucht, bleibt ihm in ihr flau dauernd lauernd vor Augen: alles, was sein eigenes Gewissen loszuwerden trachtet, klettet sich in ihrer Gestalt an ihn: am Ende überschreibt er alle Scham und Scheu vor seiner früheren Existenz von sich auf sie: in ihr weicht er vor sich selbst zurück. *Ich rührte sie nicht mehr an. Ich vermied es, mit ihr allein zu sein, und schlief in einer abgelegenen Bodenkammer, wo ich mich selbst bediente. Ich aß nur von der Speise, von der vorher die Dienstboten aßen, und hatte meine guten Gründe dazu. Meist aber hielt ich meine Mahlzeit im Restaurant. Dieses Leben regte mich körperlich und geistig auf. Ich war fast zum Skelett abgemagert, konnte kaum noch gehen, und von der Arbeit war auch kaum noch die Rede ...*[190] Und die guten Gründe steigern Mays Nervenverfassung zu förmlichen Phobien: nun fürchtet er nicht mehr nur das Gift ihrer Reden, sondern ganz massiv jenes, das sie ihm in den Kaffee tun könnte. Und weiter und immer weiter hebt sich von diesem Bildnis der Frau das der anderen ab: Klara Plöhn ist Mays Sekretärin geworden; sie erledigt die Leserpost für ihn; Plöhn selber hat es so gewünscht, *dringend, ihrer Aus- und Fortbildung wegen.* Und sie hat dabei *notwendigerweise ahnen gelernt, wer den Vorwurf verdiente, ob der Mann oder die Frau, das Unglück unserer Ehe zu verschulden*[191]; sie ahnt auch noch einiges mehr, und als Richard Plöhn am 14. 2. 1901 an seinem Nierenleiden (Brightsche Krankheit) stirbt, wird diese Ahnung *zur festen, klaren Erkenntnis* . . .

May selber lenkt sich von dem heraufkommenden Konflikt, so gut es gehen will, durch Arbeit ab. Eine neue Verbindung ist mit Kürschner zustande gekommen: der will einen Beitrag über China (für das May seit 1900 im Lexikon als Kenner verzeichnet ist), und zwar für ein, wie sagt man, ›vaterländisches‹ Prachtvolumen, das den Sieg über die Chinesen im Boxeraufstand zu preisen gedacht ist und denn auch mit entsprechenden Beiträgen aus berufener Feder gefüllt wird. Und May wittert sehr bald die faule Luft, die er mit entfachen helfen soll, und beschließt sogleich, das Hurra-Unternehmen empfindlich am Geiste zu schädigen. Kürschners besonderen Wünschen gegenüber stellt er sich halb taub; da er die genialische Handschrift des Geheimen Hofrats nicht lesen mag, muß dieser alle Abmachungen per Drahtnachricht (und also entsprechend ›kurz‹) treffen; die ersten Lieferungen erscheinen: »China. Ein Denkmal den Streitern und der Weltpolitik. Schilderungen aus Leben und Geschichte, Krieg und Sieg«[192]: und mit ihnen die ersten Fortsetzungen von ›Et in terra pax!‹ von Karl May, der das Manuskript durchtrieben genug nur in kleinen Raten liefert. Gleichwohl entsetzt sich Kürschner nicht eben wenig, als er erblickt, welchen Pfahl er sich da in das patriotische Fleisch gesteckt hat, und er nötigt May dann schließlich zum vorzeitigen Abschluß der Erzählung. (Dargestellt hat May den ganzen Vorgang selbst in dem hübschen Gleichnis vom ›Zauberteppich‹[193], wo er Yussuf el Kürkdschü [= Joseph den Kürschner] also reden läßt: *Was sehen meine Augen! Du füllst trotz meines Wunsches den Untergrund* [eines bestellten ›Teppichs‹] *noch immerfort mit unwillkommenen Worten, und die Gestalten, die auf ihm entstanden sind, werden das Mißfallen jedes wahren Gläubigen erregen!* Das mag wohl sein. *Kürze das Werk und füge schnell den Rand hinzu* ...) Und in der zum Abschluß gedruckten Vorrede entschuldigt sich Kürschner dann verkniffen bei den Lesern: »Karl Mays Reiseerzählung ... hat einen etwas anderen Inhalt und Hintergrund erhalten, als ich geplant und erwartet hatte. Die warmherzige Vertretung des Friedensgedankens, die sich der vielgelesene Verfasser angelegen sein ließ, wird aber gewiß bei vielen Anklang finden ...« Das Honorar von 2000 Mark soll May auf die Art freilich verlorengegangen sein, doch konnte ihm der Erfolg die Kosten wert sein, und dieser Erfolg war keineswegs so lächerlich, wie er es, wenn auch augenzwinkernd, später sah, als er (im Herbst 1903) die ›Pax‹-Erzählung für die Buchausgabe abschloß: *Ich hatte etwas geradezu Haarsträubendes geleistet ... Während ganz Europa unter dem Donner der begeisterten Hipp, Hipp, Hurra und Vivat erzitterte, hatte ich mein armes, kleines, dünnes Stimmchen erhoben und voller Angst gebettelt: »Gebt Liebe nur, gebt Liebe nur allein!« Das war lächerlich; ja, das war mehr als lächerlich, das war albern. Ich hatte mich und das ganze Buch blamiert und wurde bedeutet, einzulenken. Ich tat dies aber nicht, sondern ich schloß ab ... Mit dieser Art von Gong habe ich nichts zu tun!*[194] Tatsächlich hat May die *ganz besondere, ausgesprochen ›abendländische‹ Tendenz* – sive: den chauvinistischen Radau – des Unternehmens höchst elegant vereitelt; und wenn auch sein China-Bildnis alles andere als wirklichkeitsgetreu ausfiel, so war es doch, als Gegengift gegen das entschieden falschere der Militärs, eine immer achtenswerte Tat.

In dieser Zeit, in der sich Mays ganze Literatur wendet, ihre Absicht ebenso wie ihr Können, wendet sich auch sein ›Glück‹; was ihm widerfährt, belegt bis zur Übelkeit, daß auch in Deutschlands Literatur-Geschichte alles mögliche möglich ist. Auch ohne gewollt feierlich zu werden, wäre von der Tragik seines Alters zu reden – gerade da, wo die Einzelheiten der immer graueren Jahre zuletzt nur wieder auf sein eigenes Verschulden zurückgehen. Für seine literarischen Sünden hat wohl selten ein Schriftsteller bösartiger büßen müssen: – und durchaus scheußlich wird die Ironie dieses Geschicks dadurch, daß es sich eben dann einstellt, als May sich ein Recht auf jede Art Absolution erwirbt. *Jedes jetzige Urtheil* über ihn werde *später lächerlich erscheinen,* hat er an Fehsenfeld geschrieben[195]; das läßt sich auch anders lesen: e r s e l b s t muß bei jedem jetzigen Urteil lächerlich erscheinen... Das Bewußtsein dafür ist da, die Unruhe davor ist da; – und das ›jetzige Urteil‹ wird in breitester Öffentlichkeit gesprochen.

Im Februar 1901 beginnt Adalbert Fischer damit, die Münchmeyer-Romane als »Karl Mays Illustrierte Werke« neu herauszugeben, und nun allerdings *mit derartigen Reklametrompetenstößen, daß alle Welt auf dieses Unternehmen aufmerksam werden mußte.* Den Anfang macht die ›Liebe des Ulanen‹, die ja schon seinerzeit unter Mays Namen erschienen war; als die angedrohte Klage aber ausbleibt, riskiert Fischer mehr: es folgen sogleich die ›Deutschen Herzen‹ und im nächsten Jahr ›Waldröschen‹ und ›Weg‹. Warum May der Gefahr, die ihm seit dem Kairo-Brief Fischers in voller Tragweite hätte sichtbar sein müssen, zwei Jahre lang nicht im mindesten begegnete, ist immer mit viel Rätselraten umgeben worden; der Grund ist dabei simpel genug: er besaß so gut wie keinerlei rechtswirksame Handhabe. Der Verbotsbrief an Fischer war eine bloße Einschüchterung gewesen, die immerhin einige Zeit zu wirken schien; darüber hatte er den Fall dann nur zu rasch vergessen. Ob er vor 20 Jahren die dicken Manuskripte für eine einmalige Abfindung an Münchmeyer verkauft habe oder nur das Abdrucksrecht für eine limitierte Auflage, ließ sich nicht beweisen: alle Abmachungen waren mündlich erfolgt, und die sie angeblich bestätigenden Briefe des Verlegers, mit denen May dem Fischer gewinkt und durchaus einige Sorge eingeflößt hatte, existierten nicht, hatten nie existiert. May hat seine Ohnmacht in dieser Sache anschließend mit gesteigertem Ingrimm dem Sündenkonto seiner Frau zu Lasten geschrieben: sie habe seine Unterlagen vorsätzlich vernichtet, um ihn am Prozeß gegen die ihr befreundete Pauline Münchmeyer zu hindern; und tatsächlich hat Emma unwidersprochen gelassen, daß sie – ob in wirklich böser Absicht oder aus einer mehr mutwilligen Laune heraus, die immerhin in ihrem Temperament lag, oder gar völlig ahnungslos, ›aus Versehen‹, sei dahingestellt – Papiere Mays verbrannt habe; doch ist vor Gericht davon nur immer ganz allgemein die Rede gewesen: »... Geschäftsbriefe, die für seinen (Mays) Beruf von großer Wichtigkeit gewesen seien ...«[196]; daß es sich dabei speziell um Münchmeyer-Dokumente gehandelt habe, wurde stets nur außergerichtlich behauptet. Bei einer Befragung durch den Staatsanwalt Seyfert am 9. 11. 1907 hat May dann sogar eingeräumt, daß er die fraglichen Briefe nie besessen habe; ihre Erwähnung in seinem Schreiben an Fischer vom 30. 4. 1899 sei nur *eine Diplomatie* von ihm gewesen ...

So ist seine Position formalrechtlich äußerst schwach; gleichwohl aber glaubt er nach wie vor, genügend Macht zu besitzen, um mit der Kolportagefabrik fertig zu werden, und als Fischer ihm bei einer Zusammenkunft die Rückgabe der Romane mit allen ›Rechten‹ für 70 000 Mark anbietet, schlägt er rundweg ab; auch einige delikate Hinweise auf seine Vergangenheit können ihm sein Selbstbewußtsein nicht nehmen. Am 19. 3. 1901 macht er in einer halbseitigen Anzeige *in bezug auf ›Karl Mays Illustrierte Werke‹... alle Sortimenter, welche dabei an meine bekannten ›Reiseerzählungen‹ denken, darauf aufmerksam, daß ich gegen die genannte Firma gerichtlich vorgegangen bin ...*[197] Aber das ist eine so verschwommene Erklärung, daß Fischer es mit der Entgegnung nur zu leicht hat: »Die unter dem Gesamttitel ›Karl Mays Illustrierte Werke‹ erscheinenden Romane und Reiseerzählungen sind von demselben Karl May, der die ›bekannten‹ Reiseerzählungen geschrieben hat ... Von einem gerichtlichen Vorgehen gegen mich ist mir zur Stunde leider noch nichts bekannt, obgleich ich seit zwei Jahren Hrn. K. M. fortgesetzt aufgefordert habe, seine diesbezüglichen, vollständig unbegründeten Drohungen wahr zu machen ...«[198] Tatsächlich scheint May das ganze Ausmaß der sich nähernden Katastrophe erst beim erneuten Anblick seiner alten, arg verrunzelten Musenkinder klargeworden zu sein: da packt ihn nun allerdings das Entsetzen: das ist ja Kitsch, das ist ja Schund, das kann doch er nicht so geschrieben haben ... So folgt denn die nächste Erklärung: *Ich schrieb die Erzählungen, um die es sich hier handelt. Münchmeyer wußte, daß ich keine Zeit hatte, die Korrekturen oder gar die fertigen Werke wieder durchzulesen, und so entdeckte ich nur durch Zufall, daß er mein heimlicher Mitarbeiter gewesen war. Er hatte geändert, weil sein Verlangen nach Liebesszenen vernachlässigt worden war. Ich brach mit ihm und habe seitdem kein Wort mehr für ihn geschrieben ...*[199] Darauf Fischer: »Von einer Mitarbeiterschaft des Hrn. Münchmeyer an den Werken des Hrn. K. M. erfahre ich erst durch des Letzteren Erklärung. Meines Wissens bestand Hrn. Münchmeyers Mitarbeiterschaft lediglich darin, Korrekturen zu machen und Streichungen im Manuskripte vorzunehmen. Daß Herr Münchmeyer Verfasser von den Liebesszenen sein soll, wird Hr. K. M. kaum im Ernste behaupten können ...«[200] Doch eben das behauptet May weiterhin mit konsequenter Verbissenheit: heftig, widersprüchlich dazu (denn schon 2 Wochen später ist Fischer der Schuldige an der *Bearbeitung vollständig sittenreiner Originalarbeiten von mir*[201]: der hatte allerdings, wie May erfuhr, die ›Herzen‹ und das ›Waldröschen‹ von dem Schriftsteller Staberow, damals Redakteur der ›Neuen Saarbrücker Zeitung‹, stilistisch korrigieren lassen), wenig geschickt und wenig glaubwürdig. Und das Artikelfechten geht weiter, gerät unheilvoll laut in die Tagespresse; der ›Hausschatz‹-Verlag wird mit hineingezogen (›Textverstümmler‹ ja auch er), und da fällt dann zum erstenmal das Stichwort vom »über alle Maaßen unsittlichen Inhalt« der Romane[202]: dies zwar eine philiströse Übertreibung (die schon darum wenig wiegt, weil sie von Berufskatholiken vorgebracht wurde), doch in der Öffentlichkeit eine gefährliche Waffe, über deren Einsatz sich May – ob künstlich oder nicht – denn auch sehr aufregt. Und jetzt endlich nötigt er sich zum Prozeß, zu jenem förmlich grauenhaften Monsterverfahren, das dann 12 Jahre lang gedauert hat, bis über seinen Tod hinaus. Die Einzelheiten auch nur flüchtig zu umreißen, ginge bereits ins Ausmaß einer Spezialarbeit: sie bilden, bedingt durch Mays stetige Sinnesänderungen und demzufolge den dauernden Wechsel seiner Beweisanträge, ein Chaos, zu dessen – allerdings längst überfälliger – Darstellung niemandem zu gratulieren wäre. Was May selber diese farce majeure gekostet hat, läßt sich gar nicht überschätzen: nahezu jedes Unglück seines Lebensrestes hat in ihr die Wurzel ... Eine ganze Anwaltsfirma muß er engagieren (Bernstein, Klotz & Langenhan in Dresden: – und die Herren Rechtsfinder scheuen dann für die nächsten acht Jahre keine noch so krumme Umständlichkeit, um dauernd für May zu tun zu haben, – voran der sehr ehrenwerte Rudolf Bernstein selbst, der *liebe Rudi*, der *wahre Freund*, wie ihn May in gräßlicher Ahnungslosigkeit sieht, der Regisseur, der eigentliche, des ganzen Satyrspiels, der seinen Klienten von Klage zu Klage hetzt – übel bestärkt von Klara Plöhn, die ihn ins Haus gebracht hat und mit seiner Frau Emmy befreundet ist –): vorerst richtet sich die Zivilklage vorm Dresdener Kgl. Landgericht gegen Fischer als unbefugten Nachdrucker; eine einstweilige Verfügung wird erreicht: die Romane dürfen zwar weiter verkauft, doch nur noch komplettiert, nicht weiter gedruckt werden.

Das ist für Fischer zwar eine empfindliche Sperre (und Bernstein gegenüber gibt er gleich darauf bereits einen »Verlust« von 40 000 Mark an), aber für May auch keinerlei Gewinn: alles bleibt ›einstweilig‹; und erst als am 24. 9. 1902 die alte Pauline Münchmeyer als Nebenintervenientin zugelassen wird, kommt das buchstäblich dicke Ende nach: nun nämlich steht May vor der überaus heiklen Aufgabe, sein uneingeschränktes Urheberrecht an den Romanen zu beweisen, während er zugleich in der öffentlichen Abwehr dauernd beteuern muß, daß seine Urheberschaft an dem Schund eine durchaus sehr eingeschränkte sei . . .

Für die Presse ist May um diese Zeit interessant wie kaum eine andere Figur der Gesellschaft: wo immer Skandale sich verkaufen lassen (und wo wäre das nicht), bringt man »Neuestes von Karl May«[203]: Berichte, Notizen, Witze, Parodien – aber auch gröbere Varianten. Am 6. 11. 1901 hält Hermann Cardauns in Dortmund unter dem breitesten Beifall der umliegenden Redaktionen zum erstenmal seinen Vortrag über »Literarische Curiosa«, in dem er den Münchmeyer-Romanen ganze 50 Minuten widmet; und während der folgenden Wochen reist er damit betriebsam im Rheinland herum. May ist eigens nach Köln gefahren, um sich die Kundgebung anzuhören; wieder in Radebeul, brütet er böse über einer entsprechenden Vergeltung und bringt innerhalb eines Monats eine fulminante, polemisch streckenweise hochelegante Broschüre von 159 Seiten zusammen, die anonym unter dem Titel »›Karl May als Erzieher‹ und ›Die Wahrheit über Karl May‹ oder Die Gegner Karl Mays in ihrem eigenen Lichte – von einem dankbaren May-Leser« am 13. 1. 1902 erscheint (in 100 000 Auflage) und damit grad einen Tag in den Auslagen hängt, als Cardauns in Elberfeld seinen Vortrag zum abermalsten Male hersagt. Aber sachlich ist die Broschüre einigermaßen fragwürdig; wo Information am Platz wäre, breitet sich feierlicher Weihe-Rauch; – so kommt es zu einem weiteren May-Prozeß, diesmal zwischen der ›Elberfelder Zeitung‹, die allzu eilig Partei ergreift, und der ›Kölnischen Volkszeitung‹; und mit Behagen verbreitet Cardauns den Widerruf des betreffenden broschürengläubigen Jorde, er sei »das Opfer einer Täuschung geworden . . .« Auch Fehsenfeld wird als Verleger des dankbaren Lesers bei den ängstlichen Ohren genommen (24. 1. 1902); er beeilt sich zum Vergleich und läßt sich die Verfahrenskosten aufbürden – sehr zu Mays Grimm, der sich nun sofort zu einem Gegenschlag vorbereitet – (der Fall ist dann auch als der *Da'wa'l Ihana* in den ›Silbernen Löwen‹ eingegangen[204]).

Und damit beginnt das immer merkwürdige Schauspiel des eigentlichen Spätwerks.

Am Tode

Der bisher so schweigsame Silberlöwe tritt endlich, endlich aus seiner Felsenverborgenheit hervor ... Auf wen hat er es wohl abgesehen? Seine Zeit ist gekommen. Wird er wohl hinabspringen in jenes Paradies, vor dessen Thür der ›Baum des Geschwätzes‹ steht? ... Was wird er mit den ›lammesblickenden‹ Füchsen und schleichenden Hyänen machen? Mit den ›Seligen‹, die Einlaßkarten hatten? Mit den ›Fischern‹, die im Trocknen angeln, obgleich sie an der Elbe und am Rheine wohnen? Diese Thoren glauben gewonnen zu haben! Es hing nur ein Fröschlein niedrigster Instanz am Haken! Da posaunen sie von gewonnenen Beleidigungsprozessen! Im ›Hohen Hause‹ ist ganz Anderes beschlossen ... Es werden von dort aus die Geister niedersteigen, die man so thöricht war, aus ihrer Ruhe aufzustören. Das giebt dann andere Beleidigungsprozesse, geführt vor jener höheren Instanz, die jeden ärmlichen Vergleich vernichtet und nichts verschenkt, auch keine ›fünfzig Mark‹![205] Die ›höhere Instanz‹ ist natürlich nicht irgendein Jüngster Gerichtshof, sondern das literarische Forum, vor das May seine Widersacher – die alten und die neuen – nunmehr zu zitieren gedenkt. Und so erscheint am 15. 2. 1902 in Koblenz, also genau auf der geographischen Mitte zwischen den Hauptquartieren der Feinde, im ›Rhein- und Moselboten‹: ›Am Tode‹, Reiseerzählung von Karl May[206] – die erste längere Parabel des ›Silbernen Löwen‹[207], die sich die ›Schundverleger‹ vornimmt – (unter ihnen nun auch den Kölner Volkszeitungsverlag J. P. Bachem, der seit 1886 Mays ›Gum‹ unter dem gediegenen Titel ›Die Wüstenräuber‹ verkauft, – daher die ›Wüstenräuber‹ als dauerndes Tertium comparationis).

Was im ›Hohen Hause‹ beschlossen ist, der Residenz des ›Meisters‹ (und der Beginn des IV. ›Silberlöwen‹ beschreibt denn auch gleich das exotisch verkleidete, mystisch durchgeisterte Arbeitszimmer Mays), wird das exemplarische Werk: die große, streckenweise überaus aufrichtige, von Bewußtseinszensuren kaum retuschierte Abrechnung mit allen und allem: ein höchst virtuoses Schatten-Spiel und Schach ›mit lebenden Figuren‹ ... Die Allgegenwart seiner Vergangenheiten hat May, zuerst halb unbewußt, dann immer kontrollierter, zu einer Technik der Synchronisation verholfen, die unter die ganz raren Erscheinungen der Literaturformen zu rechnen ist: nicht nur die Handlungsebenen werden dauernd eng verschränkt, auch die Figuren verwandeln sich, zerlegen sich in verschiedenste Modelle, um diese sogleich wieder zusammenzuraffen, oft auf kleinstem Raum, so daß, aus einigem Abstand besehen, der Eindruck förmlich eines vierdimensionalen Gebildes sich gewinnen läßt – (man hat freilich, um sämtliche Lichter- und Schattenschattierungen zu Gesicht zu bekommen, aus verschiedenen Blickwinkeln verschiedentliche Polarisationsfilter nötig; und recht zu würdigen vermag das Werk auch heute nur erst der Kenner all der unterblendeten Details). Die Handlungsfläche I nimmt Manier und Stoff der liegengebliebenen Reiseerzählung wieder auf: seit Ende 1898 sind die ersten beiden Bände von ›Im Reiche des silbernen Löwen‹ im Handel; und May überschätzt die Notwendigkeit, sie den Lesern zu Behagen fortzusetzen: die Erzählung ist ohnehin eine grobe Klitterung, flüchtig zum Buchformat zusammengeschoben und nicht zu retten, so bemüht genau auch die Hauptfäden wieder aufgegriffen werden. (Doch hat der Versuch der Anknüpfung dem III. und IV. Band dann auch am Ende wieder nicht geschadet, wenngleich bedauerlich bleibt, daß May das neue Werk nicht doch ganz isolierte: – zu lose bleiben die Verbindungen, zu ›langweilig‹ auch, um noch Genüsse alten Stils zu wecken, und die untere Handlungsfläche, auf der sich dergleichen früher so ausgiebig zutrug, ist überhaupt recht heilsam verödet). Die Lese-Ebene II nun, die bedeutendste der verbleibenden, hat

in sich wiederum zwei Dimensionen, die bei der Analyse getrennt zu sehen sind: die erste enthält ein (freilich nicht vollständiges) Gesamt-Biogramm Mays, die zweite eine detailreiche Bilderprojektion der Jahre 1900–03 (die sich allerdings so mancherlei photo-graphischer Umsetzungen in Schwarz-Weiß-Werte bedient): demzufolge haben Figuren wie Handlungselemente hier jeweils zwei ›Modelle‹ – die dann auf der III. Ebene (der des psychodramatischen Myste-rienspiels) noch entsprechend ikonisch erweitert werden ...
Merken Sie nun, wie Karl May gelesen werden muß? ... Sie werden dann finden, daß Sie etwas ganz Anderes drucken ließen, als Sie glaubten! Also: Meine Zeit ist endlich da![208] verkündet May am 24. 12. 1902 seinem Verleger: da hat er den III. Band vollendet und den IV. eben begonnen: das langsame, noch matt beschauliche Erwachen nach dem ›Sprung über die Vergangenheit‹, mit dem der Abschnitt ›Am Tode‹ endete; den Einbruch der Feinde (Bluträcher-Kapitel) und die große Rede des Fürsten der Schatten vor der Dschemmah. Aber Fehsenfeld bleibt ratlos; daß er jetzt *etwas ganz Anderes* drucken läßt, sieht er zwar, aber es freut ihn nicht; und über fünfzig Jahre lang haben dann wenig-nutzige Leser sein Urteil bestätigt: bis auf ein paar allgemei-ne Gleichheitszeichen, die E. A. Schmid aus Gesprächen mit May mitteilte[209], blieb völlig dunkel, wer in dieser unheim-lichen Scharade am Ende eigentlich alles mitspielte: von den kleineren Porträtfiguren bis zu den ›Stars‹ ... voran die Großen Drei: Er selbst, der ›Meister‹ (mit den mehreren Seelen in seiner Brust); sodann Ghulam el Multasim alias ›der Henker‹ alias Hermann Cardauns (im weiteren Ver-lauf erscheint der Chef des ultramontanen Zentrumsblattes noch deutlicher dauernd im Gefolge des ›Scheik-ul-Islam‹); und schließlich der Urheber aller Feindschaft, der Ämir-y-Sil-lan, das kleine ›m‹ aus dem Frankfurter Feuilleton: Ahriman Mirza alias Fedor Mamroth – den May mit der Präzi-sion des großen Hassers zum Weltfeind Nummer Eins beför-

dert (und in der IV. Ebene hat er ihm zusätzlich noch, wie Arno Schmidt aufzeigte, die Physiognomie Nietzsches aufgebürdet, des – wenn man ein Auge zudrückt – weltanschaulichen Antipoden) . . .

In der Zeit zwischen der Niederschrift der beiden Bände geht die Ehe zu Ende. Klara, die Richard Plöhn nun ein züchtig Jahr betrauert hat, visiert nicht wenig unterweil –, intrigiert –, läßt, wenn nötig, auch die Geister kräftig mit dreinsprechen – (»Wenn du jetzt nicht unseren Willen tust und unterschreibst, was dir Karl vorlegt, dann wehe! wehe! wehe!«[210]): ihre Rolle beim Zustandekommen der Scheidung ist so unerfreulich, wie deren gesamte nähere Umstände es sind. May selber schwankt, nach alter Weise, zwischen feierlichen Gebärden der Verzeihung und verhärteten Entschlüssen zum *kurzen Prozeß*: trotz aller Anstrengungen Klaras nötigt er sich zu jener weichlichen Güte, zu der er stets vor seinem jähzornigen Temperament Zuflucht genommen hatte; aber das schiebt die Entscheidung nur um peinigende Monate hinaus. Als Emma derweil, verwirrt und in durchaus tückischem Trotz, die bislang bloße Entfremdung weit heftiger zu Wort und Tat kommen läßt, als bei allseits fehlender Vernunft noch zu vertragen wäre, greift er schließlich doch zu den massiven Gründen, die sich ihm aufdrängen: sie hat Gelder beiseite gebracht; sie hat ihn fortgesetzt beschimpft; sie hat, einmal, mit Mays Kleidung unzufrieden, geäußert, er sehe aus »wie unser Louis«: – da kann »dem Kläger die Fortsetzung der Ehe nicht zugemutet werden . . .«[211] Von einem Ehebruch mit dem sehr jungen Max Moritz Welte (dem ›Aschyk‹ des ›Silberlöwen‹) ist in der Scheidungsklage keine Rede; wahrscheinlich wurde ein Abkommen getroffen, den Punkt nicht zu erwähnen, denn Emma hätte vielleicht einige Kontrapunkte zur Hand gehabt . . . Im Buch aber, in das all die Vorgänge eingegangen sind, geht es unter der Maskierung ehrlicher zu, und daß die Verwandlung der Köchin Pekala (= Emma, die May nach der Scheidung tatsächlich bat, er möge sie doch wenigstens als Köchin im Hause behalten) von der strahlenden, kindergesichtigen ›Festjungfrau‹ in ein krankhaft-wonniges Gespenst ein Unfall der Konzeption sei, ist eine allzu eilige Vermutung. *Und nun hier plötzlich diese geistige Nichtigkeit, zehnfach, hundertfach nichtig grad durch ihre strahlend freundliche Gestalt! Diese Null war hohl; hierüber gab es keinen Zweifel. Aber hinter ihr stand eine ganze Finsternis bereit, sie mit dem Verderben für uns vollständig auszufüllen!*[212]: diese *sehr wichtige Entdeckung* macht May tatsächlich ganz plötzlich – und zwar eben zu der Zeit, im Buch 5 Seiten später, da Schakara (= Klara) immer häufiger in den ›Ruinen‹ sitzt und *ihre langen, schweren, dunklen Flechten*[213] öffnet –: zahlreiche magisch verschmitzte Details sind unterhalb der Kontrollschwelle durchgeglitten und haben dieser Autobiographie, glänzend getarnt vom exoterischen Gewand, eine Aufrichtigkeit eingebracht, zu der sich May bewußt wohl vielfach kaum verstanden hätte.

Am 21. 7. 1902, kurz nach Abschluß des III. Bandes, beginnt die umständliche Reise mit den beiden Frauen, die alles entscheidet: zuerst für 14 Tage nach Berlin, dann für ebenso lange nach Hamburg, von dort 3 Tage nach Leipzig (wo Klaras Mutter die Ratschlüsse Marah Durimehs ausspricht) und 6 nach München: May selber kurz vor einem Nervenzusammenbruch, die Frauen ränkisch-zänkisch kalt falsch um ihn herum. Und am ›Sonntag‹, 3. 8., dem *Tag der tausend Seligkeiten* (ein fortan in ungezählten Notizen manisch wiederkehrendes Leitmotiv), beginnt die 14-Tage-Handlung von ›Silberlöwe‹ IV mit dem langen Nachtgespräch, das May allerdings der Partnerin Klara aus dem Mund genommen und seinem zweiten Ich souffliert hat; übergeblendet sind dieser Episode weitere 14 Tage vom weiteren Verlauf der Reise (wobei als besondere Feinheit gelten kann, daß die realen Wochentage denen der zeitgerafften Texthandlung stets kongruent bleiben). Am letzten Tag in München, ›Mittwoch‹, erscheint eine weitere Zentralfigur im

Buch: der Scheik ul Islam alias Carl Muth in Person, der *Lieblingsesel Allahs*[214], seit seinem Angriff in der Wiener ›Zeit‹[215] ein neuer Feind des ›Meisters‹, der nun ihn zum Objekt nimmt, um seine Rechnung mit dem militanten Katholizismus zu machen (und es ist wohl möglich, daß er mit Muth, der in Solln bei München lebte, an jenem Tage wirklich zusammengetroffen ist): Zuerst zeigt sich der Taki-Chef, das Oberhaupt aller avancierten Frommen, noch in der demütigen Verkleidung des ›Schreibers‹ (und Muth schrieb ja seinerzeit unter dem Pseudonym ›Veremundus‹), aber bald schon ergibt sich die eigentliche Identität des Karriere-Christen (wie May ihn sah; man kann ihn freilich auch anders sehen), und May benutzt die Taki-Episode zu einer grandios verklausulierten Geistesvisitation des Klerus – (mit dem er ja seine Erfahrungen hatte: ein volles Jahrzehnt lang hatten ihn die Bischöfe theophrastisch-bombastisch belobigt, mit nichts als dem krummen Maßstab in der Hand, daß bei gehörig vorgeführtem ›k‹ eines Autors der Rang gar keine Frage mehr sei; als May sich inzwischen unerwartet als Protestant herausgestellt hatte, war es damit natürlich gleich vorbei... Und wer für bare Übertreibung, eines freilich Ungläubigen, hält, was früher über Mays Christentum zu sagen war, und sich, wie mehrfach geschehen, an der Hypothese gütlich tut, May sei nur durch äußere Umstände abgehalten worden, zum Katholizismus überzutreten, der möge sich in die Bildergalerie des IV. ›Silberlöwen‹ weisen lassen: von den Taki-Episoden – etwa – zu den Vorgängen im ›*Allerheiligsten*‹ [dessen Luft May gar *nicht gut bekommen zu sein* scheint: die *hält kein Gesunder aus, viel weniger ein Genesender!*[216] – und ein Rückfall in den ›Typhus‹ wird ernstlich befürchtet] – bis hin zur Parabel von den ›Lehrgebäuden‹ und der Prophezeiung: *Kommt ihre Zeit, so brechen sie zusammen, denn diese Zeit wird keinen Scheik ul Islam um Erlaubnis fragen...*[217])

Von München geht es weiter nach Bozen (... *eine höchst*

*widerliche Fahrt... man kann es unmöglich erzäh-
len...*[218]) und von da zur Mendel hinauf, der Lieblings-
landschaft Mays, die denn auch in der Topographie des Tals
der Dschamikun präzise abgebildet ist – im IV. Band mit
Unterblendung von Riva – (und die Schrotts, Besitzer des
Hotels ›Penegal‹, sind dann bis in die späten Endjahre die
wichtigsten Zeugen der Affäre). Am ›Donnerstag‹, 28. 8.,
werden die Scheidungsgründe ausgetauscht (der Aschyk
Pekalas ergriffen), und am 29. unterschreibt Emma die Schei-
dungseinwilligung, die May ihr aufgesetzt hat: *Ich Endes-
unterzeichnete erkläre hiermit, daß ich wegen gegenseitiger,
unüberwindlicher Abneigung ein weiteres Zusammenleben
mit meinem bisherigen Ehemanne, dem Schriftsteller Herrn
Karl May in Radebeul, für vollständig unmöglich halte und
ihm daher meine unwiderrufliche Zustimmung zur Scheidung
unserer Ehe gegeben habe...*[219] Am ›späten Morgen‹ des
›Sonnabend‹, 30. 8., verlassen May und Klara allein die
Berge – (im Buch ist es, und völlig legitim, umgekehrt: da
geht die ›Köchin‹, und mit ihr ›das Kind‹: Tifl, eine der
Selbstdarstellungen Mays).

Die Präliminarien zur Scheidung verbrauchen Mays Kräfte buchstäblich bis zum Rest. Kaum wieder in Radebeul, um
die Klage einzureichen (9. 9.), muß er erneut auf 3 Tage nach
München, fährt wiederum, von Bilderstürzen gepeinigt, pom-
posenden, böse tosenden, auf Umwegen über Mittenwald–
Innsbruck–Kochel zurück; am 22. 9. wird die Scheidungsklage Emma zugestellt; am 24. 9. tritt der Fischer-Prozeß in das
erwähnte neue Stadium; am 3. 10. erfolgt die einstweilige
Verfügung auf Getrenntleben; und endlich, am 8. 10., tritt
May mit Klara über Linz, Salzburg, Bozen die erwünschte
Erholungsreise in die Abgeschiedenheit von Riva am Garda-
see an, wo beide am 14. 10. ankommen und bis zum 15. 12.
(›Montag‹) bleiben... Während dieses ganzen zweiten
Halbjahrs 1902 hat May am ›Silberlöwen‹ nicht weiterge-
schrieben; wohl aber kreisen unablässige Notizen um das

immer gleiche Thema: der spätere Herausgeber, Max Finke, hat das Material der Konvolute ›Schetana‹, ›Weib‹ und ›Wüste‹ u. a. für reelle Dramenentwürfe gehalten[220]; eher aber sind es doch nur versifizierte Selbstgespräche und Gedankenspiele mit den beiden Dämoninnen, von denen May die eine – zur dauernd wieder zwanghaften Selbstbestätigung – die Gute Miene zum Bösen Spiel der anderen machen läßt; wer die Notizen zu ›lesen‹ versteht, gewinnt unschätzbare Hilfsmittel. Denn leicht ist May die Aufkündigung der über 20jährigen Ehe gewiß nicht geworden, und zu empfindlich bleibt sein freilich so sehr oft schon erfolgreich düpiertes Gewissen, als daß es, im Bewußtsein all der verwendeten wenig edlen Mittel, sich nicht doch dauernd zu den höheren Zwecken flüchten müßte, um zur Ruhe zu kommen. Nicht nur ›offiziell‹ hat er sich mit Ursachen und Folgen der Scheidung bis ans Ende immer wieder beschäftigen müssen: zum Schluß noch klammert er sich störrisch an die Vorstellung, daß Emma sich ja zu seinen Feinden geschlagen habe: die Freundschaft mit Pauline Münchmeyer genügt ihm als Indiz; möglicherweise auch widersprach *die Frau Pollmer* mit einiger Intensität seinen Prozeßabsichten damals schon: so findet eine weitere, begreifliche Haßüberschreibung auf sie statt. Daß Klara ihr an Pekala-Eigenschaften wahrlich in nichts nachstand, wird er auch irgendwo, in einem Winkel seines Gewissens, gewußt haben; aber wie immer sie, mit mausgrau durchtriebener Schläue und triebhaft primitiv, jetzt und später ihre Pläne durchsetzte, sie erreichte, daß May im letzten Altersjahrzehnt die Gefährtin zuteil wurde, nach der ihn verlangte: eine ihm anscheinend blind ergebene, scheinbar passive Helferin, die ihm alles bestätigte, was sonst kein Echo mehr fand: *Was du mir gabst, das ward noch nie gegeben; was du mir nahmst, das gabst du doppelt mir. Was du mir gabst, ist ein vereintes Leben; was du mir nahmst, das bin ich nun mit dir . . .*[221]

An die Niederschrift des IV. Bandes macht sich May mit

123

erneuerter Energie sogleich nach Rückkehr in Radebeul: die Arbeit, die ihm bei geradezu euphorischem Befinden von der Hand geht, betäubt alle Skrupel oder neutralisiert sie – (und auch der tote Freund Richard Plöhn beschuldigt ihn nun nicht mehr: in Riva noch hat May, in spiritistischem Kultus, als *Dr. Richard Sonnenschein* – so sein ›Hotelpseudonym‹ – seine Rolle bei Klara nur erst sehr behutsam übernehmen können; nun aber erteilt der verklärte Geist durch ein, May diktiertes, Gedicht Klara das Plazet ... und so muß sein Denkmal im Buch, der Chodj-y-Dschuna, die Verwandtschaft zu Schakara gar nicht mehr erst verzeichnen). Am 24. 12. 1902 sind die ersten 40 Seiten fertig, und weiter kommt in enger Folge der größte Teil des Nachtgesprächs zustande: *Ich mache mich jetzt an den Baum El Dscharanil. Die Wurzel desselben stand in meinem eigenen Hause. Sie haben sie bedauert, doch mußte sie heraus ...*[222] Sie muß heraus: Am 7. 1. 1903 ist der endgültige Scheidungstermin anberaumt (auf dem Emma ebenso unvertreten bleibt wie bei den vorigen; nur so soll sie die versprochene Rente und Ausstattung erhalten); am 14. wird die Scheidung auf ihr Alleinverschulden beim Königlichen Landgericht in Dresden ausgesprochen, am 2. 2. das Urteil ihr zugestellt; am 4. 3. dann wird die Scheidung rechtskräftig, und am 31. 3. treten May und Klara vor den Altar der Lutherkirche nebenan: ... *das Band, das Band, das man die Ehe nennt ...*

Zu den Torheiten, die May in dieser Zeit unterlaufen, gehört auch das später so ausgiebig gegen ihn verwendete Doktor-Diplom (im Buch das ›Ehrengewand des Schah-in-Schah‹, mit dem er seine Anima bekleidet); über Klara wird eine Diplommühle in Amerika bemüht, und am 9. 12. 1902 verleiht eine ›Universitas Germana-Americana‹ in Chicago dem Meister den Honoris causa für sein Werk ›Im Reiche des silbernen Löwen‹ (und das hätte ja wahrlich eine echte Ehrung dieser Art verdient; heute müßten es, bei der Abwertung durch Serienverleihung an verdiente Politiker, gleich wenigstens ein Dutzend sein). Aber die kindliche Freude Mays an dem imposant großbogigen Dokument währt nur kurze Zeit. Am 14. 3. 1903 ersucht er vorsichtshalber beim Kultusministerium um die Genehmigung zur Führung des Titels und erhält mechanisch den Bescheid, daß man »nach den hinsichtlich ausländischer Doktortitel festgehaltenen Grundsätzen zu seinem Bedauern außer Stande ist, die nachgesuchte Genehmigung zu erteilen . . .«[223] So wird auch diese Eitelkeit gedämpft; ihre späteren Folgen allerdings werden gröber und empfindlicher, als sie es verdient.

Kurzsichtiger noch und ungeschickter aber ist der Vergleich, den May jetzt mit Fischer schließt. Der unmittelbare Beweggrund mag gewesen sein, daß er einsieht, mit der alten Pauline nur dann fertig werden zu können, wenn er Fischer, der mit der Dame ohnehin auf gespanntem Fuße lebt, mitsamt der ganzen Firma als Zeugen auf seine Seite bringt. So zieht er am 4. 5. die Klage zurück; die gerichtlichen Kosten werden geteilt und die außergerichtlichen aufgehoben; und dann geht die bereits am 11. 2. notariell niedergelegte Ehrenerklärung in die Presse: *Ich, Karl May, erkläre hiermit, daß Herr Verlagsbuchhändler Adalbert Fischer bei Ankauf der Firma H. G. Münchmeyer nach Wortlaut des ihm vorgelegten Kaufvertrages annehmen mußte, alle Rechte an meinen bei dieser Firma erschienenen Werken miterworben zu haben.* Und Fischer honoriert: »Dafern in den bei H. G. Münchmeyer erschienenen Schriften des Herrn Karl May etwas Unsittliches enthalten sein sollte, stammt das nicht aus der Feder des Herrn Karl May, sondern ist von dritter Seite früher hineingetragen worden . . .« Soweit eine bloße Albernheit; der Rest jedoch ist übler und von schwereren Folgen. Denn May überläßt dem Fischer nun, um vor ihm Ruhe zu haben, die Romane »zur freien Verfügung ohne alle Einschränkungen mit allen Urheber- und sonstigen Rechten« und verpflichtet ihn nur, »bei Neuauflagen auf seine Kosten aus diesen Werken die seiner Überzeugung nach etwa anstößigen Stellen zu entfernen ...«[224]: eine reine Narretei, die um so unsinniger ist, als Fischer natürlich gar nicht daran denkt, zu der vorgesehenen »Überzeugung« zu kommen, und munter im alten nichtigen Nicht-Stil weiterdruckt – im nächsten Jahr auch noch den ›Verlorenen Sohn‹ (und der ›Roman aus dem Leben / von Karl May‹ wird recht anzüglich so gesetzt, daß er sich als ›Roman / aus dem Leben von Karl May‹ liest): nichts ist gewonnen. Darüber hinaus gibt May nun Fischer auch noch einen Band ›Erzgebirgische Dorfgeschichten‹ in Verlag, die Fehsenfeld nicht bringen will: alte Geschichten aus der Zeitschriftenzeit, unter die zwei neue allegorische Erzählungen gemengt werden: ›Das Geldmännle‹ und ›Sonnenscheinchen‹ – Stücke, mit denen er ganz heimlich die Konsequenz seines ›Lebenswerkes‹ beweisen will; von allem Anfang an hat er nun ›symbolisch‹ geschrieben. Und entsprechend dunklen Sinnes ist die eigens gefertigte Vorrede (vom Mai 1903): ... *Heut kehr ich nun ins Vaterland zurück, um jenen alten Weg aufs Neue zu betreten. Er ist nicht weit und auch nicht unbequem. Er führt nur auf ein kleines ›Musterbergle‹. Wir nehmen uns ein ›Sonnenscheinchen‹ mit, so einen Seelenstrahl, der uns zu leuchten hat, bis wir an unser kleines ›Häusle‹ kommen. Im ›Bergle‹ gibt es Silber, wohl auch ein wenig Gold. Das wird bewacht vom Geist des Neubertbauers. Wer diesen Geist, den doppelten, begreift, der darf den Schatz und dann sich selbst auch heben!*[225] Und die beiden Stücke sind hübsch zu lesen, wenn man den ›Schlüssel‹ hat: tollite – legite ...

Aber die so bizarre Wendung hält den Anschein eines Sieges nur eben lange genug aufrecht, um den Schluß des ›Silberlöwen‹ damit einzufärben. Schon die gedruckte *Danksagung* zum 61. Geburtstag (25. 2. 1903) hatte den Optimismus vorgezeigt, der nun in den *Zusammenbruch*, das letzte Kapitel, übergeht (wenig gestört nur von der »Anzeige wegen betrügerischer Handlungen zur Ermöglichung der Ehescheidung«, die von Emmas Freundin, dem altbekannten ›Kaninchen‹, gegenwärtiger Frau Luise Häußler, bei der Dresdener Staatsanwaltschaft gegen May und Klara erstattet wird – die Dame erscheint somit rasch noch mit in der Gul-i-Schiras des Buches): Ahriman wird wahnsinnig, der ›Henker‹ ein Opfer seines eigenen Berufsgeräts, und den streitbaren Seligmacher erschlagen die Ruinen seiner Lehrgebäude ohne weitere Umstände: prognostische Lösungen, die freilich die Wirklichkeit der folgenden Jahre zu erfüllen versäumte; es kam sehr anders . . .

Am 10. 9. 1903 ist das Manuskript des ›Silbernen Löwen‹ abgeschlossen: *Ich war gesund, ganz plötzlich gesund, und aber wie gesund!*[226]; die neue Zeit ist da und die alte erledigt, samt allen ihren Worten und Werken: *das waren Skizzen, Vorarbeiten, fließende Etuden, um mich und meine Leser einzuüben. Auf was sie vorbereiten sollten, darüber schweige ich. Man sagt das durch die That! Glaubst du, daß es Menschen giebt, welche so unerfahren sind, daß sie die flüchtigen Übungsskizzen eines Malers für vollbeendete, fertige Werke halten können? Nein? Nicht? Unmöglich? Freilich, doch: zurzeit geht ihre Zahl bis in die zig Millionen. So scheine ich ein Künstler allerersten Ranges zu sein, denn es hat keinen einzigen Kritiker gegeben, welcher die meinigen als leicht bewegliche Schwalben erkannte, die ›meinem Freund, dem Frühling‹ voranzufliegen hatten . . .*[227] Recte: einem langen grauen Herbst . . .

›Patronen‹ gegen ›Patrone‹

Aber (und letztlich hat jedem Ereignis in Mays Leben, den Tief- wie den Höhepunkten, wieder die Einschränkung zu folgen, die es abhebt und unter Umständen aufhebt; in wirrem Wechsel schießt das Schifflein herüber und hinüber, und die Fäden ergeben ein Knäuel-Etwas, das ›einheitlich und geschlossen‹ sehen zu wollen, als ›geordnetes Lebensbild‹, ein bloßer Enthusiasmus wäre): auch das gegen soviel widrige Umgebungen euphorisch heraufgebrachte Befinden der ›Silberlöwen‹-Zeit ist nicht von längerer Dauer. Es folgen drei Jahre der Erschöpfung – für Mays Arbeitsvermögen (und das physische Altern vermag nun doch seine Spuren nicht mehr nach früherer Manier hinter sich zu löschen) wie auch für seine Einsichten; daß er, einmal ›klug‹ geworden – verstehe man's, wie man will –, es nun, wenn nicht gesteigert, so doch dauerhaft gleichmäßig hätte bleiben müssen, ist eine Illusion: die ›Weisheit‹ ist ja eben durchaus das letzte nicht, das mit den höheren Jahren abnimmt . . .

Das Verfahren in Sachen der Ehescheidung ist am 30. 12. 1903 eingestellt worden: Emma zieht sich nach Weimar zurück und erhält von Klara schenkungsweise eine Jahresrente von 3000 Mark auf Lebenszeit, muß dafür freilich so mancherlei unterschreiben; dies scheint noch einmal gelungen – mit etwas List zwar, und auch etwas Tücke, aber doch . . . Anders die Bataille gegen die anderen Schattengewächse seines Lebensgartens, des nun schöngepflegten, idyllisch gehegten, in dem May zu demonstrieren gedenkt, wie die Erde *wieder eins von Gottes Paradiesen* werden könne: die Große Rede auf alle Feinde und Fälscher ist ungehört verhallt: die *Höhere Instanz* seiner Literatur wird platterdings nicht zur Kenntnis genommen – (»Ich erinnere mich nur noch«, schreibt der ›Henker‹ später mit Gleichgültigkeit, »daß er in der Einleitung zu einem Romane seine literarischen Gegner höchst geschmackvoll mit Maden verglich, die sich untereinander auffressen, bis die letzte und fetteste zerplatzt . . .«[228]). So erklärt es sich, daß May nun seine Zuflucht immer beharrlicher doch beim etablierten Recht nimmt: mit der Naivität – nicht des Idealisten, aber des Ideal-Gläubigen, dessen Wirklichkeitsbild weniger intakt ist als je, mit zugleich der störrischen Verbissenheit dessen, an dem einst selber das Gesetz so schwere Rache nahm, begibt er sich in die Hände der formellen wie der informellen öffentlichen Gerechtigkeit; und die trüben Folgen sind zu erraten: er kommt darin um. Auf der einen Seite gerät ihm der Großprozeß, der schlimm verschwommene, ihm wenig frommende, immer tiefer auf das Niveau hinunter, das dem vierschrötigen Gemüt der Pauline Münchmeyer entspricht; auf der anderen verwüsten ihm die Neugier der Sensationspresse und sein rechthaberisches Reagieren jede mühsam erworbene Ruhe. Binnen kurzem ist sein Ruf dahin: die Gesellschaft, die ihn ein volles Jahrzehnt lang als Fetisch verehrt hatte, stößt ihn mit der ganzen ausführlichen Wut der Getäuschten von sich.

Nach dem verkniffenen Schweigen, mit dem die Öffentlichkeit den ›Silbernen Löwen‹ aufnahm, klammert sich May nun mit vergrößertem Nachdruck an die Mission des neuen Werkes: ›Und Friede auf Erden!‹, dessen erste Hefte zu Weihnachten 1903 vorliegen.[229] Doch geht die Ermüdung in das lange Schlußkapitel, mit dem er den ›Pax‹-Text nun zu Ende bringt, deutlich ein: ähnlich lau beschauliche Stimmungen breiten sich – wenn auch unter umgekehrten Vorzeichen – aus wie im Rekonvaleszenz-Kapitel des III. ›Löwen‹; zugleich aber übernimmt die Technik aus dem Großen Buch daraus bedeutende Momente: in der Krankheitsgeschichte des Eiferers Waller liegt ein weiteres, sehr aufrichtiges Selbstbekenntnis vor, und in der Ich-Spaltung am Schluß erscheint die erste Version jener double conscience, mit der May hernach alle Schulden seines Lebens erklärte.

Der Vorgang ist bemerkenswert, ja ›hochinteressant‹; denn in eben diese Zeit fällt die Neu-Orientierung seines ›Ich‹, die Umordnung des reichlich Ungeordneten: fällt die Terminierung der *Menschheitsfrage,* die Verwandlung des redselig reiseerzählenden, ich-süchtigen Daimons in ein menschheitliches Daimonion: fällt die letzte Konsequenz der seit zwanzig Jahren mit zwanghafter Logik betriebenen Mystifikation . . . Die ›Menschheitsfrage‹ *ist das* ›*Ich*‹, schreibt May in eine aphoristische Notiz über sich selbst: *Sie ist in Amerika Old Shatterhand, und sie ist im Orient Kara Ben Nemsi Effendi. Sie ist das umgekehrte Pseudonym von Karl May, denn die eigentliche Verfasserin der Reiseerzählungen ist sie, das Pseudonym aber ist er . . .*[230] Und er glaubt sogleich fest ex eventu selbst daran, diese patente Lösung von allem Anfang her im Sinn gehabt zu haben: eine offizielle Erklärung ist nicht nötig; drei Jahre später, im ›Mir von Dschinnistan‹, erscheint die Terminologie seiner *gänzlich neuen Psychologie* schon so selbstverständlich, als habe sie immer bestanden. Gleichzeitig mit dem ›Ich‹ verwandelt sich endgültig nun der ganze Begriff vom ›Werk‹: *Ich besitze keineswegs die Anmaßung zu glauben, irgend einmal ein* ›*Werk*‹ *geschrieben zu haben. Ich kenne zwar die buchhändlerisch gebräuchliche, aber auch die intellectuell schwere Bedeutung dieses Wortes. Aber gestehen will ich Ihnen doch und gern, daß ich allerdings den Muth besitze, nächstens eines beginnen zu wollen – – im Alter von 61 Jahren . . . Wer bei mir von* ›*Werken*‹ *spricht, der thut es entweder in feindseliger Absicht, um mich mit diesem großen Maßstabe in den Augen Anderer klein erscheinen zu lassen, oder er ist kein Kenner. Sie aber werden mit Ihrem geübten Blicke sofort erkannt haben und es wohlwollend bestätigen, daß es Schülerarbeiten sind . . .*[231] Hatte er im Schlußteil des ›Silbernen Löwen‹ noch durchblicken lassen, in freilich rasch vergehendem Optimismus, auch der ›Schundroman‹ werde am Ende ›das Rennen‹ machen, so zieht er sich jetzt, bei der Qualitätsbewertung des vergangenen Werkes, ganz auf dessen gute Absichten zurück: auf die Menschenliebe, die Güte und Langmut des götterähnlichen Shatterhand (Eigenschaften, die freilich ›auch‹ technisch bedingt waren: denn einen Schurken, der ein ganzes Buch mit seinen Untaten füllen soll, muß man ja zu mehreren Malen wieder begnadigen – um ihn am Schluß dann allerdings nachhaltig von Gott zerschmettern zu lassen): auf den Weltfriedensappell, den die Reiseerzählungen nun insgesamt darstellen sollen[232]: *Ich bin mit meiner Feder das, was Yin in ›Friede auf Erden‹ mit ihrem Stift, mit ihren Farben war . . .*[233] Auch der läppische Hader um seine Konfession soll in ähnlichem Sinne erledigt werden: *Ich bin Christ, weiter nichts. Confessionen giebt es für mich nicht . . .* schreibt er an Franz Weigl, den späteren Herausgeber der Münchener ›Pädagogischen Zeitfragen‹, in denen 1909 dann auch Weigls Broschüre ›Karl Mays pädagogische Bedeutung‹ erscheint: *Es kommt mir dabei nicht der geringste Gedanke an irgend eine Propaganda bei, aber ich fordere es als mein Recht, nicht verschweigen zu müssen, daß es Religionen giebt, die es mit ihrer praktischen Menschlichkeit genau so weit oder gar noch weiter gebracht haben als andere Religionen mit ihrer hochgepriesenen theoretischen Nächstenliebe . . . Also, mein lieber Freund, ich schreibe meine Bücher nicht für die Christlichkeit, sondern für die Menschlichkeit. Ich will keiner einzigen Person auch nur die geringste dogmatische oder dem ähnliche Störung bereiten, denn auch ich würde mir jede derartige Belästigung auf das strengste verbitten. Daher behandelt das v. Kapitel von ›Friede‹ ganz ausschließlich nur die ›Shen‹, die Menschlichkeit, und wenn dies gegen irgend eine christliche Anschauung oder einen christlichen Gebrauch verstoßen sollte, so liegt das weder an mir noch an der Humanität . . .*[234] Und weder an ihm, noch an der Humanität hat es gelegen, daß ›Friede auf Erden‹ später vom Borromäus-Verein auf den Index gesetzt wurde: *Es ist die ganze Macht des Un- und Hyperglaubens, die meinen*

Namen auszulöschen sucht. Ich steh in einer Fluth, die mir herauf bis an den Athem geht. Vom Schmutze trüb, rauscht rings sie um mich her, doch reißt sie ihren Schlamm ja wieder mit sich fort, und meine Welt wird rein erhalten bleiben . . .[235]

Im Zuge der Reinerhaltung seiner Welt wird nun zuerst die äußere Erscheinung sämtlicher ›Gesammelten‹ auf höheren Glanz gebracht: ›Friede‹ ist der erste Band, der in der neuen Ausstattung mit den Deckelbildern von Sascha Schneider (1870–1927) vorliegt: ein Jünglingsengel mit Strahlen-Asteriskus umschwebt den sitaresken Erdball. Schneider, ein heute mit einigem Unrecht ganz vergessener Künstler, wird für Mays letztes Jahrzehnt die allerbedeutendste Figur, und der schriftliche und mündliche Austausch zwischen beiden hat wichtige Früchte getragen: einmal wird May so etwas wie ein echter Freund zuteil, und zwar einer, der aus der Schar der bloßen Proselyten kräftig hervorragt: an seinen Argumentationen müssen sich Mays vor lauter Echolosigkeit oft nur zu dämmrig schwimmende Gedanken dauernd messen und bewähren. Denn Schneider ist keineswegs ein blinder Verehrer des ›Ustad‹, dessen Rosengarten, den von Seelenflüstern durchfusselten, er des öfteren auf gar nicht leisen Sohlen betritt. Die Deckelbilder zu den Reiseerzählungen, die im November 1904 auch gesondert in Sammelmappe erscheinen, sind freilich seine besten Arbeiten nicht; um von seinem künstlerischen Vermögen einen Begriff zu bekommen, hätte man unter den von May inspirierten Arbeiten eher etwa den ›Astralmenschen‹ anzusehen (gelegentlich auch ›Das Gewissen‹ genannt): ein Wandgemälde nach dem *Chodem* des ›Silbernen Löwen‹ . . .[236]

Im ätherischen Gewande, aus dem nun erste Jugendkraft zum Geisteskampf hervortreten soll, stellt sich das Buch der Öffentlichkeit: die Folge ist nur einmal mehr ein plumpes Schattenboxen. May begeht die Torheit, bei der Presseversendung stets die neue Eigenlobsschrift mit beizulegen, die ihm sein alter Freund Max Dittrich halb unter Diktat gefertigt hat[237]: die Gabe ist um Grade zu reichlich, und so gehen die Redakteure verständlicherweise an die Lektüre von ›Friede‹ in der Vormeinung, es könne sich da nur um das Produkt eines eitlen Schwadroneurs handeln. Am 30. 10. 1904 erscheint im ›Dresdener Anzeiger‹ eine längere höhnische Besprechung, die den Realitätsgehalt des Buches beim Wort nimmt und mit Hilfe eines anonymen, wenig kompetenten Gewährsmannes diverse Schnitzer aufdeckt: Verfasserin ist Marie Silling – *ein rund sechzig Jahre altes, unverheiratetes Fräulein aus Stettin, und so bin ich, anstatt mich mit einem geistig muskulösen, widerstandsfähigen Opponenten messen zu können, gezwungen, mich anständigerweise genau nach Wilhelm Busch zu verhalten, nämlich: »Im Gesichte Seelenruhe, an den Füßen milde Schuhe«[238]* – aber die Seelenruhe ist durchaus nur mühsame Verstellung, und May verhält sich viel weniger nach Busch als nach sich selber und seiner im ›Löwen‹ niedergelegten Ansicht: *Gegen Niederträchtigkeiten hilft kein geharnischtes Sonett, kein Distichon und kein Alexandriner; da sind nur Drehpistolen gut, die mit Patronen auf ›Patrone‹ schießen, denn was nicht kracht, das wirkt bei ihnen nicht![239]* So fährt er denn alsbald gegen das ältliche Fräulein sein großes Geschütz auf und ruft damit den ›verantwortlichen Redakteur für Kunst und Wissenschaft‹ am ›Anzeiger‹ selbst heraus: Paul Schumann (1855–1927); und nun ›kracht‹ es allerdings. In zwei Riesenartikeln serviert Schumann ein ausführliches Sündenregister Mays[240]: der Münchmeyer-Prozeß, Cardauns und Muth, der falsche Doktor, die falschen Kürschner-Angaben, die falsche Konfession, Kunsterziehung, Volksgesundheit – alles wird gegen ihn mobilisiert, in kaltem, mitunter rüdem Ton, doch in der Sache – wenn auch einseitig – nur zu gut fundiert. Und May, der zwar über schwächere Argumente, doch über die größere polemische Eleganz verfügt, zögert keinen Augenblick, die Presse diesmal mit ihren eigenen Mitteln zu schlagen: in sechs

Zeitungen, voran den ›Dresdener Nachrichten‹, dem Konkurrenzblatt des ›Anzeigers‹, läßt er mit großem Kostenaufwand insgesamt drei ganzseitige Offene Briefe²⁴¹ drucken, die ihm in der Öffentlichkeit das Übergewicht geben, auch wenn Schumann das letzte Wort behält. Daß der sich nicht mit der Rezension eines ihm vorgelegten Buches begnügen kann, sondern schlicht und frech ad hominem argumentiert, und das auch noch in der Tonart des Feindes aller Feinde – und es ist in der Tat ein Unglück, daß May sich niemals mit echter Kritik auseinanderzusetzen hatte, mit einem *geistig muskulösen Opponenten* –, genügt dem Erbitterten für die Endbeurteilung: *Ein hyperultramontaner Redakteur, bekannt als größter Hetzer seiner Zeit – – ein Dresdener, evangelischer Redakteur für Kunst und Wissenschaft, in dem berühmten Kunstwarthause daheim – – verbündet miteinander gegen Karl May – – – zum Nutz und Wohl, zum Segen und zum Frommen einer Kolportageverlagsbuchhandlung, wegen der man mich verachtet und verfolgt – – –! Fertig!*²⁴²

Der Fall aber, mit dem er nicht ›fertig‹ wird um diese gleiche Zeit, der ihn tiefer trifft, noch und noch einmal: der Fall Lebius: ist der eigentliche Anfang vom Ende. Über Rudolf Lebius (1868–1946) ausführlich die Wahrheit zu sagen, verhindert, da noch Nachkommen leben, das Strafgesetz: ein kürzester Bericht hat also an Stelle dessen zu stehen, was später zu besorgen sein wird ... Am 7. 4. 1904 tritt Lebius »mit vorzüglicher Verehrung« und der Bitte um ein Interview an May heran, der ihn am 2. 5. zu sich läßt: *Man darf den Besuch gewisser Journalisten ... nicht abweisen, zumal wenn sie mit einem, wenn auch noch so kleinen Zeitüngelchen bewaffnet sind, sonst rächen sie sich ...*²⁴³ Max Dittrich ist als Zeuge da und führt die Unterhaltung: seine May-Broschüre war eben fertig geworden, und Lebius versucht, sie in Verlag zu bekommen: unablässig redet er *von seiner großen Geschicklichkeit, seinen reichen Erfahrungen und seinen ausgezeichneten Erfolgen als Journalist und*

Redakteur, Herausgeber und Verleger, Herdenführer und
Volkstribun . . .: Denn er brauchte Geld, viel Geld![244] Am
12. 7. folgt der erste plumpe Pumpversuch: »Würden Sie mir
vielleicht ein auf drei Jahre laufendes fünfprozentiges Darlehen gewähren? . . . Als Dank dafür würde ich die Broschüre
so lanzieren, daß alle Welt von dem Buche spricht . . .« May
antwortet nicht, und die Sache nimmt ihren Fortgang: Am 8.
8.: »Ich würde gern einige Tausend Mark (3–6) auf ein hal-
bes Jahr als Darlehen aufnehmen. Ein Risiko ist ausgeschlossen . . . Zu Gegenleistungen bin ich gern bereit . . . Wir können die Artikel, auf die Sie Wert legen, an 300 und mehr
deutsche und österreichische Zeitungen versenden . . . So
etwas wirkt unfehlbar. In Dresden lasse ich mein Blatt allen
Wirtschaften (1760) zugehen . . .« Das Blatt, das alle Wirtschaften sich zugehen lassen: die ›Sachsenstimme‹ alias später ›Pilatus‹. May antwortet nicht. Da wendet sich Lebius an
Dittrich: Am 15. 8.: »Ich gebe Ihnen für die Vermittlung ein
Prozent. Mehr als 10 000 Mark brauche ich nicht . . . Könnten Sie nicht Dr. May bearbeiten, daß er mir Geld vor-
schießt?« Am 27. 8.: »Sie haben meine schriftliche Zusage,
daß ich Ihnen ein Prozent von dem Geld gebe, welches Sie
mir von . . . Dr. M. vermitteln. Sie erhalten das Geld sofort
. . .« Dittrich antwortet, aber mit einer Mahnung um 37
Mark 45 Pfennig ausstehendes Honorar; Lebius ist zahlungs-
unfähig, wird gepfändet; *und so kam in logischer Folgerich-*
tigkeit am 7. 9. in Form einer Postkarte folgende Drohung
bei mir an: »Werter Herr! Ein gewißer Herr Levius, Redakteur der Sachsenstimme, erzählte einem Herrn, daß er einen
Artikel gegen Sie schreibt. Ich habe es im Lokal gerade
gehört. Es warnt Sie ein Freund vor dem Mann. B.« Der
Artikel gegen May: ›Mehr Licht über Karl May / 160 000
Mark Schriftstellereinkommen / Ein berühmter Dresdener
Kolportageschriftsteller‹: erscheint am 11. 9. in der ›Sachsenstimme‹ und wird in allen Wirtschaften (und anderswo)
gelesen. Der Tenor der rund 200 Zeilen: munter-unterer

Journalismus; der Inhalt: *über 70 moralische Unsauberkeiten, darunter 42 mehr oder weniger boshafte oder infame Unwahrheiten.* Als May auch diesen Wink, mit der Knausrigkeit aufzuhören, unbeantwortet läßt, folgen im November und Dezember vier weitere Artikel ›zur Mayfrage‹; gleichen Tenors, gleichen Inhalts; der letzte davon mit der Überschrift ›Amtliches Material‹ ... Und nun holt May allerdings zum Gegenschlag aus: am 19. 12. erstattet er Anzeige wegen Erpressung bei der Staatsanwaltschaft; er reicht die anonyme Postkarte ein; der vereidigte Sachverständige identifiziert die verstellte Schrift als von Lebius stammend; – die Folge: *Am Weihnachts-Heiligabend prangten an den Schaufenstern der Dresdener Buchhändlerläden große Plakate, auf denen in weithin sichtbarer, rotfarbiger Riesenschrift die Ankündigung ›Die Vorstrafen Karl Mays‹ zu lesen war* ...[245] Am 25. 12. folgt der Artikel selbst hinterdrein: Andeutungen vorerst nur, Gerüchte, die ein Dresdener Gerichtsbeamter vor seiner Familie ausgeplaudert hat: das meiste falsch ... Aber nun hat May keine ruhige Minute mehr.

Im neuen Jahr 1905 setzen vier weitere Artikel in der ›Sachsenstimme‹ das widerliche Geschäft fort, darunter einer von förmlich jauchenartigem Inhalt gegen den nunmehrigen ›Zeugen‹ Max Dittrich.[246] Dafür stellt der Herr Königliche Staatsanwalt am 14. 3. das Strafverfahren wegen versuchter Erpressung gegen Lebius ein; Mays Beschwerde wird (am 10. 8.) abgewiesen: denn, so meinen die Herren, der Artikel vom 11. 9. 1904 »geht nach keiner Richtung über eine zulässige sachliche Kritik hinaus«, und auf die Graphologie will man sich nicht allein verlassen. So bleibt denn May nur noch die Privatklage wegen Verleumdung; Dittrich und Bernstein schließen sich an.

Aber vor dem Termin am 3. 10. 1905 packt May die Angst. *Bis jetzt kann Lebius von den Strafen nichts Bestimmtes wissen,* schreibt er an Bernstein. *Auf keinen Fall darf ich den fürchterlichen Fehler begehen, vor dem versammelten*

Berichterstattervolk die Vorstrafen zuzugeben. Es würde das
mein ganzes Lebenswerk vernichten, und ehe ich das zugebe,
will ich lieber sterben! Solange es nur auf Hörensagen beruht
und in den Akten steckenbleibt, ist es nicht tödlich. Zwingt
man mich aber, mein eigenes Ja dazu zu sagen, vor sämtli-
chen Landsknechten der Tinte und der Buchdruckerschwärze,
so gibt es einen Schlag und dann kein Auferstehen! [247] Entsprechende Einschärfungen ergehen an Mays Rechtsvertreter
Klotz, und so bricht das Unglück denn herein: Klotz trägt in
der Verhandlung so dick auf, daß allgemeine Reizbarkeit
entsteht, und als er schließlich die Behauptung, May sei vorbestraft, eine elende Verleumdung nennt, schlägt der Vorsitzende vor Erregung auf den Richtertisch und befiehlt, die
Strafakten Mays zu holen. »Ich sitze hier«, sagt er, »nicht um
die Wahrheit verdunkeln zu helfen, sondern um Wahrheit
und Recht zu fördern«, und trotz aller Proteste des Klotz
beginnt er, aus den gegen May ergangenen Urteilen und
deren Entscheidungsgründen vorzulesen. Als Bernstein sieht,
daß Lebius mitstenographiert, stürzt er zum Richtertisch und
klappt dem Vorsitzenden die Akten zu. [248] May zieht die
Klage zurück; aber es ist zu spät: die Folgen sind jetzt nur
noch eine Frage der Zeit.

Anders dagegen läuft der Prozeß Dittrich/Lebius aus: am
18. 11. 1905 muß der Journalist, den das ›Leipziger Tageblatt‹ zuvor ungestraft einen »geborenen Verbrecher«
genannt hat, alle Behauptungen des fraglichen Artikels vom
27. 3. »als unwahr« zurücknehmen. Und nun sorgt allerdings
auch May dafür (wie vorher schon bei seiner Erpressungsan-
zeige), daß dies entsprechend bekannt gemacht wird: die großen Firmen entziehen der ›Sachsenstimme‹ die Inserate, und
das Blatt geht ein. In gewissem Sinne trifft also durchaus zu,
was Lebius später zur Begründung seiner vernichtenden
Kriegsstilistik angab: »Herr May hat sich an mir dadurch
gerächt, daß er durch Verleumdungen meine wirtschaftliche
Stellung untergrub und mich in den Bankrott trieb. Sobald

ich in einer andern Stadt festen Fuß gefaßt hatte, erschien er wieder auf der Bildfläche, um dasselbe Manöver zu wiederholen. Dabei liebt er es, bevor er zu seinem neuen Schlage gegen mich ausholt, mich jeweils in meiner Wohnung aufzusuchen und mit tränenden Augen um Frieden zu bitten ...«[249]: nein, wählerisch war auch May in seinen Mitteln nicht: *Zwingt uns am Ende der Gegner noch hinab, nun wohl, so steigen wir hinunter zu ihm, um ihm da unten zu sagen, was wir hier oben nicht sagen konnten. Dann werden wir aufs schnellste mit ihm fertig. Also, ich bin sogar, um mein Recht zu erkämpfen, zu einer gewissen Art von Mangel an Umgangsform bereit* ...[250]

Daß die neue Front sich wieder einmal auch nach der Münchmeyer-Seite hin schließt, hat May hierzu wohl am ehesten bewogen: denn längst schon wird Lebius von Oskar Gerlach, dem Anwalt der Pauline, mit Material versorgt: einem Herrn, dessen Charakterbild zumindest in der May-Geschichte so wenig schwankt, daß man ihn schon einen – ja, vielleicht sind auch da noch Nachkommen lebendig – einen Advokaten nennen muß: *Ich ahnte nicht, in wie weitgehender Weise das Gesetz den Anwalt schützt. Wenn es gilt, den Gegner in den Augen der Richter herabzusetzen, darf er sich erlauben, was sich sonst Niemand erlauben darf* ...: d a s allerdings hat May in wahrhaftig scheußlicher Weise erfahren müssen. Trotz aller Winkelzüge Gerlachs aber kommt es am 26. 9. 1904 vor der 6. Zivilkammer des Königlichen Landgerichts zu Dresden zu einem Bedingten Endurteil, und wenn auch May es sich zuletzt nicht hat nehmen lassen, dem Erinnerungsvermögen seiner Zeugen durch allerlei gute Gaben aufzuhelfen, so fällt das doch nicht ins Gewicht: da ›Beweise‹ nicht mehr zu erbringen sind, wird ihm der Parteieid auferlegt; leistet er ihn, so soll Frau Münchmeyer zur Rechnungslegung verurteilt werden; verweigert er ihn, so wird dieser Teil der Klage abgewiesen. May verweigert nicht; am 5. 2. 1906 endlich wird das Teilurteil vom Oberlandesgericht bestätigt und am 9. 1. 1907 die Berufung der Münchmeyer vom Reichsgericht abgewiesen: ein zäher, May immer mehr auszehrender Vorgang, den Bernstein mit nur zu guten Gründen »langsam lösen« will und dessen endliches Ende May nicht mehr erlebt ...

Das Werk dieser trüben Jahre – das ›Werk‹, zu dem *ich allerdings den Muth besitze* – ist ›Babel und Bibel‹: *ein Drama hohen, ernsten Styles,* wie May den ›Literarischen Silhouetten‹ in den Waschzettel schreibt, und allerdings ein Unikum in der Bühnenliteratur. In der gedruckten *Danksagung* zum Geburtstag 1906 *An meine lieben Gratulanten* bereits hat er, nach einem längeren Exkurs über ›Menschheitsseele‹ und ›Menschheitsfrage‹, ›Seele‹, ›Geist‹ und ›Anima‹, beschwörend auf das Neue Werk gewiesen: *Ich habe mich bisher ja nur geübt, und meine Arbeit soll nun erst beginnen. Ich lernte schreiben, einen neuen Ductus, den es bisher noch nicht gegeben hat ... Nun aber hab ich endlich ausgelernt und schreibe jetzt an meinem ›ersten Bande‹, dem schnell die andern Bände folgen werden. Ich habe also weder Lust noch Zeit, mich auszuruhn, und gar von solchen Werken, die doch nur Übungen und keine Arbeit waren. Ich trug in ihnen nur den Stoff zusammen für das, was ich jetzt nun zu bilden habe. Sie waren weiter nichts als die Palette, auf der ich Farben sammelte und prüfte, und wenn es wirklich Menschen geben sollte, die Malerscheiben für Gemälde halten, so tut mir das um ihretwillen leid ...* Tatsächlich hat May an keinem Werk mit solcher Anstrengung gearbeitet: zum Delitzsch-Streit, dessen Literatur er ziemlich komplett besaß, treibt er ausgedehnte Studien; die Skizzierung geht über das ganze Jahr 1905; eine vollständige Erstfassung wird kritisch verworfen – bis am 17. 7. 1906 die immer wieder durchgefeilte Reinschrift abgeschlossen ist: ein wunderliches Stück, das er gewiß überschätzt hat, das jedoch so sehr das Schweigen auch wieder nicht verdient, das bis heute auf ihm liegt. Seiner inneren Gestik nach gehört es unter die ›Jeder-

mann‹-Mysterien und ist gewiß nicht weniger ›lesbar‹ als
das Salzburger Touristen-Spiel: von nur tönenden Plätzen
der Großen Rede (die freilich übers ›Zynische‹ nicht gebietet
– dafür über um so geräumigere ›Unschuld‹) heben sich
durchaus triumphale Momente ab. ›Gedanken‹ sind's freilich
nicht; und reduziert man, wie May es selber leider dann versuchte[251], den Gehalt auf das, was er denn ›damit habe
sagen wollen‹, so bleibt das Stück erträglich nur für den, der
das ›Denken‹ als nicht mehr denn eine Schöne Kunst
betrachtet. Der Typus Dichter, dem May zuzurechnen ist,
›denkt‹ ja im Grunde gar nicht oder kaum: er beschreibt die
Gefühle, die ihn vor einem Begriff anfallen – und das dann
allerdings mitunter in mächtig zelebrierten Bildern . . .: von
dieser Voraussetzung hätte die kritische Lektüre von ›Babel
und Bibel‹ immer auszugehen.

Die Erwartungen, die May auf das Stück setzt, sind hoch:
am Ende beabsichtigt er nichts Geringeres als eine Reform
des Theaters, und daß der breite Volksapplaus sich dazu einstellen müsse, hält er für selbstverständlich. Aber der bleibt
aus; kein Mensch interessiert sich für die Aufführung. Im
September tut May den kraus-verzweifelten Schritt, sich
oberste Protektion zu holen, und schreibt an die Prinzessin
Ludwig von Bayern: *Ew. Königliche Hoheit! Hochverehrte-
ste, Durchlauchtigste, Gnädigste Frau Prinzessin!* einen peinlichen, 13 engbeschriebene Folio-Seiten langen Brief. Die
Dame war einmal sehr stolz darauf gewesen, Mitglied des
Münchener ›May-Clubs‹ zu sein; und bei einer allerhöchsten
Audienz (1899), bei der May von dramatischen Plänen
sprach, *waren Prinzessin Wiltrud und Prinzessin Helmtrud
so gütig, diesen Gedanken mit größtem Interesse aufzufassen
. . . ich durfte versprechen, ihnen gleich das erste dieser Dra-
men einzusenden, damit die Premiere, wenn möglich, in
München vor sich gehe . . .* Aber darunter hatten sich die
durchlauchtigsten Kindlein kaum anderes als eine Art Bad
Segeberg vorgestellt, und so bleibt der byzantinische Appell

an die *Allerhöchste Dame* ..., *welche von Gott berufen ist,
die führende Seele des bayerischen Volkes zu sein*[252], auch
im praktischen Erfolg ganz sinnlos.

Das Stück wird über alle deutschen Bühnen gehen ...: das
war eine Illusion ... *Mehrere Bühnen werden sich wohl dem-
nächst seiner annehmen* ...: eine Illusion ... Unerbittlich
bleiben die Proselyten Old Shatterhands; Fehsenfeld be-
quemt sich, ganz nüchterner Geschäftsmann, ganz Verleger,
nur unter Druck zum Druck; Bertha von Suttner, der May
jede neue Arbeit schickt, kann dem »Gesinnungsgenossen«
nur mit Worten danken; und Sascha Schneider gar lehnt
brieflich polternd ab. So ist es, trotz mancher weiterer Pläne,
bei diesem einen Drama geblieben, und die Resignation senkt
sich tiefer bis zum Ende herab: *Da weicht man zurück und
wartet auf seine Zeit. Und diese kommt gewiß* ...

Der Mißerfolg von ›Babel und Bibel‹ hat May am Ende weit fundamentaler erschüttert als alle Machinationen der erklärten Feinde dieser Zeit: daß keine seiner Prophezeiungen eintraf, daß die Auflage praktisch liegenbleibt, daß die ›Leser-Gemeinde‹ keinerlei Anstalten macht, das erste *eigentliche Werk* überhaupt auch nur zur Kenntnis zu nehmen, sondern fröhlich weiterhin die Malerscheiben für Gemälde hält, bringt ihn auf die verwirrtesten Vermutungen. Das zuversichtliche *Jedermann weiß* wird plötzlich wesentlich leiser; doch wieder reicht der Anflug, ja schon -stoß von Resignation nicht bis zur heilsamen Konsequenz: wieder zieht May die flaue Meinung, sein auserwähltes Volk sei vielleicht nur *noch nicht reif* genug, der immer dringender fälligen Erkenntnis vor, daß es eben ›reif‹ zur Großen Literatur doch niemals werde. Seine Beförderungsversuche fallen darum fast komisch aus: sofern es am Kunstverständnis läge – müßten die ›Briefe über Kunst‹ doch Abhilfe schaffen; läge es aber an der Religion – so wären *die zahlreichen Anfragen, die sich mit meinem Glauben beschäftigen,* doch leicht auch zu befriedigen: meint er, und die Wirkung ist so null und nichtig, wie zu erwarten. Schon der 6. Kunstbrief (vom 15. 4. 1907) wird nicht mehr gedruckt, da der Adressat Leopold Gheri aus der Redaktion des ›Kunstfreundes‹ ausscheidet; und das im Januar 1907 durch die ganze May-Presse wandernde ›Glaubensbekenntnis‹ (vom 21. 12. 1906) ist so raffiniert ›symbolisch‹, daß die Leute mit dem feinen Geruch, die es zur Ruhe bringen soll, nur um so lauter zu schnuffeln beginnen. Tatsächlich bleibt das gesamte ›Was ist das‹ von Mays Katechismus für die Katholiken unannehmbar. Die *himmlische Liebe, die zu uns niederkam, den Gottesgedanken zu gebären,* als Definition der Madonna ist mystische Ketzerei; und die Behauptung, zur *katholischen Gemeinde der Gläubigen* gehöre *ein Jeder, der den Pfad des Erlösers wandelt*[253], grenzte ja schon an Geschäftsschädigung. Was Mays ›Freunde‹ daraus machen, gutgläubig, täppisch, wie immer nur halb informiert, vergrößert und vergröbert nur den Abstand zu denen, die ihm hätten helfen können. Im November 1906 hat May sich an Eduard Engel gewandt, mit einem »Schwall aus Lobgesang und Weihrauch« für den »hochzuverehrenden Meister« und sein »gleichgerichtetes Streben zum Idealen«; aber Engel nimmt sich nicht die Zeit zu überlegen, wer letztlich wohl daran schuld sei, daß Mays Briefstil auf so fatale Stimmungen heruntergekommen ist, und zerreißt die Bitte um Hilfe kurzerhand . . .[254] Schädlicher noch wird May das bienenemsige Schwärmen seiner Gemeinde im Fall des läppisch verschleppten Münchmeyer-Prozesses: endlich hat er am 11. 2. 1907 den Parteieid, einen Sammeleid von sieben Eiden, schwören können und damit den nicht mehr erbringlichen Beweis ersetzt, daß der honorarfreie Nachdruck der alten Kolportage widerrechtlich erfolgte: ein geringes Ergebnis nach fünf Jahren wüsten Prozessierens. Da bläht es die May-Presse sogleich zur »glänzend erwiesenen Unschuld« auf, zum »Sieg auf der ganzen Linie«, und Kundgebungen wie die treuherzig-kritiklose der Broschüre[255] von Heinrich Wagner, dem Chefredakteur der Passauer ›Donau-Zeitung‹, erreichen nur, daß die bis zur Bösartigkeit gereizte andere Seite nun zu neuerlichem Gegenschlag ausholt. »Die May-Gemeinde«, schrieb Cardauns, hier einmal ein exakter Zeuge, der auch heute noch recht hat, »– es gibt in ihr viele harmlose Menschen von rührender Kindlichkeit, für die ich kein böses Wort habe, aber auch Leute von ganz anderen Qualitäten – hat eine ausgesprochene Abneigung gegen die nackten Tatsachen, gegen den objektiven Sachverhalt mit lästigen Daten, eine ebenso ausgesprochene Vorliebe für die Phrase, für donnernde Rhetorik und sentimentales Geschwätz, für das Hell-Dunkel und das Herumfahren mit der Stange im Nebel – alles Gründe, die Sache nun erst recht auf festem Boden auszufechten . . .«[256]

Am 15. 4. 1907 erstattet Gerlach bei der Staatsanwaltschaft Anzeige wegen Meineids und Verleitung zum Meineid gegen May »und Genossen«, wie das in dem betreffenden Rotwelsch heißt, und zum erstenmal überkommt May ein regelrechtes Grauen vor der Rechtsmaschinerie, die er selber in Gang gebracht hat. Ein Nervenzusammenbruch bringt ihn *an den Rand des Todes,* und erst Mitte Mai hat er sich so weit wieder erholt, daß er mit Klara zur Kur ins schlesische Bad Salzbrunn fahren kann, um erst einmal alles zu vergessen. Die Taktik einfacher ›Flucht‹ bewährt sich noch einmal; sorgfältig umgibt ihn die vielköpfige Familie Barchewitz mit Verehrung; und heiter-dankbar reimt er bei der Abreise (30. 6.) dem Belvedere, das den Besitzern danach »verödet und einsam« vorkommt, ins Gästebuch: *Ich trank an Deiner Quelle mich gesund / und laß mich hygienisch bei ihr nieder. / Und treibt der Tod es abermals zu bunt, / so weiß ich, was ich thu: Ich komme wieder . . .*[257]

Die Staatsanwaltschaft zögert zuerst, die Anzeige aufzugreifen; man hat einen Begriff davon, was es hieße, alle drei Instanzen des bisherigen Münchmeyer-Prozesses wieder aufzurühren; doch Gerlachs Behauptung, Klara sei der massiven Zeugenbeeinflussung schuldig[258], scheint schließlich zwingend; die übliche Unschuldsmiene der Münchmeyer taucht auf[259]; und so vergißt man rasch, welcher Interessenklub sich hier im Dienst der Gerechtigkeit verzehren will –: am 12. 7. 1907 wird die Voruntersuchung eröffnet. Gerlach erreicht durch einen Trick, daß der Fall dem (gar nicht zuständigen) Staatsanwalt Seyfert, seinem ehemaligen Schul- und jetzigen Busenfreund, übertragen wird, und dieser wiederum übergibt die Untersuchung dem Assessor Larrass, einem dritten Mann im Freundschaftsbunde, zu allertreuesten Händen.

May entzieht sich vorerst einmal der Vernehmung; eine

Reise *ins Gebirge* tut ihm gut, desgleichen ein kurzer Brief-wechsel mit dem alten Peter Rosegger, der sich seiner im ›Heimgarten‹ etwas angenommen hat und seinen »Leidens-weg mitleidend und mit höchster Spannung verfolgt«²⁶⁰. Aber er ist sehr müde geworden, und die Novelle ›Scha-mah‹, die im Sommer entsteht, wird nur eine schüchtern hei-tere, allgemeine Versöhnungsgeschichte mit sehr schlichtem Doppelboden.

Aber es ist ein Ausholen zu einem ungleich größeren Un-ternehmen: die verkrampfte Hand ist lockerer geworden; eines Tages auch hat May mit Schrecken erkannt, wie er schon *seit längerer Zeit vom Kapitale lebe. Mir wird da himmel-angst. Ich muß schreiben, schreiben, schreiben und bringe doch nichts fertig*²⁶¹; – da kommt, nach acht Jahren, der ›Deutsche Hausschatz‹ mit der Bitte um einen neuen Beitrag. Die Beweggründe sind dunkel geblieben: vielleicht waren Leserforderungen laut geworden, vielleicht gefiel das dicke öde Blatt so gut nicht mehr, und man erinnerte sich des alten Rezeptes –; für May jedenfalls ist die Geste ›ein Symbol‹: der literarische Katholizismus bietet ihm die Hand; und da er auch immer mehr Schwierigkeiten mit Fehsenfeld hat, dem zaudernden, kaum noch zu begeisternden, der mit seiner geringen und biederen Werbung nicht mehr gegen die Presse-schlachten ankommt (fast bis auf ein Viertel ist der Jahresab-satz seit der Jahrhundertwende heruntergegangen): greift er zu; und das soll dem Chefredakteur Otto Denk doch immer unvergessen bleiben, daß er May zu dem letzten Großen Werk des Alters die Energie verschafft hat.

Der ›Mir von Dschinnistan‹ hat, nach dem ›Silbernen Löwen‹, ein zweitesmal die große Konzeption gegen den abgeleierten Duktus der Reiseerzählung durchgesetzt. Ihn ganz aufzugeben, bringt May nicht über sich; zu groß ist sei-ne Angst vor dem Leservolk geworden, dem schon das Dra-ma zu hoch war. Aber unter der Arbeit selbst wächst ihm der Text über die eingeengten Zwecke hinaus, zu dem, was Arno

Schmidt »ein gewaltiges selbständiges Bewußtseinssystem« nannte: »Und an den besten Stellen ist sogar ER losgebunden, der Geist, der entfesselte, der bunte Fakten zu karierten Mythologien zusammentrommelnd ...«[262] Daß in der biographischen Lese-Ebene sie alle wieder umgehen, die Götter und Dämonen seines Lebens, unter den ersteren zuerst er selber in dreieiniger Gestalt, ist diesmal schwerer noch durchschaubar als beim ›Löwen‹: sehr bewußte Vorsicht hat die Gleichungen wieder verwischt. Aber nur darum gelingt zuletzt – bei allen Beschädigungen, die unleugbar immer wieder über Form und Sprache aus der Realität herfallen – das Freisetzen des langen Gedankenspiels, weil die Andere Seite seines Bewußt-Seins so ganz vom Tageskursus aufgebraucht wurde: seine größten Momente hat May im Alter stets zu Zeiten äußerster Abnutzung erfahren (womit freilich dem Beklagten Larrass, der hernach noch lange unabgenutzt auf Erden herumlief, kein mildernder Umstand gereicht werden soll). So läßt sich die Imagination noch einmal ganz frei für solche Momente vom Dust abheben, läßt sich frei schalten mit den Figurinen – bis hin zur Antizipation dessen, was unzulänglich in der Wirklichkeit nun nicht und nicht Ereignis werden will. Der ›Mir‹ ist Mays zweite, unstreitig bedeutende Literatur-Leistung und erreicht, mag sich das auch erst in weiteren fünfzig Jahren offiziell herumgesprochen haben, in seinen obersten Augenblicken jene sonderbare Schwelle, an der die Kunstwerke so etwas wie direkte Schöpfungs-Konkurrenzen werden: diese späte Konzeption Mays wird für den Kenner immer wunderlich-ehrwürdig sein ...

Der Fischer und seine Frau sind ganz plötzlich gestorben, *eines sehr schweren Todes,* und May hält sich recht schauerlich an die Finger der Vorsehung: *Wie furchtbar hat die Hand Gottes im Lager unserer bittersten Feinde gewüthet!* Aber der Vorfall bringt wirklich so etwas wie eine Wende: Arthur Schubert, Fischers Schwiegersohn und Nachfolger, unterzeichnet am 8. 10. 1907 vor dem Königlichen Landgericht die Erklärung, daß die Münchmeyer-Romane Mays »im Laufe der Zeit durch Einschiebungen und Abänderungen von dritter Hand eine derartige Veränderung erlitten haben, daß sie in ihrer jetzigen Form nicht mehr als von Herrn Karl May verfaßt gelten können ...«[263] Damit ist May die Fischer-Abteilung des Prozesses und zugleich die Romane los, doch bleibt die Klage auf Rechnungslegung gegen das eigentliche Monstrum des Falles, und diese Abteilung hat dann bis über seinen Tod hinausgedauert.

Die Reaktion auf diese endliche Einigung erfolgt sogleich vonseiten des ganz unparteiischen Seyfert: im Oktober und November häufen sich plötzlich die Vernehmungen in der Meineids-Voruntersuchung: alle Kronzeugen aus dem Münchmeyer-Prozeß, selbst die Anwälte, werden härtestem Druck ausgesetzt; über May wird eine Briefsperre verhängt, desgleichen über Emma in Weimar (30. 10. 1907), deren Aussagen zwischen periodisch aufquellendem Haß und der Angst vor Verlust der Rente schwanken; und während das erste Heft des ›Mir‹ im ›Hausschatz‹ erscheint, brechen am Morgen des 9. 11. die Herren Seyfert, Larrass *und Genossen* (wie May nun seinerseits sehr richtig formuliert) zu einer plötzlichen Haussuchung herein. Wer da letzten Endes bei ihm nach ›Material‹ wühlt, darüber ist sich May nicht einen Augenblick im Zweifel: *Ich habe diesen Hieb, der ein Sauhieb sondergleichen ist, vorausgesehen; aber ich hielt es nie für möglich, daß es Herrn Gerlach gelingen könne, es bis zur Haussuchung bei mir zu treiben ...*[264] Und es entfährt den Herren auch so mancherlei: »Nun können Sie es nicht mehr verhüten, daß Ihre Vorstrafen in die Öffentlichkeit kommen! Darauf machen Sie sich gefaßt!« – ein Satz, den Seyfert später schlicht aus der »Erregung, die derartige Situationen mit sich bringen, erklärlich« findet. Acht Stunden lang dauert die Tortur; kein Winkel bleibt undurchsucht; und alles, was nur irgendwie »bedeutsam« erscheint, wird mitgenommen: von allgemeinen »Schriftstücken« über Privatbriefe und Verträge bis zu »einzelnen Aufzeichnungen« Mays, wie das Protokoll einfältig vermerkt (das heißt: zwei großen Mappen voll Werkskizzen, Dramenentwürfen, Aphorismen, Gedichten und so weiter: *den* Eingriff mag sich jeder ›auch Schreibende‹ einmal vorstellen).

Ich halte das nicht mehr aus, schreibt May in dieser Zeit an Bernstein; *Du bist ein starker Charakter, aber glaube mir, du wärst längst wahnsinnig oder todt, wenn du diese tödtlichen Stiche so immerfort und so lange zu ertragen hättest. Zumal wenn du täglich sähest, daß alle Mühe, diese Qualen abzukürzen, vergeblich ist* ... Und die Angst preßt ihm Sätze heraus, wie er sie so offen sonst noch nie geäußert hat: *Es handelt sich nicht etwa nur um meine kleine, unbedeutende Person, sondern um das Gelingen eines Lebenswerkes, welches bestimmt ist, Millionen von Menschen zu beglücken. Wenn es nicht vollendet wird, so können Jahrhunderte vergehen, ehe eine Wiederholung möglich ist. Ja, vielleicht treffen sich die äußeren und inneren Umstände nie so wieder! Und das ist es, was mir die Pein verschärft und meine Angst fast zur Todesangst steigert!*[265]

Larrass, ein ausgesprochen rüder Vertreter der Branche (›strebsamer Jurist‹ sagt man wohl alias), ist voreingenommen genug, die Ermittlungen grundsätzlich gegen May zu führen. Die Zeugenvernehmungen haben einen entsprechenden Ton: »Er hat mich gemartert«, schreibt Winkler, der alte Steindruckerei-Faktor Münchmeyers; »es war schlimmer, als wenn ich mit glühenden Zangen gezwickt worden wäre. Er drehte mir die Worte im Munde herum. Und als ich darüber zornig wurde, wollte er mich sogar einsperren lassen ...« Und die Zeugin Spindler berichtet an Klara: »Als ich über Ihren Mann gut aussagte, versuchte Larrass mich dadurch zu einer anderen Aussage zu beeinflussen, daß er mir sagte: ›May ist aber doch ein schwer vorbestrafter Mensch!‹«[266] Sogar das alberne Doktor-Diplom soll wieder gegen Mays Glaubwürdigkeit herhalten; und selbst der Unfug, Klara habe die Zeugen samt und sonders hypnotisiert, wird den Bearbeiteten von Larrass immer wieder suggestiv als Lösung nahegelegt.

Bis in den Dezember hinein rotiert die Vernehmungsmaschine pausenlos. May quält sich mit der Fortsetzung des ›Mir‹; *der Prozeß vergiftet meine Seele; sie ist unfähig geworden, sich zur höheren Arbeit zu reinigen und zu befreien. Ich muß ein Werk schreiben, welches durchschlägt, und mit dieser Angst, mit dieser Sorge und diesem Gift im Herzen bringe ich das nicht!*[267] Ob der ›Abu Kital‹, den Fehsenfeld zu Weihnachten 1907 groß ankündigt (auf dem Plakat die Zeichnung von Sascha Schneider), von May zurückgezogen oder überhaupt nicht geschrieben wurde, ist nicht mehr zu entscheiden: bekannt ist nur ein Textansatz von einer Seite. Eingeschoben wird noch die geringfügige Erzählung ›Bei den Aussätzigen‹[268], in der sich die Haussuchung flüchtig spiegelt, verwischt durch wieder bieder naivere Friedenswünsche ... Aber Larrass, der Pascha von Damaskus, muß weg: bei den Aussätzigen geht das einfach, in der Realität scheitert May damit. Als im April und Mai 1908 eine zweite grobe Vernehmungswelle einsetzt, von der auch weitere Kreise, bis hin zu den Schrotts in Bozen, erfaßt werden, rafft sich May nun doch auf, dem Recht mit dem Recht zu kommen. Die Ablehnung wegen einfacher Befangenheit, die der Justizminister seinem Anwalt Klotz vorschlägt, genügt ihm nicht: *Es handelt sich vielmehr darum, ob Larrass noch würdig ist, Untersuchungsrichter zu sein ... Ich sehe einen Gerichts-, Presse- und Reichstagsskandal kommen, an den der Harden'sche nicht heranreicht!*[269] Aber in Deutschland sind Richter, selbst wenn sie reines Ungeziefer wären, von ihrem Stuhl so leicht nicht wegzubringen; so stichhaltig Mays Begründungen allesamt sind, der Hände, die sich gegenseitig waschen, bleiben zu viele: am 12. 6. 1908 wird das Gesuch als »unbegründet« verworfen.

Daß nicht nur die Rechtsstaatlichkeit samt ihren Anwälten

vor den Reichstag gehörten, sondern, als ein Modellfall, der
›Schundverlag und seine Helfershelfer‹ überhaupt, ist um
diese Zeit Mays immer gewissere Ansicht: *Wenn ich über mei-*
nen Prozeß und über alle auf ihn bezüglichen Verhältnisse
und Personen ein mehrbändiges Werk (des genannten Titels)
schreibe, welches ich dem Reichstage unterbreiten will, so
versteht es sich doch wohl ganz von selbst, daß ich während
seines Verlaufes alles sorgfältig vermeide, was mich mit dem
Strafgesetz in Konflikt bringen könnte ... *Vor allen Dingen*
ist meine Welt- und Lebensanschauung eine so ernst positiv
religiöse, daß ein Meineid und die Verleitung hierzu eine
absolute Unmöglichkeit für mich ist ...[270] Im außermorali-
schen Sinne betrachtet, liegen Wahrheit und Lüge freilich
nicht so exakt geschieden; daß May den Parteieid »wissent-
lich falsch« geschworen habe, ist zwar ausgeschlossen; zu Einzelheiten seiner Darstellung wäre jedoch so mancherlei zu
sagen. Zuletzt wird in den nicht seltenen Widersprüchlichkei-
ten, Gedächtnistrübungen und allzu eiligen Korrekturen der
trüben fortune der Grund zu suchen sein, daß May den
›Schundverlag‹ dann doch Privatdruck bleiben ließ[271]: doch
eben unter diesen Vorzeichen gehört er zum wichtigsten biographischen Material.

Gleicherweise wichtig ist ein Manuskript, das ebenfalls
1908 entsteht: ›Frau Pollmer, eine psychologische Stu-
die‹[272]: ein Privatissimum zwar, bestimmt für den späteren
Biographen, doch zugleich ein Stück von beträchtlicher literarischer Qualität: manche Passagen erreichen Strindberg'schen
Rang. Durchaus Rang erreicht auch die schartig gebrochene
Novelle ›Abdahn Effendi‹, die im März/April 1908 im
›Grazer Volksblatt‹ als Vorabdruck und im Folgejahr in der
›Bibliothek Saturn‹ des Stuttgarter Neuen Literarischen
Instituts erscheint: im ›höheren‹ Aufbau eine relativ klar
gegliederte Allegorie, hat sie aber auch ihre Kellergeschosse,
in denen es dumpf bedeutend umgeht; eine Analyse steht
noch aus. In ganz anderem Sinne zu den Selbstdarstellungen

gehört ein kleines Manuskript ›Meine Beichte‹ (dessen erste Fassung vom 28. 5. 1908 zu den Gerichtsakten geht; die zweite vom 1. 7. 1908 ist ungedruckt): ein offizielles Bekenntnis zwar nur, doch schon im Ton der Selbstbiographie, deren Plan May um diese Zeit faßt. Resignation und Altersmüdigkeit dringen immer stärker herauf: – wenn es denn sein soll, *so verzichte ich auf die ganze irdische Gerechtigkeit*, heißt es in dem schon zitierten Brief an Bernstein. *Habe ich den Prozeß fallen lassen, so finde ich wohl einen stillen Ort, an dem ich meine Lebensaufgabe vollenden kann, ohne unter endlosen Gemeinheiten ersticken zu müssen und auf dem Prokrustesbette eines ebenso endlosen Prozesses martervoll zerrissen zu werden ... Spätere Generationen werden erkennen, daß ich nicht dem Richterspruche der Justiz, sondern nur der menschlichen Schwäche wich ...* Aber Bernstein treibt ihn weiter und weiter.

Im Sommer 1908 hat May soviel ›Mir‹-Manuskript fertig, daß eine – wenn auch kurze – Reise nach den USA sich verwirklichen läßt, *jene Reise, die ich nun schon seit drei Jahren plane, aber nicht ausführen kann, weil der Prozeß mich hier in Dresden gefangen hält ...* Aber er reist wesentlich vorsichtiger diesmal; blaßgrau ist der Abglanz des lange alten Lebens geworden; the man that was used up tut keinen Schritt mehr ohne zivilisatorische Prothesen ; und die Journaille, die wohl gar mit höhnisch-gierig geöffneten Spalten der neuerlichen Fundmeldung einer Bonanza harrt, kommt um ihr Geschäft: nurmehr apostolisch reist er noch, als »Abgeordneter der ganzen Menschheit«, wie ihn Amand von Ozoroczy nennt ... Doch ist er dabei zu Schaden gekommen: »Leider folgte auch diesen Sonnentagen der Schatten. Mein guter Mann hatte sich in Amerika eine Verletzung zugezogen, die so bösartig wurde, daß er sich einer Operation unterziehen mußte ...«[273] Das ist nach Weihnachten 1908; und daß man ihm *ein Stück aus der Brust herausgeschnitten* habe, versäumt May doch auch wieder nicht, allen möglichen Leuten mitzuteilen: von solcher Güte ist seine Gesundheit. Privat freilich erlischt der forsche Ton: da fühlt er sich *schwer krank und leicht schon vor dem* Tode; – sein letztes Testament, das sein Vermögen einer mildtätigen Stiftung bestimmt, hat er vor der Reise schon gemacht . . .[274]

Und kaum wieder in Radebeul, muß er sich wieder mit einem neuen Gegner abgeben: Paul Rentschka, einem katholischen Dogmatiker (1870–1956), der im Dezember 1908 in der ›Germania‹ das bekannte Jota von Mays Konfession aufgestöbert und *sogar von der Kanzel herab gegen mich gesprochen* hat: kein Kritiker ist ihm jetzt gering genug, um ihn zu übersehen; und ächzend tritt er den Bittgang zu dem Römer an, bezichtigt sich selbst des extremen Katholizismus, beteuert überschwenglich, daß ihm *die Offenbarung und ihre wahren Priester über Alles stehen*, und geht in die immer weicheren Knie, bis der *Hochwürdige Herr* von dem *mit Leib und Seele katholisch Gesinnten* endlich abläßt (um – nach allerdings längeren Jahren erst – seine Ansicht entscheidend zu revidieren).[274a]

Am 26. 1. 1909, nach anderthalb Jahren, werden May und Genossen vonseiten Larrass und Genossen »mangels Beweises außer Verfolgung« gesetzt. Aber es ist kein Sieg mehr. Kein Erfolg der letzten Jahre ist ein Sieg mehr.

The Dark and Bloody Grounds

Die Amerika-Reise wirkt im Strudel der späten Zeit wie eine Insel, abseits noch einmal idyllisch gelegen, unter schon schief stehender Herbstsonne; – sie hat auch im Bericht gesondert zu erscheinen ... Zu eigentlicher Information, zu wirklichen Studien mag sie noch weniger wohl bestimmt gewesen sein als die Orientreise; so hastig rasch sich May zu ihr entschließt, so letztlich ziellos wird sie durchgeführt. Im Buch, das dann aus ihr entsteht, ›Winnetou‹ IV, häuft er die Begründungen wie einen Wall gegen die eigene Unsicherheit auf: *Gab es da drüben Jemand, etwa einen alten, früheren Gegner, der sich jetzt, in meinen alten Tagen, den Spaß machen wollte, mich zu foppen und zu einer Einfaltsreise nach Amerika zu bewegen?*[275] Die Frage scheint nur klein; in Wirklichkeit liegt May in dauerndem selbstgesprächigen Streit mit sich, welchen Sinn es noch haben könnte, das Land der Indianer – wie einst den Orient – noch einmal anders als mit der Seele zu suchen. Zuletzt ist der Exkurs in die westliche Realität ein Experiment: ob sich die Fluchtbewegungen seiner Gedankenspiele nicht doch auch in der Praxis noch einmal heilsam würden erfahren lassen. Es muß mißlingen; – im Buch danach versickert die Realität denn bald auch wieder zwischen den Traumkulissen.

Am 5. 9. 1908 tritt May mit Klara auf dem ›Großen Kurfürst‹ vom Bremer Lloyd die Reise an; nach 11 Tagen teils bewegter Fahrt kommt am 16. 9. um 4 Uhr früh die Freiheitsstatue in Sicht, »die Karl May mit Freude begrüßte«[276]; Klara knipst sie sogleich: endlich ist man frei vom Deadly Deutschen Dust: Liberty enlightening the World; – aber die brennende Fackel ist nurmehr schwach zu erkennen ... »Es war ein wundervoller Morgen, ohne Nebel stieg die Sonne empor.« Und man ist ganz Tourist wie andere

Touristen: »mächtig« werden die ersten Wolkenkratzer emp-
funden, »imposant« die Brooklynbrücke, »interessant« die
großen Schiffe »mit ihren hoch über Deck arbeitenden Balan-
ciers«. May verabschiedet sich rasch von den wenigen Mit-
reisenden, denen er sich näher angeschlossen hat: Mrs. E. C.
Hendrickson, eine reiche Amerikanerin aus Chikago, macht
später noch in Radebeul Besuch; Professor Stassny und Frau
vom Musik-Konservatorium in Boston sollen im Verlauf der
Reise besucht werden; mit dem Anwalt Weil aus München
schwindet May fürs erste das Heilige Deutsche Recht aus den
Augen, wenn auch nicht aus dem Sinn. Neue »liebe Freunde«
warten mit Blumen am Pier; »von weither waren die guten
Menschen gekommen, die auf Umwegen seine Ankunft
erfahren hatten.« Aber er entwindet sich ihnen bald, zu
müde noch, um sich von bloßer Schwärmerei schon wieder
ermüden zu lassen, und zieht ins Continental, in den Luxus,
in die synthetische Stille: ein Tourist wie andere Touristen.

»Er liebte die großen Städte nicht, weshalb wir New York
nur als Durchgangsstation benutzten...« Aber darin hat
Klara, mit einigen Gründen, ihre Erinnerungen wieder retu-
schiert: sie bleiben immerhin fast eine Woche, besichtigen
die »Hauptsehenswürdigkeiten der Stadt und Umgebung«
und machen Visiten. Dr. Ralph Winfred Tower, der Direktor des American Museum of Natural History, führt sie
durch »das unglaublich reiche und schöne Museum« und
schenkt May zum Abschied eine ganze Reihe Fachwerke über
die Indianer[277]: mancherlei kleinere Lesefrüchte daraus sind
dann in ›Winnetou‹ IV eingegangen.

Am 20. 9. besuchen die beiden einen Gottesdienst im
»herrlichen weißen Marmortempel der Christian Scientists«,
und wenn dort auch weniger Wissenschaft betrieben wird, so
findet May doch jene nebulöse Christlichkeit vor, in der seine
Metaphysik sich mit den Religionen einig ist... Sonntag der
weißen Nelken: alles ist mit den Blumen geschmückt, Altar,
Vorleser, Sängerin, alle gläubigen Mitglieder. Den fensterlo-

sen Raum überwölbt eine Glaskuppel; sie stellt eine riesige, leuchtende Sonne dar, »in der das Eine Wort ›Love‹ glüht«. Und May sitzt tief ergriffen darunter; die elektrischen Effekte stören ihn nicht: »Viel feines Empfinden muß die Schöpfer dieses Tempels beseelt haben«; später berichtet er noch oft von dem Erlebnis; ›Love‹ heißt fortan der Leitstern der immer müderen Spätjahre; – im ›Passiflorenraum‹ von ›Winnetou‹ IV kommt die Stimmung des Blumentempels herauf.

Anschließend geht es mit dem Dampfer ›New York‹ den Hudson aufwärts nach Albany. Die Fahrt dauert neun Stunden; ein »schwimmender Palast«; der Balkon des Luxuszimmers geht auf den Fluß hinaus und läßt »die herrliche Landschaft genießen«: die Catskill Mts., wo sich einst Gancagaonos und Mohegans erbittert bekämpften. Abends in Albany treffen Mays wieder »Freunde«, mit denen sie einen Abend zusammenbleiben (Klara hat freilich diese häufigen Alten Bekanntschaften ein bißchen sehr in den Vordergrund gerückt; die Gründe liegen auf der Hand). Zwei Tage bleiben sie da, und Klara fotografiert im Washington Park den »interessanten« Moses, eins der Modelle für das Monumentalstandbild im Buch. Dann wird ein Abstecher nach Pittsfield gemacht, wo Longfellow lebte, zu dessen Poesie May Verwandtschaft fühlt: im Appleton House, somewhat back from the village street, wurde das Gedicht ›Old Clock on the Stairs‹ geschrieben: da steht das ancient time-piece in the hall, und May hört in müder Ergriffenheit die Zeit vorüberschlagen; Longfellow hat keinen geringen Einfluß auf den Alterston des letzten Amerika-Buches genommen; die Schwermut der späten Landschaften hat bei ihm eine Quelle: – über die einstige Realität des einstigen Wilden Westens ist die Zeit auch längst hinweg; vergeblich zuletzt, sie noch einmal heraufrufen zu wollen; nichts davon ist wiederbringlich: for ever – never! Never – for ever ...

In den Berkshire Hills sind die Farmen verfallen: Wilder Wein wächst in den Nußbäumen hoch, Pfirsiche stehen im

Laubholz; die Obstfelder, zu weit entlegen von den Verkehrsadern, verwildern. Mit der Kutsche geht es durch die einsamen Wälder zum Mount Lebanon, wo wiederum »alte Bekannte« aus der Heimat wohnen, in einer Siedlung der Shaker-Sekte: Bruder Otto und Schwester Rosalia Thümmel schreiben später noch Briefe nach Radebeul, an die »lieben Menschenfreunde«, die bei ihnen *wieder einmal bei Menschen sind* ... May ist sehr still auf diesen Fahrten, und Klara stört ihn nicht – weniger wohl, weil sie ermessen könnte, womit er fertig zu werden hat bei jedem Anblick dieser Wirklichkeit, als vielmehr aus jener ehrerbietigen Scheu vor seinen Gedanken heraus, deren sie sich später ausführlich rühmt. Er selber stellt bald ›das Grübeln‹ ein und läßt den Herrgott Professor sein (nach jener Weise, die das Gedicht im ›Mir‹ beschrieben hat): *Die große gewaltige Natur stimmt mich ernst und feierlich. Das Land muß ein Tempel Gottes gewesen sein, als es noch nicht von der Kultur berührt war, die wir ihm brachten. Kinderseelen beteten hier im Geiste eines Winnetou. Von diesen Gebeten blieb nichts erhalten. Nur ahnen kann man den Inhalt, den sie hatten* ...[278]

Auf breiten Chaussee-Straßen geht es nach Buffalo zu kurzem Aufenthalt. Auf dem Forest Lawn Cemetery ruhen die Überreste des Seneca-(Senontowana-)Häuptlings Sa-go-ye-wat-ha (›Er-hält-sie-wach‹) und seiner Angehörigen; 1890 hat sie die Buffalo Historical Society umgebettet und ihm ein Denkmal errichtet. Der bedeutende Indianer (1752–1830), ein kluger Diplomat, der sehr früh die endliche Überlegenheit der Weißen erkannte und mit zähen Friedensverhandlungen das Überleben seines Volkes zu sichern suchte, um am Ende doch nur einsam und verbittert im Alkohol zu enden; ein bedingungsloser Pazifist; ein bedeutender Redner: beeindruckt May tief und gibt für die Revision des Winnetou-Bildes, mit der er jetzt dauernd beschäftigt ist, ein entscheidendes Modell; die Schlußworte der letzten Volksrede Sa-go-ye-wat-ha's, die auf dem Sockel des Denkmals stehen, rühren ihn an: »When I am gone and my warnings are no longer heeded, the craft and the avarice of the white man will prevail. My heart fails me when I think of my people, so soon to be scattered and forgotten . . .«

Vom Clifton House auf der kanadischen Seite der Niagara-Fälle, wo sich Mays nun niederlassen, wird auch noch ein Ausflug an den Seneca-See gemacht: dort hat das »Volk des großen Hügels« noch 1850 geherrscht; jetzt ist es in den paar kleinen Reservationen auf kaum über 3000 Köpfe zusammengeschmolzen – (die Eindrücke sind im Buch dann auf den Kanubi-See überschrieben[279]). Im übrigen aber umgibt sich May mit aller Distanz des Touristenluxus; ratloser von Tag zu Tag, fremd in seinem ureigensten Land, verzichtet er auf alle etwaigen Pläne, sein eigentliches Amerika noch zu bereisen, und zieht sich in beschauliche Seßhaftigkeit zurück; und »die große, schöne Natur Amerikas beruhigt und stärkt die Nerven . . .« Einmal wird ein Ausflug in die Reservation der Tuscarora-Indianer unternommen; kaum 400 Menschen sind von dem einst mächtigen Irokesen-Stamm noch übrig geblieben, ärmlich hausen sie in Rindenzelten. Mit dem Häuptling zusammen läßt sich May rasch fotografieren; Hitze und Dunst liegen grau über dem Mittag und verleiden jeden längeren Aufenthalt: meilenweit tobt einer der häufigen Waldbrände. Über den Ontario-See geht ein Trip nach Toronto; – aber der Besuch von Detroit und Montreal schon gehört unter die mehreren Fabeln, die Klara später um die Reise spann.

Wie auch ihre geheimnisvolle Mitteilung, daß May sie dann plötzlich verlassen habe, um in den Wildesten Westen abzureisen, nach Colorado, New Mexico und Arizona (gar auch schnell noch durch den Yellowstone-Park), durchaus nur fabelhaft ist, ein conte drôlatique. Von »einigen Wochen« kann schon gar keine Rede sein; aber auch der einzige ›offene‹ Zeitraum (zwischen dem 29. 9., wo May noch im Clifton House weilt, und der Ankunft in Lawrence am 5. 10.) reichte beim damaligen Tempo der Union Pacific kaum für Hin- und Rückreise. Die Briefe, die May laut Klara zu mehrfachen Malen von unterwegs geschrieben haben soll, hat nie ein sterbliches Auge erblickt; keine einzige Karte ist aus den genannten Gegenden an die süchtig harrenden Verehrer gegangen; und zweifelsfrei ›wahr‹ ist von all den bunten ›Erinnerungen‹ zuletzt nur das künstlich verschämte Bekenntnis, daß auch sie schließlich »Wirklichkeit und Phantasie nicht mehr genügend zu trennen« gewußt habe.

Um das Monatsende gehen die Postkarten geschwaderweise nach Deutschland; die von Klara ausdauernd belichteten Platten geben die Vorlage: Karl May an den Niagara-Fällen, Karl May bei den Tuscarora-Indianern, Karl May auf dem Friedhof in Buffalo, und so fort. Er kennt, aus böser Erfahrung, nur zu gut den Wert schwarzaufweißen Beweisens; auch ist er sich des Reklamegewichts seiner Reise bewußt: – so spart er nicht mit den Annoncen, vom *Herzensgruß* bis zur nur signierten, stempel-vervielfachten Maschineninformation. In Lawrence, Massachusetts, lebt – neben zahlreichen anderen ehemaligen Auswanderern aus Hohenstein-Ernstthal – der Doktor Ferdinand Pfefferkorn; und er lebt dort »wie ein kleiner Fürst«, hat eigenes Haus, Garten, Diener, Pferde – sogar ein Automobil, mit dem nun verschiedentlich gemeinsame Ausflüge unternommen werden: so zum Canobie Lake, unweit von Lawrence, gleich hinter der Staatsgrenze in New Hampshire, und zum Den Rock, dem sagenhaften Nugget Hill der Indianer. Von Manchester aus wird eine der Devil's Pulpits besucht – da ist die Landschaft wieder dicht vom Rauch verhängt: Waldbrände, so weit das Auge reicht – (doch solche Erscheinungen bleiben im Buch beiseite). An der Salisbury Beach treten die vier alten Leute, Mays und Pfefferkorns, wieder vor das Objektiv: May kühn ein Ruder in der Hand – oder auch alle vier unternehmend in einem Boot – auf dem Trockenen: die Attitüden abenteuerlichen Reisens verrunzeln sich zu ironischen Chiffren.

Nach Andover zieht May die Erinnerung an Harriet Beecher-Stowe: dort, in Phillips Inn, jetzt zum Teil ein Gasthaus, hat sie bis zu ihrem Tode 1894 gewohnt. Und wenn sich May mit dem Problem der amerikanischen Neger auch nie ernstlich beschäftigt hat, so fühlt er doch Verwandtschaft: *Die Form, in die sie ihre Gedanken goß, stand nicht künstlerisch hoch; doch darauf kommt es nicht an: der kostbare Inhalt, das edle Wollen ist die Hauptsache und der unendliche Segen, der daraus erwächst. Wieviel Leid hat sie gelindert! Was nützt die schönste Form, das kostbarste Gefäß, wenn es nur schale Alltäglichkeit faßt? Ihre Gaben bargen unendliche Güte, von tiefer Menschenliebe durchleuchtet ... Tausende segnen ihr Andenken.*[280] Das klingt wie eine Rede in eigener Sache; einmal, wie selten, wird der Schlag seines eigenen künstlerischen Gewissens hörbar. Auf dem Friedhof steht er, »tief bewegt« ans Steinkreuz gelehnt, schreibt etwas auf, steckt das Blatt in den Efeu am Hügel und legt dafür ein Efeublatt in sein Notizbuch: Verkehr der Geister und Seelen. »Er war wie ein Schlafwandler«, und Klara fragt ihn denn auch vergebens: *Im Gedicht sprach ich mit ihr; was ich schrieb, war nur für sie ...*

In Lawrence beschäftigt sich May bereits mit ersten flüchtigen Planungen des neuen Buches, dem die Reise gedient haben soll. Er hat es schnell aufgegeben, die Indianer wirklich ›zu studieren‹; sie sind ihm fremd, ein ›Hauch ihres Geistes‹ genügt ihm; – aber umso beharrlicher trägt er sich eine neue Theorie, eine neue ›Aufgabe‹ zusammen: den *Nachweis des langsamen, aber sicheren Entstehens einer neuen germanisch-indianischen Rasse jenseits des Atlantic, deren Prototyp Winnetou ist ... Der Yankee ist unfähig, eine herrschende Rasse für Amerika zu zeugen, und doch hat diese Rasse dort unbedingt zu erscheinen, um die großen menschheitlichen Aufgaben wieder aufzuheben, welche Europa vielleicht zu Boden fallen läßt ...*[281] Aber seine Ruhe wird bereits wieder gestört: in Dresden schwebt die Voruntersuchung wegen Meineids immer noch; Chicago hat am 14. 10. ans Sächsische Justizministerium den ganzen Vorgang ›Doktor-Diplom‹ ausgeliefert; in Berlin zieht die – noch zu besprechende – Kahl-Lebius-Sache weitere Kreise (und die Namen der beiden scheinen ebenfalls dann in den IV. ›Winnetou‹ eingegangen zu sein: Friedrich Kahl in Hariman F. – und in Sebulon L. ein nebulöser Rudolf Lebius): May telegrafiert in alter Atemlosigkeit, am 16. 10. etwa ans Königliche Kammergericht und die Anwälte Bahn und Bertram in Berlin; – seine Ruhe ist dahin.

In Lawrence hält er am 18. 10. einen Vortrag: *Drei Menschheitsfragen: Wer sind wir? Woher kommen wir? Wohin gehen wir?* Die von Pfefferkorn arrangierte Veranstaltung in der überfüllten Turnhalle wird »eine grandiose Huldigung«: fünf Gesangvereine der Stadt singen unisono ›Das ist der Tag des Herrn‹; die Menschenansammlung »war so arg, daß die Straßenbahn nicht weiterkonnte«. May trägt diesmal eine ausgesprochen historische Predigt vor: *Wir sind Missionare der Humanität und gehen der Bildung eines neuen Staates entgegen, welcher der erste wahre und wirkliche Geistesstaat ist, den es auf Erden giebt.* Und nicht ungern vernehmen die Zuhörer, wie zuletzt *nur der Deutsche eine Volksseele habe* und eben jetzt im Begriff stehe, *vom Selbstbewußtsein zum Gottesbewußtsein überzugehen.* Zwar fallen May zum Stichwort *Geschichte der Deutschen* dann *Philister und Kaffern* ein (»Der Redner entrollte das unerfreuliche Bild dieser Geschichte«, vermerken die beiden deutschen Zeitungen in Lawrence, die ellenlange Berichte über den Vortrag bringen[282]), doch schlüpft er bald schon in manifestes Hymnisieren: *Deutschland erhob sich* (unter Bismarck) *zum wirklichen Machtstaat und beeilte sich gleichzeitig – seiner innersten Wesensart entsprechend –, die ersten Grundsteine zum Staat der Humanität zu legen.* Die Thema-Fragen beantwortet er wie zu erwarten: 1) *Ein werdender Geist, der umso menschlicher denkt und handelt, je mehr*

er sich der göttlichen Liebe wieder nähert; 2) *Von Gott;* 3)
Zu Gott zurück. Er kommt in diesem Zusammenhang auch
auf das zu reden, was er *die Psychologie der Zukunft* nennt,
und trägt sein wunderliches Droschkengleichnis vor.[283] Dann
hört die Gemeinde noch, daß *die germanische Rasse hier in
Amerika an der Spitze der Bestrebung* stehe, den Staat *der
Gewalt in den Staat der Humanität zu verwandeln,* und
»unter der rauschenden Huldigung der Anwesenden« überreicht ihm der Councilman Grunwald »im Namen des Turn-
vereins und des Deutschtums von Lawrence« ein goldenes
Bundesabzeichen ...

Praktisch ist die Reise zu Ende. Was May in Lawrence
noch erlebt, ist ein transformiertes Radebeul: häusliche
Gemütlichkeit bei Pfefferkorns, müde Erinnerungen, Gesprä-
che, Spiritismen. Über Boston geht es dann nach New York
zurück und von dort mit der ›Kronprinzessin Cecilie‹ nach
England, wo die beiden noch 14 Tage bleiben. In der ersten
Dezember-Woche sind sie wieder daheim.

» Autor frommer Bücher – ein Bandit «

Zur ›Gerechtigkeit‹ der letzten Jahre zu sprechen, ist schwer – und wäre nicht der geringste Punkt in Mays Leben, dem kaum unter dem Umfang einer Spezialarbeit beizukommen ist: – ließe der dumpf verfilzte Prozeßdschungel, in dem der alte Mann sich mit letzten Kräften herumschlug, sich als Forum eines schlichten Kampfes ›Um die Wahrheit‹ sehen, so fiele die Entwirrung relativ leicht; aber wie auf Sascha Schneiders gleichnamigem Bild sind die Zwecke des mörderischen Unternehmens längst verwischt; und abgesehen davon, daß ›die Wahrheit‹ nur für gutmütige Glaubenszirkel ein einfach Ding ist, gaben sich weder May noch sein rüder Kontrahent Lebius auch nur mit dem Anschein dergleichen Echter Anliegen ab: Mays Wahrheit war denn doch zu kompliziert, als daß sie sich den Massenhaften hätte begreiflich machen lassen, und für Lebius ging es am Ende förmlich um die Existenz ... Vor den Dokumenten kann man, auch ohne von der Selbstbiographie dazu bewogen zu sein, kaum unerschüttert stehen: wer sich die erforderliche lange Zeit verschafft, um sie bis ins verrunzeltste Detail durchzuarbeiten, läuft einige Gefahr, an seiner allgemeinen Menschenliebe Schaden zu nehmen.

1907 noch hätte May, zumal nach dem Scheinsieg in der Münchmeyer-Sache, genügend öffentliche Macht gehabt, um schadlos jede gegnerische Attacke durch schlichtes Schweigen zu erledigen. Aber er bringt es nicht über sich, im Schutz (dem beneidenswerten, zuletzt einzig sicheren) eines glänzenden Einkommens sich vor allen öffentlichen Äußerungen zu isolieren: immer lauter und aufgeregter pocht er auf das trostlose ›Recht‹: *Ich bin im Vollbesitze aller bürgerlichen Ehrenrechte, und wer sich unterfängt, mich in diesem Besitz zu stören, der mag die Folgen tragen*[284]; immer pausenloser tiefer gebückt sitzt er so über dem StGB des Deutschen Reiches; und schließlich kann er nicht mehr zurück: da *handelt es sich um die öffentliche Vernichtung meiner schriftstellerischen, bürgerlichen und moralischen Existenz, und zwar in einer so beispiellos gehässigen, grausamen Weise*, daß Schweigen keine Waffe mehr wäre.

Unter die tragischen Erschwerungen, die May sich selber schuf, sind gar nicht einmal zuerst die bewußten Retuschen zu rechnen, mit denen er – mitunter überaus kläglich – die ihm entrissenen Bekenntnisse versah: folgenschwerer hinzu kommt die Unfähigkeit, seine so lange angestrengt verdrängten Vergangenheiten überhaupt noch klar zu übersehen. Schon 1905 hat er, nach der entsetzten Lektüre der ›Sachsenstimme‹, in aller Unschuld (und die Umstände schließen das verstellte ad-hoc aus) in einem Brief bei der Behörde angefragt, ob die Behauptung denn wirklich stimme, er habe 1876 in Dresden unter Polizeiaufsicht gestanden; ihm sei davon nichts bewußt.[285] Tatsächlich hat er lange Jahre lang seine Vergeßlichkeit ja nur zu virtuos trainiert, und da er zudem die fatale Eigenart besaß, jede neue Version sogleich in jenem felsenfesten Brustton vorzutragen, mit dem seit einigen Jahrtausenden zwar weniger Fakten, als vielmehr Glaubensmeinungen vertreten werden, ist weder die Un-Gläubigkeit noch die wütende Erbitterung der Gegner besonders erstaunlich, die dergleichen von bewußter Verlogenheit nicht zu unterscheiden vermochten. Bewußt verlogen war May zu keiner Zeit; am Ende hat man ihm die Schutz-Entschuldigung einer Naivität zuzubilligen, einer ›Unschuld‹, die aus seinem Ich und dessen ein- bis vielfältigen Travestien nur umso mehr hervorgeht, als diese sie mit heroisch-priesterlichen Gebärden kaschieren. Zu gering zeitlebens war sein Begriff von ›Wahrheit‹ gewesen, so gern er sie auch im Munde führte, zu leicht hatte er sich glauben lassen, als daß er jetzt im erstarrten Alter ihren nie mit letzter Konsequenz erfahrenen Anstrengungen noch gewachsen gewesen wäre.

Nicht gewachsen ebenso ist er dem, was die andere Seite als ›Die Wahrheit‹ serviert: den in dem sich so nennenden Bruhn'schen Blatt 1906 (30. 6.) in Berlin erschienenen bösartigen Artikel des Rudolf Lebius ›Atavistische und Jugendliteratur‹ hat er ohnmächtig hingenommen: da ist von »fortgesetzten Einbruchdiebstählen« die Rede, von einer »schweren chronischen Krankheit«, die er durchgemacht und die offenbar »kulturhemmend« gewirkt habe: — gegen eine solche Sorte Kritik sich zu verteidigen, hätte die Natur eines Shatterhand erfordert, und eben die war May zu keiner Zeit gegeben (auch wenn er dem Gericht dann *1 Meter 5 Brustumfang* mitteilte, um die frühere Behauptung des Lebius, er sei ein »gebrechliches Männlein«, arithmetisch zu widerlegen). Zeitlich reicht die letzte Großphase der May-Prozesse bis in diese Jahre zurück; soll das Chaos ihrer Fakten nicht gänzlich undurchsichtig bleiben, hat man sie daraus zu lösen; — bei der folgenden zeitgerafften Stichwortdarstellung ist also noch einmal zurückzugreifen.

Seit 1906 gibt Lebius in Berlin den ›Bund‹ heraus, ein Organ der Gelben Gewerkschaften, zu denen er im Januar 1904 von der Sozialdemokratie übergewechselt ist. Zwischen diesem und dem ›Vorwärts‹, dem führenden sozialdemokratischen Blatt, entwickeln sich alsbald die üblichen Fehden: es kommt zu Beleidigungsprozessen hin und her (zeitweise hat Lebius deren über ein Dutzend am Hals), und eben im Herbst 1907 schwebt jene Klage Lebius ./. Carl Wermuth (Redakteur des ›Vorwärts‹), parallel dazu gegen die Dresdener ›Arbeiterzeitung‹, mit der das letzte späte Unheil für May beginnt. Am 1. 10. 1907 wendet sich Wermuth nach Radebeul: »Es wird vor Gericht meine Aufgabe sein müssen, Herrn Lebius als ›Ehrenmann‹ zu kennzeichnen. Auf den Rat eines Dresdener Kollegen wende ich mich vertrauensvoll an Sie, ob Sie mir über diesen Herrn vielleicht einige Auskunft ...«[286] Aber May scheut noch davor, sich mit den ›Vorwärts‹-Demokraten zu verbinden, läßt — wie so oft —

durch Klara mitteilen, er befände sich »auf Reisen« (und in der Tat steuerte er um diese Zeit ja gerade die Küste Ardistans an), und versucht im übrigen, Lebius auf eigene Faust zu erledigen. Am 4. 9. haben sich die beiden in Berlin getroffen, zwei Monate darauf kommt Frau Martha Lebius noch einmal mit Klara in Dresden zusammen; – die Folge ist eine Anzeige wegen Verleitung zum Meineid, die May gegen Lebius in eben dem Augenblick einreicht, als ihn der ›Vorwärts‹ informiert hat. Der wendet sich zwar erst am 5. 4. 1908 wieder mit einer Mahnung an ihn, »uns die notwendigen Beweismittel der ehrenabschneiderischen Tätigkeit des Lebius in Bezug auf Ihre Person zur Verfügung zu stellen« (und May fertigt denn auch ein Manuskript *Lebius als Ehrenmann* an), doch hat die Zeitung ihn unterdessen längst als Zeugen angegeben; Lebius weiß das bereits seit Ende September 1907 und holt zu einem sorgfältig präparierten Schlag aus, den gefährlichen Zeugen *eidesunwürdig zu machen*. Am 1. 4. 1908 erscheint die Broschüre ›Karl May – ein Verderber der deutschen Jugend / von F. W. Kahl – Basel‹, angefertigt von einem Strohmann und ausgestattet mit der atavistischen Wahrheit von 1906; und May klagt sogleich gegen alle drei: den Verlag Walther als Verbreiter des Pamphlets, gegen Kahl als Autor und Lebius als eigentlichen Urheber. Kahl rückt sofort von der Broschüre wie auch von Lebius ab; das Heft wird per Einstweilige Verfügung aus dem Verkehr geschafft; aber der Zweck ist erreicht: die Zeugenschaft Mays hat an Gewicht verloren.

Die Vorbereitungen für die Auseinandersetzung mit Lebius gehen über ein ganzes Jahr, und der Journalist nützt vor allem die Zeit, die May in Amerika zubringt, nach Kräften. Er hat sich an Emma in Weimar herangemacht, und der erbittert dahinlebenden Frau geht der Mund nur allzu reichlich über. Die Folge ist der ›Bund‹-Artikel vom 28. 3. 1909 ›Ein spiritistisches Schreibmedium als Hauptzeuge der ›Vorwärts‹-Redaktion‹ (gemeint ist Klara): darin wird nun noch einmal die ganze Ehegeschichte von 1902/1903 aufgerührt; und May, der sich ein Dutzend Jahre zuvor noch hatte bestätigen lassen können, daß seine Werke als Gegengift gegen die Sozialdemokratie geeignet seien, muß sich jetzt dauernd ›Genosse‹ nennen lassen, – ein Vorgang, den er in seinem endlosen Katalog der Lebius-Untaten als *Raffinierte Bosheit Nr. 213* verzeichnet (es ist freilich die geringste des scheußlichen Artikels). Nun bleibt ihm zudem nichts übrig, als auch noch gegen Emma zu klagen; aber ehe noch darin ein Ergebnis erreicht ist, kommt es am 19. 5. 1909 – nach nochmaliger Presseschlacht zwischen der von May informierten ›Metallarbeiterzeitung‹ und dem ›Bund‹ im April – vorm Schöffengericht Berlin-Schöneberg zur Verhandlung gegen Lebius. Das Resultat des fürchterlichen Aufwands ist kläglich: Richter wie Anwälte haben keine Übersicht und drängen zum Vergleich: der aufgehäufte Aktenberg gebiert eine Maus. Alle bisherigen Beleidigungen sollen ausgeglichen sein; die schwebenden Privatklagen werden zurückgezogen; »die Parteien versprechen auch, in Zukunft Frieden zu halten ...« Aber es geht sogleich weiter und weiter: Lebius hat Emmas Interessenvertretung an sich gerissen; am 8. 6. 1909 weist er über seinen Anwalt die Rente zurück, nötigt Emma zur Versetzung ihrer Schmucksachen, »weil das nach außen hin einen besseren Eindruck macht«[287] und wendet sich an den alten Pustet in Regensburg »um Unterstützung für mich«, wie Emma dann zu Protokoll gibt[288], »mit dem Vorwande, Karl May ließe mich verhungern ...«: »Lebius ist ein Schuft, der über Leichen geht!« – d i e Kennzeichnung hat der Journalist dann wiederholt einstecken müssen, von einer, die es hätte beweisen können; geklagt hat er nicht ...

Während dieser Zeit hat May, mühsam an die Fäden geklammert, an seinem Großen Buch weitergeschrieben. Aber es bricht ihm immer mehr in Stücke, und die Risse im Text kann jeder sehen, der den ›Hausschatz‹-Abdruck in gröberen Flächen mit den nebenher hetzenden Lebensdaten der Jahre

1907–1909 zusammenbringt. Ende September, mit Jahr-gangsabschluß, muß der ›Mir‹ mechanisch abgebrochen wer-den: nur eben Ardistan ist bis zur Grenze durchwandert, die knappe Hälfte der Konzeption ausgeführt: ein trostlos trockener Schluß bringt das Ende. Nicht ohne Nötigung: daß der Pustet-Appell des Lebius in Regensburg nicht ohne Ein-druck geblieben war, läßt sich wohl annehmen; darüber-hinaus aber haben die Leser längst brieflich zu murren begonnen: langweilig ist das Ganze, schwer verständlich auch, und gar nicht richtig katholisch: das allerchristlichste Blatt fühlt sich gefoppt und überfordert: der May kann gehn...

Am 8. 12. 1909 geht er nach Augsburg, um über *Sitara, das Land der Menschheitsseele (Ein orientalisches Märchen)* einen Vortrag zu halten. Der Schießgrabensaal ist brechend voll; ein Männergesangverein hat sich eingefunden; »mit einem Veilchenstrauß in der Hand betrat der ungestüm Erwartete das Podium, mit tosendem Beifall begrüßt, der kein Ende nehmen wollte«; und »bis zum Schlusse seines fast zweistün-digen, mitunter von einem goldenen Humor durchleuchteten Vortrages bewahrte sich die dankbare Zuhörerschaft das gespannteste Interesse...« Sie wird noch einmal eine Kund-gebung, die »wuchtig vorgetragene ›Laienpredigt‹«, und die – wenn auch arg zusammengeschmolzene – May-Presse bringt das »literarische Bekenntnis« gehörig in Umlauf, »das geeignet ist, auch den letzten Zweifel an der grundehrlichen Absicht, an der Erhabenheit, von der er sich in seinem frucht-baren Schaffen leiten läßt, und an seinem vorbildlichen Künstlertum aus der Welt zu schaffen...«[289] Aber sonst ist es jetzt um ihn immer stiller geworden: am 27. 6. 1909 schon ist Wilhelmine Beibler gestorben, die seit 1904 mit in der Vil-la wohnte, *eine einfach gewöhnte, sehr arbeitsame praktische Frau,* die auch *eine Seele besaß, die nicht unten bleiben woll-te, sondern nach oben strebte;* (die alte Seele hatte freilich auch ihre ardistanischen Seiten, durch die May nicht selten

»aus dem Konzept gebracht« wurde, wie Klara später milde erzählt: »Wenn sie glaubte, ganz still und leise unter seinem Zimmer aufräumen zu können, dann hörte er sicher das kleinste Geräusch und konnte nicht weiterschreiben«[290]: wenn er sich, in seinem *Nordpol*, vom Dust zu erheben sucht, muß sie Staub putzen, und mit Lust: – auch solche Momente gehören zu den Schicksalen der Bücher). Aber nun sind May und Klara allein; selten nur noch verlassen sie das Haus-Asyl; auch die gelegentlichen Besucher dringen kaum noch bis zum Meister selber vor –: *Ich bin nicht töricht genug, mir zu verheimlichen, daß man mich als einen Ausgestoßenen betrachtet, ausgestoßen aus Kirche, Gesellschaft und Literatur . . . Übrigens haben wir beiden alten Leute, meine Herzensfrau und ich, in Beziehung auf das Innenleben aneinander so vollauf genug, daß wir es gar nicht fertig bringen, uns nach ›Gesellschaft‹ zu sehnen . . .* Nur ganz wenige alte Freunde verkehren noch regelmäßig im Hause.

Der Münchmeyer-Prozeß schleppt sich, stets riesig schattenhaft, hinter den Tagespolemiken dahin: mit allen Mitteln wehrt sich die Alte Dame gegen die Rechnungslegung, zu der sie verurteilt ist; auf 300 000 Mark Schadenersatz lautet die Klage jetzt; die Romane selbst dürfen seit 1907 Mays Namen nicht mehr auf dem Titel tragen, doch rückt auch die offizielle Anonymität das öffentliche Urteil nicht mehr zurecht. Wie wenig zuletzt auch die mit soviel Opfern erkauften Vergleichszeugnisse Fischers ausgerichtet haben, zeigt ein Passus in einem Schriftsatz des Gerlach vom 25. 9. 1909: »Änderungen von irgend welcher Bedeutung – das soll heißen quantitativ mehr als fünf vom Hundert des jeweiligen Ganzen und qualitativ etwa in sittlicher Hinsicht minderwertig gegenüber dem Original – werden bestritten!«: um das Alibi der vielzitierten Fünf-Prozent-Klausel ist es denkbar schlecht bestellt. May hat es auch längst schon aufgegeben, die Texte nur irgendwie gerechtfertigt noch für sich retten zu wollen: seit 1904 geht es ihm nur noch darum, nach gerichtlicher Feststellung der *mir gewaltsam vorenthaltenen Rechte* den Berg Papier *dann sofort und für immer verschwinden* zu lassen.[291] Den Abschluß der wüsten Tortur, die 1913 mit einem sehr bescheidenen Vergleich endete, hat er nicht mehr erlebt.

Die zweite Phase des *Vernichtungsfeldzugs* beginnt im Herbst 1909 (und May sieht auch Lebius stets nur noch als gedungenen Henker der Kolportagefabrik, die ihr *Programm, mich in allen Zeitungen von ganz Deutschland kaputt zu machen,* durch ihn ausführen läßt). Noch einmal ist das 1903 eingestellte Betrugsverfahren in Sachen Ehescheidung auf Betreiben des ›Kaninchens‹, gegenwärtiger Frau Luise Achilles, in Gang gekommen; Emma und andere Zeugen sagen aus, von Lebius entsprechend beraten; – aber der Staatsanwalt Erich Wulffen notiert nach der Vernehmung, daß Emmas »Gemütsverfassung, wie der Sachverhalt ergibt, keine ganz normale zu sein scheint«, und verfügt am 24. 9. 1909 endgültig, daß es bei der Einstellung des Verfahrens zu bleiben habe. Und mühsam erreicht nun May, daß Emma ihm – gegen Zurücknahme der Privatklage und neue Gewährung der Rente – am 1. 11. 1909, 14. 2. 1910 und 13. 4. 1910 drei Erklärungen unterschreibt, die er selber formuliert hat und die ihm gegen Lebius eine beträchtliche Waffe in die Hand geben. Aber der ist ein zweitesmal schneller. Kaum ist die erste Erklärung veröffentlicht, so schreibt er (am 22. 11. 1909) an die Kammersängerin Selma vom Scheidt, eine Freundin Emmas und Verehrerin Mays, einen Brief, in dem er May einen »geborenen Verbrecher« nennt; der klagt am 17. 12. in Berlin-Charlottenburg; und am 23. und 24. 12. liegen dem Gericht zwei Schriftsätze des Lebius vor, die an Scheußlichkeit alle bisherigen Weihnachtsgaben des Journalisten übertreffen. Der Inhalt entspricht dem bereits am 19. 12. erschienenen ›Bund‹-Artikel ›Hinter den Kulissen‹ und strotzt förmlich von infamsten Verleumdungen. Lebius hat sich in Hohenstein-Ernstthal herumgetrieben und den gesamten Kreisklatsch zusammengetragen, den die Pöbelmythe dort um May gebildet hat: von Einbrüchen habe der gelebt, das Zuchthaus sei dann die hohe Schule des Verbrechertums für ihn geworden, nach der Entlassung habe er mit dem Deserteur Louis Napoleon Krügel eine Räuberbande in den erzgebirgischen Wäldern gebildet, habe täglich räuberische Überfälle ausgeführt, namentlich auf Marktfrauen, habe Uhrenläden ausgeraubt, er sei der Schrecken der fürstlichen Residenz gewesen, die Regierung habe Militär schicken müssen, um die Wälder zu säubern, und so weiter. Drei Flugblätter des ›Bund‹ setzen im Frühjahr 1910 die *Henker-, Schinder- und Kafillerarbeit* fort: danach soll May sogar seinen Schwiegergroßvater erwürgt haben ... und ehe es noch zu der entscheidenden Verhandlung gekommen ist, hat der Schmutz bereits seinen Weg durch die dankbare Presse von In- und Ausland gefunden: »Autor frommer Bücher – ein Bandit«; und was May auch unternimmt, um die Hunderte von Zeitungen zur Gerechtigkeit zu bewegen und zum Abwarten des Prozeßausgangs, – für die Öffentlichkeit, die stets grob und pfuscherhaft entscheidende, ist der ›Fall May‹, der ›May-Skandal‹ entschieden ...

Die Verhandlung in Charlottenburg am 12. 4. 1910 ist der schwärzeste Tag in Mays Alter. Den Vorsitz führt ein Amtsgerichtsrat Wessel, ein betagter Brummkreisel, der sich kaum noch in der Prozeß-Ordnung zurechtfindet; Lebius, der fünf Anwälte mit dem Fall May beschäftigt und drei davon mitgebracht hat, läßt seine Rechtsansichten von Paul Bredereck vortragen, einem Herrn, der zwei Jahre später selbst vor der Justiz nach Brasilien flüchtet; May ist allein. Zu sicher, daß der Geborene Verbrecher schon als bloße Verbalinjurie zur Verurteilung des Lebius führen müsse, hat er geglaubt, für sein Recht keinen professionellen Beistand nötig zu haben; und das ist ein Irrtum. Zu Anfang hat er noch erklärt, er wolle 2–3 Stunden sprechen; aber als dann Bredereck nichts vorträgt als wieder nur die Verleumdungen der Lebius-

Schriftsätze, die schon seit zwei Tagen in allen Zeitungen stehen, versagt ihm die Sprache: *»Es ist ja alles nicht wahr!«* ruft er in den Saal, um sodann vor diesem Forum der Rechtsfindung zu verstummen. Der weitere Verlauf ist eine Farce: Nach längerer Beratung will der Vorsitzende das Urteil verkünden; man hört bereits, daß Lebius zu 15 Mark Geldstrafe – – – da unterbricht Bredereck mit dem Protest, er habe ja noch gar nicht plädiert; die Urteilsverkündung wird ausgesetzt; der Anwalt schaufelt noch einmal seine Behauptungen zusammen; sie ihn beweisen zu lassen, sieht das Hohe Gericht keine Gründe; Wessel zu May: »Haben Sie noch etwas zu sagen?«; May: hat hier nichts mehr zu sagen; ein neues Urteil wird verkündet: das Gericht billigt dem Angeklagten Lebius die »Wahrung berechtigter Interessen« zu und spricht ihn frei . . .

Unter diesem Schlag, der Mays physische Gesundheit bis ins Fundament hinab trifft, bricht auch der letzte Roman zusammen, den May gleich nach dem gewaltsamen Abreißen des ›Mir‹ begonnen hat: am 27. 4. 1910 erscheint die letzte Fortsetzung in der ›Augsburger Postzeitung‹: auch dieses Buch findet ein Ende, das kein Schluß ist . . . Trotz aller trockenen Schleicher aber, die das Werk gestört haben (um es ganz gelinde zu sagen), ist ›Winnetou Band IV‹ noch einmal bedeutend geraten und enthält partienweise eine reiche Fülle der Gesichte: die Fabel des Unternehmens, seine gesamte frühere Indianer-Literatur mit einem Schlußstein zu festigen, ist durchaus glänzend erdacht; geschickter als bei ›Friede‹ wird die Realität hineinverwoben (der eigenen Reise von 1908 und des großen Indianer-Kongresses von 1909[292]); und wenn auch die aufgetürmten Symbol-Bilder im Schatten des ›Mir‹ bleiben und die Durchführung hinter dem Plan zurück, so ist doch das Ergebnis, das gegen soviel verruchte Umstände zu Stande kam, ansehnlich genug: »dieser zitterige Swan-Song eines Greises, der meint, eingesehen zu haben, daß Liebe und Friede wertvoller sind als die interessanteste

Prügelei, und der sein unsinnig umfangreiches Lebenswerk in dieser Hinsicht, in aller Einfalt und Ruhe, zu ergänzen gedachte ...«[293]

Ein Greis: der ist May über diesem letzten Jahr geworden. *Geist und Seele sind stark geblieben ... Aber meinen Körper, den früher so unverwüstlich scheinenden, hat es endlich doch gepackt. Er will zusammenbrechen...* Mit dem Benediktiner-Partner Ansgar Pöllmann (1871–1933), der mit eifersüchtig schäumendem Munde und literarischer Heilandsmiene »einen Strick zu drehen« beschäftigt ist, um May damit »aus dem Tempel der deutschen Kunst hinauszupeitschen«, ist er im späten Frühjahr 1910 noch eben fertig geworden; 1904, als der Benediktiner Willibrord Beßler der Öffentlichkeit erzählte, May sei ins Irrenhaus geschafft worden, und durchblicken ließ, es sei dies zu Recht geschehen, hatte er die hochwürdigen Herren noch ohne Rücksicht vor den Kadi gebracht; – auf Pöllmanns ›Abenteurer und sein Werk‹, eine Artikelserie[294], die ihn mit Hilfe eines knolligen Gemenges aus berechtigter Kritik und geräuschvollem Haß zum »Musterbeispiel eines literarischen Diebes« (und natürlich gleich »für ewige Zeiten«) stempeln will, antwortet er nurmehr literarisch.[295] Die von Lebius inspirierte Broschüre von Karl Wilker ›Karl May – ein Volkserzieher?‹, die ihn im August 1910 anpöbelt, läßt er schweigend über sich ergehen; und als Lebius selbst zu einem Schlußschlag ausholt, der einige in der sozialdemokratischen Presse erlittene Niederlagen an deren Urheber rächen und zugleich verhindern soll, daß das Charlottenburger Urteil erfolgreich in die Berufung gehe, trifft er einen wehrlosen, schwerkranken alten Mann. Im November 1910 erscheint die Dreihundertfünfunddreißig-Seiten-Broschüre des Lebius ›Die Zeugen Karl May und Klara May‹ als ›Beitrag zur Kriminalgeschichte unserer Zeit‹: ein Zusammendruck zahlreicher Gerichtsakten und Aufsätze zum »Fall May«, effektvoll tendenziös gekürzt, auch gefälscht, und mit entsprechender Kommentierung versehen ... Zwar erreichte May am 3. 12. eine Einstweilige Verfügung gegen das Pasquill (die anschließend in ein dauerndes Verbot umgewandelt wird), doch da haben Tausende verkaufter Exemplare bereits ihre Wirkung getan: für die Gesellschaft gilt May jetzt so ausschließlich und allgemein als der »geborene Verbrecher«, daß nach einem doppelten Raubmord in Leipzig die dortige Polizei vorsorglich in Dresden anfragt, ob der berüchtigte May vielleicht als Täter in Frage komme ...[296] Zu Weihnachten 1910 packt ihn eine schwere Lungenentzündung, die erst nach Monaten überwunden ist; *Wie lange soll das noch weitergehen? Mir schadet das nichts! Ich halte es aus!* – nein, er hält jetzt nichts mehr aus; »Sie (Klara) sagte: Karl schliefe keine Nacht mehr!« schreibt Emma an die Achilles[297]; »ja, ja, jetzt wendet sich das Blatt ...«

George Grosz, der May damals besuchte, »an einem regnerischen Herbsttage« 1910, hat ihn beschrieben, den »kleinen, feinen, hochzugeknöpften Herrn«, um den so gar nichts »schrecklich Blondes« war, von dem man vielmehr den Eindruck hatte, »der sei innerlich voll Ruhe, Heimlichkeit und Vorsicht gewesen« : »Etwas Kühles, leicht Frierendes war auch um ihn, gewissermaßen als stünde er immer im Winde und fröre ...«[298]

Ins Rosenrote

Seit einem Jahre ist mir der natürliche Schlaf versagt. Will ich einmal einige Stunden ruhen, so muß ich zu künstlichen Mitteln, zu Schlafpulvern greifen, die nur betäuben, nicht aber unschädlich wirken. Auch essen kann ich nicht. Täglich nur einige Bissen, zu denen meine arme, gute Frau mich zwingt. Dafür aber Schmerzen, unaufhörliche, fürchterliche Nervenschmerzen, die des Nachts mich emporzerren und am Tage mir die Feder hundertmal aus der Hand reißen! Mir ist, als müsse ich ohne Unterlaß brüllen, um Hilfe schreien. Ich kann nicht liegen, nicht sitzen, nicht gehen und nicht stehen, und doch muß ich das alles. Ich möchte am liebsten sterben, sterben, sterben, und doch will ich das nicht und darf ich das nicht, weil meine Zeit noch nicht zu Ende ist. Ich muß meine Aufgabe lösen ...

Die Aufgabe, das eigentliche, das letzte Werk, ist um diese Zeit nur noch ein ferner Wunsch am geröteten Horizont des Lebensabends, und je mehr sich May daran klammert, je manischer er die Formel von der endlich reinen, edlen Arbeit beschwörend gegen sein Unheil repetiert, desto dunkler umgibt ihn der immer längere Schatten der verrinnenden Zeit. Den ›Mir‹ hat er im Sommer 1910 noch für die Buchausgabe hergerichtet, die zu Weihnachten erscheint: ›Ardistan und Dschinnistan I–II‹; aber aus den großen Strichen im Text blickt schon die Resignation hervor: nie wird er das Werk nach dem alten Plan zu Ende führen. Mit ›Winnetou IV‹, der gleichzeitig bei Fehsenfeld erscheint, hat er freilich noch mehr im Sinn: eine weitere Amerika-Reise soll Stoff für einen Abschlußband ›Winnetous Testament‹ bringen, und im Januar 1911 noch schreibt May an die Union Pacific Railroad Company in New York um Literatur über den Yellowstone-Park: in ein Großes Buch noch müssen die langen *Skiz-*

zensammlungen, die Vorübungen und Vorbereitungen auf
Späteres ausfließen: Gelingt mir dieses Spätere, so ist alles,
durch was ich mich darauf vorbereitete, gerechtfertigt, mag
man jetzt darüber denken und schreiben, wie oder was man
will ...

Im Herbst 1910, während *eine Menge mir auferzwun-*
gener Prozesse wie drohende Revolver auf mich gerichtet sind,
wird das letzte Buch abgeschlossen, der 1. Band der Selbstbiographie ›Mein Leben und Streben‹: unvollendet wie alle
Bücher des Alters auch dieses. Die Konzeption holt zu Beginn
weit aus: ein Modell-Leben geht zu Protokoll: *Das Karl-*
May-Problem ist das Menschheitsproblem, aus dem großen,
alles umfassenden Plural in den Singular, in die einzelne
Individualität transponiert ...; – aber dann dringt die
Aufregung der Apologie immer lauter herauf, ein Schriftsatz
der Lebius-Berufungssache schiebt sich schief hinein[299], und
was am Anfang zur ›Menschheit‹ zu sprechen gedachte,
redet am Ende erregt nur noch vorm Forum des Gerichts: der
Schluß hat so sehr heiser den Ton der Letzten Worte, daß
nichts mehr daran glauben läßt, es könnte der angekündigte
Zweite Band noch wieder zum ersten Plan zurückfinden und
das trostlose Plädoyer ins Intermezzo abverweisen: – nicht
durch Mays Tod ist die Biographie unvollendet geblieben –
und nur ein Bruchstück einer Konfession.

Daß sie unter die ergreifendsten Selbstdarstellungen
gehört, soll nicht angetastet werden; ihre Wahrheit freilich ist
dauernd von gequälter Subjektivität verschoben, – eisern
hängt an den ›Erlebnissen‹ die alte Klausel: eine ›Lebens-
Reise-Erzählung‹ ... Wohl schickt er sich an zu beichten, –
aber gepeinigt von der Einsamkeit seiner Sünden lauscht er
durch die Gitter nach denen der andern: das geknickte Knie
nimmt dekorative Haltungen an; pharisäisch geht der Blick
doch immer wieder hinüber in den Schatten (wo als büßender
Zöllner zu erscheinen Herrn Lebius freilich nicht einfällt):
Ich sitze täglich im Beichtstuhle ...[300], aber selbst dies letzte,

anrührende Geschäft greift nach der Pose der mise-en-scène: wo der Herr Philister alles dunkel und düster sieht, soll bedeutend ein edler Schein wirken: nicht auf irgendwelche Absolutionen zielt das Buch, so oft es auch nach deren religions-schematischer, leiernder Litanei hinüberhorcht, sondern auf ein Kunst-Werk, eine allrevidierende, prästabilierende Harmonie: *Ich spreche hier nicht nur für dieses, sondern auch für jenes Leben, an das ich glaube und nach dem ich mich sehne. Indem ich hier beichte, verleihe ich mir die Gestalt und das Wesen, als das ich einst nach dem Tode existieren werde . . .*

Ob er, wie er es aussprach, wirklich überzeugt war, nach überstandener Prozeßtortur noch einen Lebensabend bis ins neunzigste Jahr vor sich zu haben, ist zweifelhaft: seine Gesundheit ist um diese Zeit endgültig zerstört. Nach der langen Krankheit geht er mit Klara im Mai/Juni 1911 zur Kur nach St. Joachimsthal und anschließend, zur Nacherholung, auf die Mendel: da steht er hinfällig und alt am Waldweg, wo ihn Klara noch fotografiert hat. Auf der Rückreise im August verbringt er kürzere Zeit am Bodensee, bei immer schwankendem Befinden: *Sie sehen es meiner Schrift an, daß sich mein Leiden noch lange nicht verabschiedet hat* . . . Fehsenfeld ist nach Lindau gekommen: – eine unerfreuliche Begegnung; May will von ihm los und verhandelt schon mit einem neuen Verlag (Grethlein & Co in Leipzig). Denn längst ist aus dem *teuersten Freund, vielliebsten Bruder* von einst ein steif *geehrter Herr Fehsenfeld* geworden, und nachdem sich nun zuletzt der verwirrte Geschäfftemann noch ein ganz unbegreifliches Flugblatt ›An die Leser Karl Mays‹ geleistet hat[301], in dem er für May, ohne viel zu fragen, rasch ein paar Geständnisse abgelegt und ihn zu allem Überfluß auch noch als ›Jugendschriftsteller‹ bezeichnet, stellt May sich unter seinem Verleger doch entschieden etwas anderes vor . . . Im Herbst geht es ihm wieder schlechter: wieder »liegt er fest«, hat »Gallenbrechen«; und am

3. 12. 1911 schreibt Klara an Henriette Schrott von ihren immer schlimmeren Ahnungen: »Alle meine geliebten Todten kamen nacheinander zu mir im Traume und versuchten mich zu trösten in meinem großen Schmerz. Nur zu gut weiß ich, was solche Anzeichen bedeuten. Ich werde mein Liebstes hergeben müssen, man hat ihn ermordet. Sein armer Körper wird den Druck nicht mehr aushalten können . . .«

Jeder Rest von Zeit in diesem letzten Jahr heftet sich öde an die Vorbereitungen für eine Revision des Charlottenburger Urteils: gegen jeden noch so inferioren Rüpel, bei dem sich Lebius seine Informationen geholt hat, muß May klagen, vor allem gegen die Sippschaft Krügel in Hohenstein-Ernstthal, um das bloße Kneipengeschwätz von Richterhand aussondern zu lassen. Daß er überall gewinnt, ist fast unnötig zu sagen; auch ist er milde und begnügt sich mit den Ehrenerklärungen, die ihm die Ehrenmänner jetzt Blatt für Blatt ausstellen; den Pastor Laube, der besonders eifrig gewesen war, sein fast 80jähriges Gedächtnis nach den Sünden seines Nächsten zu durchforschen, und vom Gericht dann als »etwas geistesschwach« bezeichnet wird, läßt er gar ganz laufen. Aber die errungenen Siege stehen in gar keinem Verhältnis mehr zu den Opfern, die er ihnen bringt. Die Selbstbiographie, die der Öffentlichkeit sein Plädoyer gegen Lebius in großem Zusammenhang vortragen sollte, ist (dieser Passagen wegen) verboten worden; – so setzt er sich nun noch einmal hin, um den brutalen Fall noch einmal auszubreiten: die letzte Arbeit Mays ist ein Schriftsatz – nicht an das Jüngste Gericht, die *Alles wissende Vorsehung, bei der es weder Gunst noch Ungunst, sondern nur allein Gerechtigkeit und Wahrheit gibt*, (in deren Händen hatte er, auch, die Selbstbiographie deponieren wollen) – sondern an die 4. Strafkammer des Königlichen Landgerichts III in Berlin: 147 enge Druckseiten umfaßt diese Eingabe – das sind über 200 im Satzspiegel der Freiburger Ausgabe – datiert vom 3. 12. 1911. Wie die erste, kürzere Fassung von Mitte Juni

1910 geht auch sie an die Presse; doch die hat dafür keinen Bedarf mehr: was am Fall May brauchbar sensationell war, ist vorüber. Zuletzt hatte man Herrn Ojijatheka Brant Sero das lange Ohr geliehen, einem Manege-Indianer, der von Lebius zum »Gelehrten« und »Zweiten Vorsitzenden einer kanadischen geographischen Gesellschaft« befördert worden war; obwohl der nachgewiesen kein Wort Deutsch verstand, hatte er sich ›Winnetou IV‹ vorgenommen und kurzerhand für bunten Unfug erklärt, von seinem ›Übersetzer‹ Lebius hilfreich assistiert. Und buchstäblich jede harmlose, noch so gut gemeinte Tat schlägt May jetzt zum Schlechten aus: in aller Einfalt war der alte Mann auf die Dresdener Völkerwiese gegangen, um den Possenreißer zu sehen, der »alle amerikanischen Indianerhäuptlinge« kennen wollte, in Wahrheit aber seit seiner Jugend nicht mehr in Amerika gewesen war; ernüchtert zwar, doch wehmütig stillschweigend bezahlte May ihm dann sogar noch seine nicht unbeträchtlichen Schulden: – *das tat ich aus Interesse für die rote Rasse. Ich wollte diesen Mann vor Konflikten mit der Polizei bewahren* . . .[302] Doch wie alle Unschuld rächt sich – sagen wir ›auf Erden‹ – auch diese . . .

Am 18. 12. 1911 – das für May stets so ominöse Weihnachtsfest wieder in bedrohlicher Nähe – 20 Monate, lange, zermürbende, nach der greulichen Charlottenburger Verhandlung – steht May in Berlin-Moabit dem Lebius und seinem Bredereck zum letztenmal gegenüber. Und diesmal hat er besseren Beistand: den Dresdener Anwalt Netcke und den Justizrat Sello aus Berlin, beide wohlpräpariert für den exemplarischen Fall; auch der Richter, Landgerichtsdirektor Ehrecke, hat einen Begriff davon, über wen er hier zu entscheiden hat; einmal am Ende stehen weder Dummheit noch hölzerne Schema-Routine der Gerechtigkeit im Wege. Einen ganzen Tag lang dauert die Verhandlung; noch einmal trägt Bredereck seine Litanei vor; den Vergleichsvorschlag des Richters lehnt Lebius ab. Die Zeugen werden vernommen:

Richter Wessel, dessen Rechtspflege man unterdessen, wie es zuweilen – sagen wir ›auf Erden‹ – vorkommt, mit dem Ruhestand honoriert hat, und Diätar Moldenhauer, der in Charlottenburg Protokoll geführt hatte: die Herren erinnern sich, wie es vorkommt, schlecht oder gar nicht. Dann erscheinen Selma vom Scheidt, Emma Pollmer (die aufgrund der ›Zeugen‹-Broschüre ihre Rente nun zum letztenmal verloren hat) und die unterdessen zum viertenmal verwitwete Frau Achilles. Was mit öder Ausführlichkeit noch einmal stundenlang zur Sprache kommt, ist für May nicht ohne peinliche Momente; aber es geht vorüber. Am Abend wird das Urteil verkündet: das Gericht entscheidet sich, den Charlottenburger Freispruch als rechtsgültiges Urteil anzuerkennen (andernfalls wäre die Strafkammer auch nicht zuständig gewesen, und der Fall hätte erneut vors Schöffengericht geschleppt werden müssen): dieses Urteil wird nun revidiert: Lebius erhält wegen schwerer Beleidigung eine Geldstrafe von 100 Mark (ersatzweise 20 Tage Gefängnis) und muß die Kosten des Verfahrens tragen ...

Gewiß ist das Urteil vergleichsweise geringfügig; – aber der moralische Aspekt, unter dem Lebius wegen Versuchten Totschlags zu bestrafen gewesen wäre, stand natürlich in Moabit nicht zur Debatte: so sehr viel haben Gesetz und Moral nun auch wieder nicht miteinander zu tun. Doch ist der Ausgang trotzdem nicht zu unterschätzen: obwohl nur ein kleiner Teil der Presse Notiz davon nimmt, bedeutet er Mays endgültigen Sieg über den Bösesten der Feinde; obwohl damit nur eins der ausstehenden Urteile, und formell fast ein nebensächliches, gefallen ist, entscheidet es doch sämtliche noch nebelhaft schwebenden Fälle mit. Die *Scheidung von Gut und Böse*, die so verzweifelt aussichtslose, *nun ist sie vollzogen. Die Wetter gingen vorüber. Zwar rauscht noch hier oder da ein trübes Wasser, irgend ein Beleidigungsprozeß, eine Staatsanwaltschaftsanzeige, doch auch das geht bald vorbei, und dann wird Ruhe und Friede um mich sein, so*

daß ich endlich, endlich Zeit und Raum und Stimmung
gewinne, an mein eigentliches, an mein einziges und letztes
›Werk‹ zu gehen . . .

Am 25. 2. 1912 ist sein 70. Geburtstag: da sitzt er noch einmal, ruhig und von Freude fast verjüngt, *im Duft von Blu-*
men, die mir die Liebe meiner Leser sendet . . . Unter den
Botschaften, die ihm an diesem Tag die Aussicht auf die
Zukunft verschönen, ist eine besondere: der österreichische
›Akademische Verband für Literatur und Musik‹ hat ihn
eingeladen, in Wien und in Innsbruck einen Vortrag zu halten; da soll er, wie immer Deutschland ihn ächtet, die Möglichkeit finden, einmal »sein Herz auszuschütten«, wie man
ihm schreibt: – die Rede wird zur verklärenden Krönung seines Lebens.

Am 20. 3. trifft er in Wien ein: *März – die ›Zeit der Wol-*
ken‹: das Wetter ist schlecht, und er hat sein letztes Kränkeln
noch nicht überwunden. Im Hotel Krantz sucht ihn Bertha
von Suttner auf; ihr letzterschienenes Buch ›Der Menschheit Hochgedanken‹ wird er auf ihren Wunsch zitieren. Auch
Journalisten kommen um ein Interview; daß man seine Pläne, seine Gedanken erfahren möchte, ist für den alten Mann
jetzt fast schon ein Erlebnis. Auf den Vortrag selbst reagiert
die allgemeine Presse allerdings sehr unterschiedlich, einig nur
in der Aufmerksamkeit, die sie ihm zollt.[303] Aber der
Abend wird eine ungeahnte Demonstration. Obwohl in diesen Tagen der deutsche Kaiser, der König von Sachsen und
der Fürst von Monaco in Wien weilen und die beglückten
Untertanenherzen wahrlich genug zu schlagen haben, ist der
große Sophiensaal am 22. 3. brechend voll: 3000 Zuhörer
haben sich eingefunden, um den Vortrag mit dem sonderba-
ren Thema *Empor ins Reich der Edelmenschen!* zu hören: ein
bunt gemischtes Publikum, alt und jung, auch hoch und
sehr niedrig: – vorn sitzt Bertha von Suttner; weiter hinten
soll, nach einer Überlieferung, Adolf Hitler gehockt haben.
May betritt das Podium »aufgeregt und leichenblaß«, und

ein Ruck der Enttäuschung geht durch die Menge, als er beginnt. Was man zu hören erwartet hatte, bedarf keiner Erläuterung; was man hört: sind Verse, ein künstlerisches Glaubensbekenntnis, ganz unabenteuerliche Gedanken. »Er sprach viel vom Sterben und vom Jenseits, von göttlichen und ewigen Dingen, und es lag etwas Seherhaftes, Unendlichkeitssehnendes in seiner ganzen Art...«[304] Der Text der frei gesprochenen Rede ist nicht erhalten, und die Notizen des 4 Quartseiten langen Konzepts[305] lassen nur schwach den Eindruck ahnen, den sie erwirkt. Nach der anfänglichen Befremdung sitzen die Zuhörer wie im Bann, und als am Ende jede erwartete heroische Gebärde ausgeblieben ist, sondern vielmehr nur noch Zum Ewigen Frieden die Rede geht, ist der ›Sieg‹ entschieden: ein exemplarischer »Jubel der Massen« bricht los; eine volle Viertelstunde lang noch steht May eingekeilt auf der Straße in der Menge, die ihn nicht fortlassen will: »eine Demonstration von persönlicher Verehrung, ein Protest gegen die Bosheits- und Verleumdungskampagne, die gegen ihn geführt worden und aus der er voll rehabiliert hervorgegangen war...«[306]

Von der Reise kehrt May leicht erkältet und fiebernd zurück. Er verläßt das Haus nicht, hat sich aber nach einer Woche wieder gekräftigt und erholt. Am 30. 3. ist sein 9. Hochzeitstag; da sitzt er mit Klara zusammen, spricht von mancherlei neuen Plänen der neuen Zeit, die mit dem Vortrag für ihn angebrochen ist: »... ein Drama wollte er schreiben, das sein eigenes Leben schildern und erst lange nach seinem Ableben an die Öffentlichkeit kommen sollte ...«[307]; dämmernde Selbstgespräche mit seinen Figuren mischen sich, wie so oft, in die blassen Bewegungen seiner Gedanken. Er ist müde; grau verhängt streicht der Märztag vorüber; er wird sich früher hinlegen. *Drei Ruhetage – – – sind drei Seligkeiten*; Klara soll für die Osterwoche Zimmer in Bad Salzbrunn bestellen. *Und ihr lacht darüber, daß ich bildlich schreibe? Ist für uns, die wir die Allerärmsten sind, nicht selbst die Hölle*

und das Fegefeuer bildlich? . . . Dieses Fegefeuer meine ich,
wenn ich symbolisch von meiner ›Geisterschmiede‹ erzähle,
deren fürchterliche Zeit ich heut oder morgen überwunden
haben werde . . . Heut oder morgen; es ist das nur noch eine
Frage der Zeit; die letzte Arbeit: ist nur noch eine Frage der
Zeit. *Drama: Immer dieselbe Erdenqual, dasselbe Elend, der-*
selbe Jammer! Niemand steigt! Sie wissen nicht, daß Nie-
mand stirbt. Sag' es ihnen![308] Es ist noch viel zu sagen;
Drama; kein Trauerspiel. *Sieg! Großer Sieg!*[309]: damit hat
alles zu schließen; und am Ende der Ideen steht das Idyll . . .
Rosen, sagt er vor sich hin; und die Bilder vermischen sich,
verwischen die Sicht; an den abendrötlich schöngefärbten
Ausblick streift das Todessymbol aus dem ›Silbernen
Löwen‹; *rosenrot*

Am Samstag, dem 30. 3. 1912, abends um 20 Uhr, stirbt
Karl Friedrich May an einem Herzschlag. »Ich gebe es erst
nach der Beisetzung bekannt, so ist es in seinem Sinne . . .«,
steht in der Nachricht Klaras an Henriette Schrott; »Bitte,
schreib d u über diesen Fall, damit nicht unreine Hände zuerst
daran rühren . . .« Unter den wenigen, die dem Toten nicht
schlicht nur nachrufen, daß sein Werk wertlos sei, ist Bertha
von Suttner[310]: »Wer den schönen alten Mann an jenem 22.
März sprechen gehört, durch ganze zwei Stunden, weihevoll,
begeisterungsvoll, in die höchsten Regionen des Gedankens
strebend, – der mußte das Gefühl haben: In dieser Seele
lodert das Feuer der Güte . . .«

Quellen und Nachweise

Die biographischen Ermittlungen sind im Fall Karl May, dem die offizielle Literaturforschung bislang ihr Interesse so ziemlich versagte, besonders schwierig gewesen; ganz abgesehen von den Forderungen der Exaktheit habe ich darum dankend auf alle hinzuweisen, die außer mir in langjähriger Arbeit Material zum Gegenstand zusammentrugen und mir solche Unterlagen hilfreich und uneigennützig zur Verfügung stellten. Vor allem zu danken habe ich hierin dem Karl-May-Verlag, Bamberg, dessen umfangreiches Archiv (Hinweis im folgenden ›KMV‹) ich bereits 1955, als es sich noch in Radebeul befand, durcharbeiten konnte; es enthält in erster Linie den gesamten schriftlichen Nachlaß Karl Mays. Die Hoffnung freilich, der Verlag werde vor allem die umfangreichen und ergiebigen Korrespondenzen Karl Mays publizieren bzw. zur Publikation freigeben, hat sich bis heute nicht erfüllt, und so ist sein allgemeines, durchaus unverständliches Verhalten gegenüber der Forschung seither mit Recht immer wieder öffentlich gerügt worden. Auch mein Plan, diese Monographie bei einer Neuauflage um einen ausgreifenden Dokumentenanhang zu erweitern, mußte angesichts dieses Verhaltens als undurchführbar erkannt werden. Kenntnis und Zitierungserlaubnis wichtiger Urkunden aus der Frühzeit verdanke ich im weiteren Klaus Hoffmann, Dresden (Hinweis ›KH‹); die von ihm seither veröffentlichten Arbeiten zum Thema zeigen die Bedeutung des von ihm zusammengetragenen Materialarchivs, dessen Bestand gemeinsam mit dem des Archivs von Hainer Plaul, Berlin, im Jahrbuch der Karl-May-Gesellschaft (Jb-KMG) 1970 dargestellt ist. Hainer Plauls Forschungen ermöglichten für die Neuauflage die Präzisierung mehrerer Daten, und seine in Vorbereitung befindliche kommentierte Edition von Mays Selbstbiographie gehört zu den wertvollsten Ergänzungsarbeiten, auf die ich verweisen kann. Unter den Freunden, die diese Monographie mit ihrer Beratung förderten, gilt mein Dank schließlich besonders Hansotto Hatzig, Mannheim, dessen Hilfe mir beim mühevollen Ermitteln und Sichten des Materials stets unentbehrlich war, sowie Claus Roxin, München, und Ekkehard Bartsch, Kulmbach, die sich auch der Durchsicht des Textes für die Neuausgabe mit ertragreicher Sorgfalt angenommen haben.

1 Genealogische Daten im folgenden nach den Kirchenbüchern; eine Ahnentafel der Familie May wurde erstmals von Hans Zesewitz, Hohenstein-Ernstthal, zusammengestellt; bisher ungedruckt (KMV).

2 Kursiv-Zitate im Text stets von May selbst; bei kürzeren Sätzen oder Stichworten entfällt künftig der Hinweis. Fehlt eine Quellenziffer auch bei längeren Zitaten, so stammen diese durchweg aus Mays Selbstbiographie: Mein Leben und Streben, Band 1, Freiburg o. J. (1910); ein kommentierter Reprint, hg. von Hainer Plaul, erscheint Hildesheim 1975.

3 May, Der Zauberteppich, Parabel (1901); MS verschollen; Erstdruck Karl-May-Jahrbuch (künftig: KMJB) 1923, 12 ff.

4 später: Bahnstraße 27; noch später (und heute noch): Karl-May-Straße. Vgl. die Berichte in KMJB 1930.

5 Angaben nach Ludwig Patsch; vgl. auch Emanuel Kainz, Zum Problem der Massenwirkung Karl Mays, Wien 1949, passim.

6 Arno Schmidt, Abu Kital, in: Dya Na Sore, Karlsruhe 1958, 150 ff. Schmidts Verdienste um die Durchsetzung des Spätwerks werden von den May-Anhängern, die ihm das Buch ›Sitara‹ verübeln, heute leicht übersehen; ein Zusammendruck seiner zahlreichen Zeitungs- und Funkarbeiten zum Thema wäre zu wünschen.

7 May, Gesammelte Reiseromane, Freiburg 1892 ff. (künftig: GR; vgl. Bibliographie): XIV, 411; römische Ziffern im Text beziehen sich stets auf diese Ausgabe.

8 Friedrich S. Krauß, Karl Mays Selbstbiographie, in: Anthropophyteia VIII, 501 (1911).

9 vgl. Fußnote in Ges. Werke Bd. 34, Bamberg, 42; der Verlegername auch bei Schwetschke, Cod. Nundinar., nicht verzeichnet.

10 May (ps. Richard Plöhn), Karl May und seine Gegner, in: Tremonia, Dortmund, Nrn. 404, 406, 408 vom 27., 28. und 29. 9. 1899; Neudruck in: Jahrbuch der Karl-May-Gesellschaft (künftig: Jb-KMG) 1974, 131–152; Zitat: 132 f. Zur Rolle der Großmutter in der Selbstbiographie: Hans Wollschläger, ›Die sogenannte Spaltung ...‹, in: Jb-KMG 1972/73, 11 ff.; ebda. auch zu Mays früher Augenkrankheit.

11 Das Selbmann-Haus in den 90er Jahren abgebrannt; das Geburtshaus Mays steht noch. Zum Bild der Mutter differenzierend meine späteren Aufsätze, vor allem: ›Die sogenannte Spaltung ...‹, in: Jb-KMG 1972/73. Weitere Daten zur Ver-

mögenssituation der Familie bei Hainer Plaul, Kommentar-Edition der Selbstbiographie, Hildesheim 1975, sowie in: Hainer Plaul, Karl May – Kindheit und Jugend (z. Z. noch unveröffentlicht).

[12] Hans Zesewitz, Alte Urkunden sprechen, in: KMJB 1932, 33 ff.; zur Kritik an Zesewitz: Wollschläger, ›Die sogenannte Spaltung...‹, a.a.O. 87, N 64.

[13] Confirmationsurkunde eines Bürgergarden-Corps der Stadt Ernstthal, 1834, in: Hans Zesewitz, a.a.O. 42.

[14] GR XXXI, 285 ff. Zur Rolle des Vaters: Hans Wollschläger, Der ›Besitzer von vielen Beuteln‹, in: Jb-KMG 1974, 153 ff. Zur Unehelichkeit von Heinrich August May: Karl Kroeschell, May oder Kretzschmar?, in: Mitteilungen der Karl-May-Gesellschaft (künftig: M-KMG) 10, 23 ff. (1971).
Zu Mays früher Entwicklungsgeschichte, Charakterstruktur usw. vor allem die Arbeiten von Wolf-Dieter Bach: Muttergedichte Karl Mays und Hermann Hesses, in: Jb-KMG 1970; Fluchtlandschaften, in: Jb-KMG 1971; Sich einen Namen machen, in: Jb-KMG 1975; – sowie meine eigenen ›Materialien zu einer Charakteranalyse Karl Mays‹: ›Die sogenannte Spaltung des menschlichen Innern, ein Bild der Menschheitsspaltung überhaupt‹, in: Jb-KMG 1972/73; Der ›Besitzer von vielen Beuteln‹, in: Jb-KMG 1974; Der Verlorene Sohn, in: Jb-KMG 1977.

Waldenburg und anderswo

[15] Der Komplex der Straftaten Mays ist inzwischen ausführlich untersucht worden, vorab durch Claus Roxin, Vorläufige Bemerkungen über die Straftaten Karl Mays, in: Jb-KMG 1971, 74–109 (dort auch die frühere Sekundärliteratur); seiner vorzüglichen Interpretation hat sich auch meine Darstellung zu fügen, die hier den früheren Text der ersten Ausgabe (1964) bewahrt. Ausgezeichnete Fakten- und Daten-Dokumentationen seither: Klaus Hoffmann, Zeitgenössisches über »ein unwürdiges Glied des Lehrerstandes«, in: Jb-KMG 1971, 110–121; ders., Karl May als ›Räuberhauptmann‹ oder Die Verfolgung rund um die sächsische Erde, in: Jb-KMG 1972/73, 215–247 und Jb-KMG 1975, 243–275; Hainer Plaul, Auf fremden Pfaden?, in: Jb-KMG 1971, 144–164; ders., Alte Spuren, in: Jb-KMG 1972/73, 195–214; ders., ›Besserung durch Individualisierung‹, in: Jb-KMG 1975, 127–199; ders., Resozialisierung durch ›pro-

gressiven Strafvollzug‹, in: Jb-KMG 1976; Werner Poppe, May in Zwickau, in: M-KMG 9, 14–16 (1971). Zur psychologischen Deutung differenzierend meine Ausführungen in ›Die sogenannte Spaltung‹ (a.a.O. 44 ff.), die Mays Straftaten heute wesentlich als psychotische Reaktionen begreifen.

16 May in der Selbstbiographie, a.a.O. 93; dokumentarisch nicht nachweisbar; es hat sich allenfalls um eine private Unterstützung gehandelt.

17 Klaus Hoffmann; diese und die folgenden Daten sind seinen Ermittlungen zu danken.

18 May, Repertorium C. May, Titelplan 41, in: Jb-KMG 1971, 132–143 (134); Ermittlung und Darstellung: Ludwig Patsch, Karl Mays erste Liebe, ungedrucktes MS (KMV).

19 May, Meine Beichte, erste Fassung vom 28. 5. 1908, Erstdruck in: Rudolf Lebius, Die Zeugen Karl May und Klara May, Berlin-Charlottenburg 1910, 4–7 (5); später (bearbeitet) in: Ges. Werke Bd. 34, Radebeul 1931 ff., Bamberg 1958 ff. (dort seit 1968 auch faksimiliert der Anfangsteil der zweiten Fassung vom 1. 7. 1908).

20 Eingabe (Protokoll der Lehrerkonferenz, 21./22. 12. 1859) an das Gesammt-Consistorium Glauchau vom 28. 12. 1859 (KH).

21 ebda.; vgl. Claus Roxins Ausführungen zur Pseudologia phantastica in: Vorläufige Bemerkungen über die Straftaten Karl Mays, Jb-KMG 1971, 81 ff.

22 ebda.; vgl. meine Hinweise zur Motivik ›Weihnacht‹ und ›Feuer‹ in: ›Die sogenannte Spaltung‹, Jb-KMG 1972/73, 35 ff.

23 Brief des Seminardirektors Schütze an den Direktor Wild in Plauen vom 1. 5. 1860 (KH).

24 Schreiben des Gesammt-Consistoriums Glauchau an den Seminardirektor Schütze vom 24. 1. 1860 (KH).

25 Die folgenden Daten nach Auskünften von Klaus Hoffmann.

26 Das Zeugnis faksimiliert in KMJB 1925, 32.

27 Register der Superintendentur Glauchau, Blatt 152/4 (Sächsisches Landesarchiv Glauchau: KH).

28 ebda., Blatt 172.

29 Acta Ephoralia der Superintendentur Chemnitz, Blatt 8/9 (Stadtarchiv Karl-Marx-Stadt: KH).

30 Acta, die Schulrevisionen in der Ephorie Chemnitz betreffend (Staatsarchiv Dresden: KH).

31 wie 29.

32 Acta der Superintendentur Glauchau, Blatt 173 (Sächsisches Landesarchiv Glauchau: KH).

33 wie 29.

34 wie 27.

35 wie 29.

36 wie 29, Notiz vom 16. 11. 1861.

37 Der ganze Vorfall ist, als kleine Ursache katastrophaler Folgen, das Musterbeispiel einer stupiden bürgerlichen Justiz; dem-
gegenüber bleibt die Schuldfrage, die nicht mehr klärbar ist,
ganz gleichgültig. Zur Spiegelung der ›Uhrengeschichte‹ im Werk:
Heinz Stolta, Die Reise ins Innere, in: Jb-KMG 1975, 11 ff.

38 wie 29, Blatt 13.

39 Zwickau 1856 (KH).

40 wie 29, Blatt 20 vom 18. 5. 1863 (KH).

41 wie 29, Blatt 21 vom 20. 5. 1863 (KH).

42 Leipziger Tageblatt und Anzeiger vom 10. 6. 1865 (KH).

43 Die Kompositionen Mays, die als Materialien zur Entwicklungsgeschichte immerhin einmal veröffentlicht werden sollten,
heute im Archiv des KMV; Übersicht bei Max Finke, Karl May
und die Musik, in: KMJB 1925, 39–63 (57). Die späteren Chor-
lieder ›Ernste Klänge‹ (Ave Maria, Regensburg 1897; Vergiß
mich nicht, Freiburg 1898) sind als Schallplatte (Teldec TST
77 383) erschienen: Thomaskantorei Hellbrook und Kirchenchor
Lohbrügge, Ltg. Hartmut Kühne (Hamburg 1972). Hierzu
interpretierend Horst Felsinger, Karl Mays Kompositionen, in:
M-KMG 12, 14–17 (1972); ferner Claus Canisius, Karl Mays
›Ernste Klänge‹, in: M-KMG 18, 30–31 (1973).

44 Handschriftliche Notiz ohne Kontext (KMV). Für eine so
frühe, vor 1873 liegende Produktion Mays haben sich bisher
keinerlei Belege finden lassen, und neue Funde sind unwahrscheinlich; da viele der kleinen Familienzeitschriften der Zeit,
die allenfalls als Druckstätten in Frage kämen, völlig verschollen
sind, ist eine systematische Suche unmöglich. Die Identifizierung
anonymer oder pseudonymer Arbeiten vereitelt zudem der Umstand, daß Mays Stil in der Frühzeit keine ausreichende Cha-
rakteristik besitzt. Wie mißlich es enden kann, wenn versucht
wird, einen Text nur auf kleine Indizien hin für May zu rekla-
mieren, zeigt der Fall der ›Fundgrube Vater Abraham‹ (in:
Schacht und Hütte, Dresden 1875/76, Heft 37–42), die der
KMV 1968 als May-Werk veröffentlichte (Ges.Werke Bd. 72,
Bamberg) und als deren Autor dann Elfried von Taura (August
Peters, 1817–1864) ermittelt wurde; hierzu Hartmut Kühne,
Karl May und E. v. T., in: Jb-KMG 1970, 198–220. Auch die
vom KMV ebenfalls a.a.O. »mit Sicherheit« für May in An-

spruch genommenen Erzählungen ›Das Gewissen‹ und ›Ein Fang‹ sind mehr als fraglich, ja eher mit Sicherheit nicht von May.

45 May, Auch ›über den Wassern‹, in: Die Freistatt, Wien, Nr. 22 vom 4. 6. 1910; in Mays eigenem Besitz befand sich als früheste Veröffentlichung nur ein Exemplar der Zeitschrift ›Schacht und Hütte‹ (1875/76).

46 Acta, die Fabrikschulen zu Altchemnitz betreffend, Blatt 45 (Staatsarchiv Dresden: KH).

47 Steckbrief Mays, in: Königlich Sächsisches Gendarmerieblatt, Band x, S. 42, Nr. 22 (bei Lebius, a.a.O. 175).

48 Leipziger Zeitung Nr. 198 vom 20. 8. 1864 (KH).

49 Steckbrief Mays (bei Lebius, a.a.O. 174): Königlich Sächsisches Gendarmerieblatt vom 21. 12. 1864. Hierzu korrigierend: Hainer Plaul, Alte Spuren, in: Jb-KMG 1972/73, 198.

50 Akten des Polizeiamts Leipzig, Nr. 80463 (Lebius, a.a.O. 10).

51 Die von Gustav Urban erstmals 1922 aufgebrachte ›Frühreisen‹-Legende (Karl May ist gereist!, in: KMJB 1922, 153 ff.; Fährten von Karl Mays erster Amerikareise, in: KMJB 1925, 76 ff.; u. a.) ist heute als Gemisch aus Täuschung und Selbsttäuschung erledigt. Zur Diskussion darüber: Rudolf Beissel, Die Frühreisen, in: M-KMG 3 und 5 (1969–70); Karl Guntermann, Zum Thema ›Frühreisen‹, in: M-KMG 4 (1969); Amand von Ozoroczy, In memoriam Gustav Urban, in: M-KMG 3 (1969); ders., Zum Thema ›Frühreisen‹, in: M-KMG 4 (1969); ders., Die Frühreisen, in: M-KMG 6 (1970); ders., Fred Sommer und sein Brief, in: M-KMG 8 (1971); Hainer Plaul, Nochmals: ›Die Frühreisen‹, in: M-KMG 6 (1970). Kritisch erledigend: Hainer Plaul, Auf fremden Pfaden?, in: Jb-KMG 1971, 144–164; Werner Poppe, Die Fred-Sommer-Story (KMG Hamburg 1975); Hans Wollschläger, Weltreisen (unveröffentlichtes MS, 1971) – hier auch die Kritik an den phantastischen Behauptungen des Kapitels ›Weltreisen‹ von E. A. Schmid in Ges. Werke Bd. 34 (Radebeul 1916 ff.), von denen die ganze Geschichte wohl erst angeregt wurde.

52 wie 42.

53 Referat des Mittweidaer Urteils (gekürzt bei Lebius, a.a.O. 12 ff.).

54 wie 42.

55 Chemnitzer Tageblatt vom 13. 6. 1865 (KH).

56 Eingabe Mays an den Untersuchungsrichter Larrass von 1908, in: Rudolf Lebius, a.a.O. 88 ff. (89).
57 Hierzu Claus Roxin, Vorläufige Bemerkungen über die Straftaten Karl Mays, in: Jb-KMG 1971, 74–109, insbesondere 100.
58 Mittweidaer Urteil (gekürzt bei Lebius, a.a.O. 12 ff.).
59 ebda.
60 Leipziger Zeitung Nr. 87 vom 14. 4. 1869 (bei Lebius, a.a.O. 17).
61 Mitteilung von Klaus Hoffmann.
62 Vollständiger Wortlaut des Briefes und Kommentierung bei Klaus Hoffmann, Karl May als ›Räuberhauptmann‹, 1. Teil, in: Jb-KMG 1972/73, 221–22.
63 Vermutlich aus Paßschwierigkeiten; vgl. Hoffmann, ebda.
64 vgl. Hans Zesewitz, Die Karl-May-Höhle in Hohenstein-Ernstthal, Radebeul o. J.
65 Ermittlung von Ludwig Patsch; vgl. Hoffmann, a.a.O. 226.
66 Zitate im folgenden stets aus dem Urteil des Bezirksgerichts Mittweida (gekürzt bei Lebius, a.a.O. 12 ff.).
67 Die Abgrenzung ist schwierig, und auch der heutige Begutachter, der in Mays damaligem Sozialverhalten das Bild des psychotischen Ich-Verlusts erkennt, kommt zu keinem ganz umgreifenden Befund. Roxins Feststellung (a.a.O. 100), »beim augenblicklichen Stand unseres Wissens« ließen sich »psychiatrisch zuverlässige, wissenschaftlich gesicherte Aussagen noch nicht geben«, ist wohl zugleich das letzte Wort: da unser Wissensstand sich schlechthin nicht mehr erweitern läßt (die Mittweidaer Strafakten Mays, zwei Bände, sind in den zwanziger Jahren auf Initiative Klara Mays vernichtet worden), sind völlig gesicherte Aussagen überhaupt nicht mehr zu geben.
68 Daten nach Klaus Hoffmann.
69 Urteil des Bezirksgerichts Mittweida (gekürzt bei Lebius, a.a.O. 12 ff.).
70 Wochenblatt für Limbach und Umgebung vom 12. 8. 1869 (KH).
71 Mitteilung von Klaus Hoffmann.
72 Darstellung dieser Vorgänge erstmals bei Albert Hellwig, Die kriminalpsychologische Seite des Karl-May-Problems, in: KMJB 1920, 187–250; Hellwigs Arbeit ist zwar in ihrer psychologischen Interpretation obsolet, doch kommt ihr Quellengewicht zu, weil dem Autor die später vernichteten Mittweidaer

Strafakten Mays noch vorlagen. Zu Mays geradezu tragischer Zufalls-Verhaftung als »ausweisloser Fremder« vgl. auch Karl Kraus über das österreichische »Vagabundengesetz, das jeden normalen Menschen zu Wuthanfällen treiben kann ...«, in: Die Fackel, Nr. 39, 16, Wien 1900.

73 Eberhardt's Allgemeiner Polizei-Anzeiger, Dresden, vom 2. 2. 1870 (KH).

74 bei Lebius, a.a.O. 17.

75 Erich Wulffen, Psychologie des Verbrechers, Groß-Lichterfelde-Ost 1908, Band II, 315.

76 Ausführliche Darstellung bei Klaus Hoffmann, Zeitgenössisches über ›ein unwürdiges Glied des Lehrerstandes‹, in: Jb-KMG 1971, 119 f.

77 Mittweidaer Wochenblatt vom 26. 4. 1870 (KH).

Aus der Mappe eines Vielgereisten

78 Das MS ist der Aktenvernichtung entgangen und heute im KMV; Erstdruck in Jb-KMG 1971, 128–132; ebda. 122–143 auch andere Fragmente aus der Haftzeit.

79 Erstdruck ebda.; MS im KMV. Zur Entstehungszeit kritisch Hainer Plaul, ›Besserung durch Individualisierung‹, in: Jb-KMG 1975, 127–199 (170 ff.).

80 Zur Terminbestimmung der Bekanntschaft mit Münchmeyer kritisch Plaul, ebd. 176 ff.; laut Mays Aussage in Mittweida am 3. 7. 1869 (KH) bestand bereits vor Pfingsten 69 ein Arbeitsverhältnis. Die Frage bleibt akademisch, solange an Arbeiten, wie May sie damals schon Münchmeyer geliefert haben will, nichts auffindbar ist.

81 Die Frenzel-Anzeige bei Albert Hellwig, Die kriminalpsychologische Seite des Karl-May-Problems, in: KMBJ 1920, 187–250 (201).

82 ebda., 202–03.

83 May, Aus der Mappe eines Vielgereisten, Nr. 1: Inn-nu-woh, der Indianerhäuptling, in: Deutsches Familienblatt I, 1 (1875); Reprint im Rahmen der von der KMG herausgegebenen Reihe ›Erstdrucke Karl Mays in Faksimile-Ausgaben‹, Hamburg 1971 ff.

84 May, An die 4. Strafkammer des Königl. Landgerichtes III in Berlin, zweite Fassung vom 3. 12. 1911, Dresden o. O. u. J. (künftig abgekürzt: KLG-Eingabe II), 55.

[85] May, Frau Pollmer, eine psychologische Studie; unveröffentlichtes MS (KMV).

[86] May, KLG-Eingabe II, 53.

[87] Erklärung Mays vor dem Dresdener Kgl. Landgericht am 6. 4. 1908 (bei Lebius, a.a.O. 122).

[88] ebda.

[89] Die Darstellung der Beziehung zu Emma Pollmer und der späteren Ehe steht noch aus, nachdem sie Fritz Maschke, Karl May und Emma Pollmer, Bamberg 1973, gar zu schlicht und verhüllend geraten ist. Zur Kritik an Maschkes Buch: Hansotto Hatzig, Zu einem neuen Buch über Karl Mays Ehe mit Emma Pollmer, in: M-KMG 18, und Maschkes Antwort in: M-KMG 19 (1973/74); Hans Wollschläger, Noch einmal zu Fritz Maschke, in: M-KMG 20, und Maschkes Antwort in: M-KMG 21 (1974).

[90] Peter Rosegger an Robert Hamerling, in: KMJB 1927, 112. Zum Verhältnis Rosegger-May: Alfred Schneider, »... unsere Seelen haben viel Gemeinsames!«, in: Jb-KMG 1975, 227–242.

[91] Die Akte über den gesamten Fall, der mir erstmals durch Klaus Hoffmanns Ermittlungen bekannt wurde (1964), ist erhalten und liegt im Staatsarchiv Dresden; Erstdruck in: Fritz Maschke, Karl May und Emma Pollmer, Bamberg 1973, 137–196. Erörternd dazu: Erich Schwinge, Karl Mays Bestrafung wegen Amtsanmaßung, ebda. 130–136.

[92] Haus Nr. 243; später: Altmarkt 33.

[93] In den späteren Bearbeitungen des KMV (Radebeul und Bamberg) nicht enthalten.

[94] Stollberg-Akte, Blatt 32b (bei Maschke, a.a.O. 162).

[95] May, Frau Pollmer, eine psychologische Studie (KMV).

[96] ebda.

[97] Erklärung Mays vor dem Dresdener Kgl. Landgericht am 6. 4. 1908 (bei Lebius a.a.O. 122).

[98] May, Notizenkonvolut ›Wüste‹ (1902); Erstdruck in: Max Finke, Aus Karl Mays literarischem Nachlaß, in: KMJB 1922, 28–54 (49).

Schundmacher und Poet dazu

[99] May, Frau Pollmer, eine psychologische Studie (KMV).

[100] Erklärung Mays vor dem Dresdener Kgl. Landgericht am 8. 4. 1908 (bei Lebius a.a.O. 124).

[101] ebda.

102 wie 99.

103 wie 100.

104 May, KLG-Eingabe II, 63.

105 ebda. 62.

106 ebda. 63.

107 ebda. 67.

108 ebda.

109 ebda. 66.

110 wie 99.

111 wie 104, 66.

112 wie 99.

113 ebda.

114 Schriftsatz des Münchmeyer-Anwalts Oskar Gerlach vom 25. 9. 1909; Wortlaut in: May, Mein Leben und Streben, neu herausgegeben von Klara May, Freiburg o. J. (1912), Anmerkung der Herausgeberin, 256.

115 May, Der Weg zum Glück, Dresden o. J. (1886–87), Reprint Hildesheim 1971: Seite 1963; zitiert hier nach der Fischer-Ausgabe IV, 530.

116 Der Anfang des auf 5000 MS-Seiten geplanten Romans blieb im Verlag Münchmeyer noch bis ca. 1903 erhalten und wurde May von Adalbert Fischer dann ausgehändigt; offenbar besaß er keine Eignung, Mays Prozeßthese, die Kolportage-Romane seien von ihm »völlig sittenrein« geschrieben und vom Verleger nachteilig verändert worden, zu stützen. Das ca. 70–80 Seiten umfassende MS wurde von May – oder, wahrscheinlicher, nach 1912 von Klara May – vernichtet (Ermittlungen von Ludwig Patsch). Der Reprint der Kolportage-Romane Mays (Verlag Georg Olms, Hildesheim 1969 ff.) hat der Trivialliteratur-Forschung starke Impulse vermittelt. Über das Presse-Echo aufschlußreich: Erich Heinemann, ›Waldröschen‹ in der Presse, in: KMG (Hg.), Karl Mays ›Waldröschen‹, ein Kolportageroman des 19. Jahrhunderts, Hamburg 1972. Zur Entstehungsgeschichte, Bibliographie, Frage der Text-Authentizität etc. vor allem: Klaus Hoffmann, Nachwort zum Faksimiledruck des Waldröschen, in: May, Das Waldröschen..., Hildesheim 1969–71, Band VI, 2617–2686; ferner: Karl Guntermann, Der ›Waldröschen‹-Nachdruck des Olms-Verlags, in: KMG (Hg.), Karl Mays ›Waldröschen‹..., Hamburg 1972; Gerhard Klußmeier, Das Olms-›Waldröschen‹: Nachdruck einer bearbeiteten Spätauflage, in: ebda. Zur Interpretation: Gert Ueding, Irrgarten der Kolportage, in: ebda.; Gert Ueding, Glanzvolles Elend. Versuch über Kitsch und Kolportage, Frankfurt 1973; Heinz Stolte,

›Waldröschen‹ als Weltbild. Zur Ästhetik der Kolportage, in: Jb-KMG 1971, 17–38. Einzeluntersuchungen: Ulrich von Thüna / Claus Roxin / Hartmut Kühne, Stimmen zum ›Waldröschen‹, in M-KMG 3 (1969); Amand von Ozoroczy / Gerhard Klußmeier, Zum ›Waldröschen‹-Nachdruck, in: M-KMG 4 (1970); Claus Roxin, ›Waldröschen‹ in der Dissertation, in: M-KMG 5 (1970); Hartmut Kühne, Die Nachdrucke der Münchmeyer-Romane, in: M-KMG 5 (1970); Hans Wollschläger, Der verlorene (und wieder-gefundene) Sohn, in: M-KMG 8 (1971); Hartmut Kühne, Der Verlorene Sohn, in: M-KMG 9 (1971); Hartmut Kühne, ›Der Weg zum Glück‹, in: M-KMG 11 (1972); ders., Karl May auf dem Weg zum Glück‹, in: M-KMG 14 und 15 (1972/73); Claus Roxin, ›Die Liebe des Ulanen‹ im Urtext, in: M-KMG 14 (1972) und 15 (1973); Hansotto Hatzig, Die Vergewaltigung der Agnes Lemartel, in: M-KMG 17 (1973); Hainer Plaul, Zur Frage der Datierung von Lieferungsromanen, in: M-KMG 19 (1974); Helmut Schmiedt, Waldkönig und Buschgespenst, in: M-KMG 23 (1975).

»Im lieben, schönen Lößnitzgrund . . .«

117 s. Bibliographie.
118 Vollständiger Wortlaut bei May, Mein Leben und Streben, Band I, Freiburg o. J. (1910), 197.
119 Jahrgang VII, 1888. Über das Verhältnis Kürschner/May, das lange falsch dargestellt wurde: Ekkehard Bartsch, ›Und Friede auf Erden!‹, Entstehung und Geschichte, in: Jb-KMG 1972/73, 93–122 (94 ff.); dort auch Kritik der falschen Überlieferungen.
120 GR IV, 107. Zum Tod der Mutter vgl. Hans Wollschläger, ›Die sogenannte Spaltung . . .‹, in: Jb-KMG 1972/73, 11–92 (49 ff.).
121 Buchausgabe: Der Blau-rote Methusalem, Union Deutsche Ver-lagsgesellschaft, Stuttgart o. J. (1892). Zur Interpretation der Jugendschriften vor allem: Heinz Stolte, Ein Literaturpädagoge. Untersuchungen zur didaktischen Struktur in Karl Mays Ju-gendbuch ›Die Sklavenkarawane‹, in: Jb-KMG 1972/73, 1974, 1975 und 1976; Rainer Jeglin, ›Das Vermächtnis des Inka‹ und ›Der Ölprinz‹ – eine ideologiekritische Studie, in: M-KMG 9 und 10 (1971); Hartmut Schmidt, Vom ›Methusalem‹ zur ›Shen‹, in: M-KMG 12 (1972). Über den Verleger Spemann und die Geschichte des Union-Verlags: Adolf Spemann, Wil-helm Spemann, ein Baumeister unter den Verlegern, Stuttgart 1943 (dort über May 177 f.). Allgemein zu den Reiseerzählun-

gen: Ingrid Bröning, Die Reiseerzählungen Karl Mays als literaturpädagogisches Problem, Düsseldorf 1973.

122 May, Frau Pollmer, eine psychologische Studie (KMV).

123 ebda. – Über die Freundschaft mit Plöhns: Hansotto Hatzig, Karl May und Sascha Schneider, Bamberg 1967, 16 ff. Über die Freundschaft mit Seylers: Hansotto Hatzig, ebda. 13 ff.; ferner: ders., Spätlese in Deidesheim, in: M-KMG 19 und 20 (1974). Über eine weitere bürgerliche Freundschaft Mays: Alfred Schneider, Karl May und seine Hamburger Freunde Carl und Lisbeth Felber, in: Jb-KMG 1970, 163–172. Über alle drei: Fritz Maschke, Karl May und Emma Pollmer, Bamberg 1973, passim.

124 bei Konrad Guenther, Karl May und sein Verleger, o. O. u. J. (Radebeul 1933), 9–10. – Der Briefwechsel Mays mit Fehsenfeld gehört zum wichtigsten noch unveröffentlichten Material; im KMV. Zur Verlagsproduktion: Heinz Neumann, Karl Mays Buchausgaben bei Fehsenfeld, in: M-KMG 12 (1972).

125 Alte und neue Welt, Jahrgang XVI, Nr. 29 (nach Ludwig Patsch). Die Frage von Mays Quellen ist im wesentlichen noch ununtersucht; bisher: Franz Kandolf, Kara Ben Nemsi auf den Spuren Layards, in: KMJB 1920, 197–207; Heinz Neumann, Karl May und George Catlin, in M-KMG 6 (1970); Fritz Maschke, Karl May und Alfred Brehm, in: M-KMG 7 (1971); Alfred Schneider, Nochmals: Karl May und Alfred Brehm, in: M-KMG 8 (1971). Vgl. auch Ansgar Pöllmann – s. Anm. 294.

126 GR XIV, 408.

127 bei Konrad Guenther, a.a.O. 12.

Le Bourgeois Gentilhomme

128 Hermann Cardauns, Herr Karl May von der anderen Seite, in: Historisch-Politische Blätter 129, 7 (1902), München.

129 Nunwarz hatte den Vertrieb der Photos; er betrog May und wurde von Max Moritz Welte abgelöst, den May durch Vergabe des einträglichen Geschäfts unterstützte (1898). Aufgenommen wurden die Photos von Alois Schießer; darüber: Josef Mittermayer, Karl Mays Beziehungen zu Linz, in: Historisches Jahrbuch der Stadt Linz 1962. Wiedergabe einiger Photos, deren Platten May nach der Orientreise 1899/1900 vernichtete, in: Jb-KMG 1974. Zitat: Brief an Fehsenfeld vom 4. 6. 1896, bei Konrad Guenther a.a.O. 15.

130 wie 128.
131 GR XIV, 406.
132 May, Freuden und Leiden eines Vielgelesenen, in: Deutscher Hausschatz XXIII, 1–2 (1896).
133 Brief an Prof. Dr. Gustav Jäger, Stuttgart, vom 9. 8. 1894 (KMV).
134 GR XIX, 342.
135 wie 128.
136 Brief Mays vom 2. 11. 1894, abgedruckt in der Frankfurter Zeitung vom 1. 4. 1937. Über die Gewehre: Klaus Hoffmann, Silberbüchse – Bärentöter – Henrystutzen, »das sind die drei berühmtesten Gewehre der Welt«, in: Jb-KMG 1974, 74–108.
137 Postkarte an Sophie von Stieber vom 21. 3. 1899 (KMV).
138 Frankfurter Zeitung vom 20. 4. 1900.
139 GR IX, 117. – Der Einfluß der Marienkalender als Medien ist nicht zu unterschätzen. Der 24. Jahrgang etwa des ›Regensburger Marienkalenders‹ hatte 500 000 Auflage und 3 Leser pro Exemplar (s. Deutscher Hausschatz XV, 47–48); die Pustet-Organe erwiesen sich für die Fehsenfeld-Ausgabe als unschätzbare Werbeträger. Zu Mays geschäftlicher Geschicklichkeit: Ekkehard Bartsch, »Indem ich die Preisliste beilege...«, in: M-KMG 8 (1971).
140 Aussage Selma vom Scheidts vor dem Großherzoglich Sächsischen Amtsgericht Weimar am 21. 9. 1909 (Lebius a.a.O. 135).
141 GR XIX, 151. Zu der im folgenden erwähnten Studienreise: Erich Heinemann, Dr. Karl May in Gartow, in: Jb-KMG 1971, 259–268.
142 bei Konrad Guenther, a.a.O. 17.
143 Brief an Fehsenfeld vom 30. 7. 1903 (KMV). Zur Interpretation von ›Am Jenseits‹: Hans Wollschläger, Der ›Besitzer von vielen Beuteln‹, in: Jb-KMG 1974, 153–171 (dort auch Bibliographie und Entstehungsdaten).
144 Ansgar Pöllmann (1910) – s. Anm. 294. – Zu Dokumentation und Interpretation dieses Zeitabschnittes vorzüglich Claus Roxin, ›Dr. Karl May, genannt Old Shatterhand‹. Zum Bild Karl Mays in der Epoche seiner späten Reiseerzählungen, in: Jb-KMG 1974, 15–73. Ergänzend: Franz Cornaro, Wiener Nachträge zum Jahrbuch 1974, in: M-KMG 21 (1974). Briefe Mays bei Maschke, a.a.O. 238 ff.
145 bei Cardauns – wie 128.
146 May (ps. Richard Plöhn), Karl May und seine Gegner, in: Tremonia, Dortmund – wie Anm. 10.

147 Lebius, Mehr Licht über Karl May, in: Sachsenstimme, Nr. 33 vom 11. 9. 1904 (auch bei Lebius, a.a.O. 260–265 [264]). Die Quelle ist trübe, und Roxins Zweifel (in: Jb-KMG 1974, 66/67 N 49) an der Authentizität der Geschichte sind wohl sehr berechtigt. Dazu exakt Franz Cornaro, Wiener Nachträge zum Jahrbuch 1974, in: M-KMG 21 (1974).

148 wie 146.

149 Brief Mays vom 2. 11. 1894, abgedruckt in der Frankfurter Zeitung vom 1. 4. 1937.

150 Protokoll einer Vernehmung Mays am 10. 9. 1898 bei der Amtshauptmannschaft Dresden-N. (bei Lebius a.a.O. 17–18); ebenfalls das folgende Zitat.

151 Bayerischer Courier vom 10. 7. 1897.

152 Brief Mays vom 15. 4. 1897, bei Ansgar Pöllmann, Ein Abenteurer und sein Werk, in: Über den Wassern, Münster, III, 9 vom 10. 5. 1910.

153 Anonymus (= May), ›Karl May als Erzieher‹ und ›Die Wahrheit über Karl May‹ oder Die Gegner Karl Mays in ihrem eigenen Lichte – von einem dankbaren May-Leser, Freiburg 1902, 70 (Reprint der KMG-Presse, Ubstadt 1974, mit einem Nachwort von Ekkehard Bartsch; dazu Heinz Neumann in M-KMG 24 [1975]).

154 ebda. – wie auch alle weiteren Briefzitate bis zum Schluß des Kapitels, wenn nicht anders gekennzeichnet.

155 bei May, Freuden und Leiden eines Vielgelesenen, in: Deutscher Hausschatz XXIII, 1–2; hiernach zitiert in: Fedor Mamroth, Karl May im Urtheil der Zeitgenossen, Frankfurter Zeitung Nr. 166/1. Morgenblatt vom 17. 6. 1899 (Nachdruck in: Jb-KMG 1974, 115 ff.).

156 ebda.

Ormasd und Ahriman

157 Brief an Fehsenfeld vom 13. 3. 1899 (KMV).

158 ebda. – Über die Funktion der Orientreise in Mays Lebensentwicklung waren inzwischen wesentlich vertiefte Kenntnisse zu gewinnen, denen gegenüber die Darstellung in diesem Kapitel beim nur Äußerlichen bleibt; der Leser ist gebeten, besonders hier meinen Text ›Die sogenannte Spaltung...‹ (in: Jb-KMG 1972/73) beizuziehen. Zur Dokumentation der Reise: Hans Wollschläger/Ekkehard Bartsch, Karl Mays Orientreise 1899/1900, in: Jb-KMG 1971, 165–215.

¹⁵⁹ Brief an die Pfälzer Zeitung, Speyer, vom 6. 6. 1899, abgedruckt ebda. am 16. 6. 1899; neu in: M-KMG 18, 3–4 (1973).

¹⁶⁰ Brief an Emma vom 25. 4. 1899 (KMV).

¹⁶¹ May, Reise nach Egypten, MS-Fragment, Erstdruck in: Jb-KMG 1971, 173.

¹⁶² Karte an Johann Dederle, Redakteur der Tremonia, Dortmund, vom 22. 4. 1899. Der Briefwechsel May/Dederle im KMV.

¹⁶³ wie 159.

¹⁶⁴ Die Darstellung in der Selbstbiographie ist bei diesem Vorgang besonders ungenau.

¹⁶⁵ Alle drei Zitate: Entwurf des Briefes an Fischer auf der Rückseite eines Briefes an Emma vom 2. 5. 1899 (KMV).

¹⁶⁶ ebda.

¹⁶⁷ May, Eine Pilgerreise in das Morgenland, MS (8 Gedichte auf 19 Blättern), unveröffentlicht (KMV).

¹⁶⁸ Einzelne Stichworte dieser Art stets nach dem Reisetagebuch Mays (KMV); hierzu: Wollschläger/Bartsch, Karl Mays Orientreise 1899/1900, Einleitung zur Dokumentation, in: Jb-KMG 1971, 165.

¹⁶⁹ GR XXVIII, 275 und 514.

¹⁷⁰ Frankfurter Zeitung vom 3. 6. 1899. Neudruck der Artikel der Frankfurter Zeitung bei Hansotto Hatzig, Mamroth gegen May, in: Jb-KMG 1974, 109–130 (113–14).

¹⁷¹ Frankfurter Zeitung vom 9. 6. 1899; Neudruck bei Hatzig, a.a.O. 114–15.

¹⁷² Frankfurter Zeitung vom 17. 6. 1899; Neudruck bei Hatzig, a.a.O. 115–23.

¹⁷³ Frankfurter Zeitung vom 7. 7. 1899; Neudruck bei Hatzig, a.a.O. 123–24.

¹⁷⁴ Kölnische Volkszeitung vom 5. 7. 1899. Über Cardauns positiv: E. A. Schmid, Die Vorgeschichte der Münchmeyer-Romane, in: KMJB 1926, 223–237 (236); Arno Schmidt, Sitara..., Karlsruhe 1963, 290; – man wird heute freilich seine May-Kritik, die den ästhetischen Ansatz über dem der bürgerlichen Sittlichkeit vergaß, für verfehlt halten.

¹⁷⁵ Tremonia, Dortmund, Nrn. 404, 406, 408 vom 27., 28. und 29. 9. 1899; Neudruck: May gegen Mamroth, in: Jb-KMG 1974, 131–152.

¹⁷⁶ Brief an Richard Plöhn vom 26. 9. 1899, in: Jb-KMG 1971, 183.

¹⁷⁷ Brief an Fehsenfeld vom 23. 9. 1899, bei Konrad Guenther, a.a.O. 17; neu in: Jb-KMG 1971, 182.

¹⁷⁸ Karten an Johann Dederle vom 23. 9. 1899 (KMV).

179 Karten an Johann Dederle vom 12. 10. 1899, abgedruckt in: Tremonia, Dortmund, vom 8. 11. 1899; neu in Jb-KMG 1971, 186.

180 Hermann Cardauns, Herr Karl May von der anderen Seite, in: Historisch-Politische Blätter 129, 7 (München 1902).

181 Karten an Johann Dederle vom 23. 11. 1899, in: Jb-KMG 1971, 191.

182 May, KLG-Eingabe II, 75.

183 May, Frau Pollmer, eine psychologische Studie (KMV).

184 May, Reisetagebuch, Eintragung vom 4. 7. 1900.

185 May, Reisetagebuch, Eintragung vom 4. 6. 1900.

186 May, Reisetagebuch, Eintragung vom 26. 7. 1900.

187 Brief an Fehsenfeld vom 10. 9. 1900, bei Konrad Guenther, a.a.O. 17–18.

». . . Die Gebilde einer unbekannten Athmosphäre . . .«

188 Hermann Cardauns, Herr Karl May von der anderen Seite, in: Historisch-Politische Blätter 129, 7 (München 1902).

189 Güldenstubbe, Positive Pneumatologie, Bern o. J. (erste deutsche Ausgabe: Stuttgart 1870). – Zu den ›Himmelsgedanken‹ differenzierend meine Darstellung in ›Die sogenannte Spaltung‹, Jb-KMG 1972/73, 59–60.

190 May, KLG-Eingabe II, 77.

191 ebda. 73 und 77.

192 Leipzig 1901, später Berlin. Zur Entstehungsgeschichte: Ekkehard Bartsch, ›Und Friede auf Erden!‹, in: Jb-KMG 1972/73, 93–122 (dort auch Bibliographie). Interpretation in: Hans Wollschläger, ›Die sogenannte Spaltung . . .‹, in: Jb-KMG 1972/73, 11–92 (60 ff.); ferner: Hartmut Schmidt, Vom ›Methusalem‹ zur ›Shen‹, in: M-KMG 12 (1972). Die Textvarianten bei Hansotto Hatzig, Et in terra pax – Und Friede auf Erden, in: Jb-KMG 1972/73, 144–170. Zum Friedensgedanken bei May vgl. auch: May, Sur le Rapprochement Franco-Allemand, in: Jb-KMG 1970, 156–159, sowie Ulrich von Thüna, Ein Brief Karl Mays an eine pazifistische Zeitschrift, ebda. 160–162; ferner von den älteren Untersuchungen vor allem: Amand von Ozoroczy, Karl May und der Friede, in: KMJB 1928, 29–114.

193 May, Der Zauberteppich (wie Anm. 3).

194 GR xxx, 491; faksimiliert bei Heinz Stolta, Das Phänomen Karl May, Bamberg 1969. Zum Honorarverlust Ekkehard Bartsch,

a.a.O. 105; seine Begründung gegen die Überlieferung ist aber vielleicht doch nicht zwingend: da der ganze Vorgang für May derart moralisches Gewicht hatte, dürfte er auf dem moralischen Lohn bestanden und das Honorar abgelehnt haben, wie es auch das Gleichnis ›Der Zauberteppich‹ andeutet.

195 Brief an Fehsenfeld vom 10. 9. 1900 (KMV).
196 Ehescheidungsakte, bei Lebius a.a.O. 37 ff.
197 ›Wahlzettel‹ Nr. 54 vom 19. 3. 1901.
198 ›Wahlzettel‹ Nr. 58 vom 25. 3. 1901.
199 ›Wahlzettel‹ Nr. 60 vom 28. 3. 1901.
200 ebda.
201 Reichspost, Wien, vom 17. 4. 1901.
202 Reichspost, Wien, vom 27. 4. 1901.
203 Ansgar Pöllmann, Neuestes von Karl May, in: Historisch-Politische Blätter 127, 825 ff., vom 1. 6. 1901.
204 GR XXIX. 189 ff.

Am Tode

205 Brief an Fehsenfeld vom 24. 12. 1902 (KMV).
206 55 Folgen bis zum 29. 4. 1902.
207 GR XXVIII, 67–266 oben.
208 Brief an Fehsenfeld vom 24. 12. 1902 (KMV), auch bei Konrad Guenther a.a.O. 19.
209 Kapitel ›Der Schlüssel‹ im Anhang von Ges. Werke Band 34 (1. Auflage Radebeul 1916, 569 ff.). Der Text, der immerhin jahrzehntelang das einzige Material zur ›Symbolik‹ des Spätwerks bot, stammt allerdings nicht von Euchar A. Schmid, der ihn unter seinem Namen veröffentlichte, sondern von Wilhelm Koch (vgl. auch dessen Aufsatz: Karl Mays Baukunst und ihre Symbolik, in: KMJB 1918, 113 ff.).
210 Aussage Emmas vor dem Kgl. Landgericht Dresden am 14. 12. 1907, bei Lebius a.a.O. 55.
211 Mays Scheidungsklage, bei Lebius a.a.O. 36 und 31.
212 GR XXIX, 202.
213 GR XXIX, 207.
214 GR XXIX, 535. Kritisch zu dieser Deutung Franz Cornaro, Karl Muth, Karl May und dessen Schlüsselpolemik, in: Jb-KMG 1975, 200–219.
215 Karl Muth, Ein entlarvter Jugendschriftsteller, in: Die Zeit, Wien, vom 14. 6. 1902.
216 GR XXIX, 503.

²¹⁷ GR XXIX, 295. Zur antikatholischen Auslegung der Episode kritisch Cornaro a.a.O. 209 f. Zur Interpretation der ›Lehrgebäude‹: Hans Wollschläger, Das ›Hohe Haus‹, in: Jb-KMG 1970, 118–133.

²¹⁸ May, KLG-Eingabe II, 80.

²¹⁹ MS in der Handschrift Mays (KMV).

²²⁰ Max Finke, Aus Karl Mays literarischem Nachlaß, in: KMJB 1922, 42–54. Die Edition ist ungenügend; ein genauer Druck des gesamten, sehr umfangreichen Notizen- und Planmaterials aus Mays letztem Jahrzehnt wäre sehr zu wünschen (MSS im KMV).

²²¹ ebda. 50–51; im MS datiert 2. 8. 1902 abends (KMV).

²²² Brief an Fehsenfeld vom 24. 12. 1902 (KMV).

²²³ Bescheid des Kultusministeriums Dresden vom 17. 3. 1903, bei Lebius a.a.O. 23.

²²⁴ Sämtliche Zitate des Vergleichs in: Hermann Cardauns, Die ›Rettung‹ des Herrn Karl May, in: Historisch-Politische Blätter 140, 4 (München 1907).

²²⁵ May, Erzgebirgische Dorfgeschichten. Karl Mays Erstlingswerke, 1. Band, Belletristischer Verlag (= Münchmeyer-Fischer), Dresden o. J. (1903), Vorwort.

²²⁶ GR XXIX, 472. Zur Entstehungsdatierung und Textsituation des ›Silbernen Löwen‹: Hans Wollschläger, ›Herr Karl May von der anderen Seite‹, in: Konkret, September-Heft 1962, Hamburg.

²²⁷ GR XXIX, 159.

›Patronen‹ gegen ›Patrone‹

²²⁸ Hermann Cardauns, Die ›Rettung‹ des Herrn Karl May, in: Historisch-Politische Blätter 140, 4 (München 1907).

²²⁹ Auch die Reiseromane bei Fehsenfeld erschienen vorab in je 10 Lieferungen pro Band.

²³⁰ May, Aphorismen über Karl May, unveröffentlichtes MS (KMV).

²³¹ Briefentwurf an Unbekannt, ohne Datum (KMV).

²³² vgl. Amand von Ozoroczy, Karl May und der Friede, in: KMJB 1928, 29–114; zur psychischen Funktion des Friedensmotivs für May: Hans Wollschläger, ›Die sogenannte Spaltung . . .‹, in: Jb-KMG 1972/73, 11–92.

²³³ wie 231.

234 Brief an Franz Weigl, ohne Datum (KMV).

235 wie 231.

236 Über Sascha Schneider sehr materialreich: Hansotto Hatzig, Karl May und Sascha Schneider. Dokumente einer Freundschaft, Bamberg 1967; dort auch Ikonographie. Der Briefwechsel May/Schneider ebda.; unvollständig. Schneiders ›Astralmensch‹ ebda. Tafel 24/25; desgl. sämtliche Buchdeckelbilder.

237 Max Dittrich, Karl May und seine Schriften, Dresden 1904.

238 May, An den Dresdner Anzeiger, in: Dresdener Nachrichten vom 5. 11. 1904; Neudruck in: Jb-KMG 1972/73, 124–128.

239 GR XXIX, 477.

240 Dresdner Anzeiger vom 13. 11. und 27. 11. 1904 (Nrn. 315 und 329); Nachdruck bei Lebius a.a.O. 236–256.

241 vom 5. 11., 13. 11. und 20. 11. 1904; Neudruck in: Jb-KMG 1972/73, 124–143.

242 May, Herrn Professor Dr. Paul Schumann, in: Dresdener Nachrichten vom 20. 11. 1904; Neudruck in: Jb-KMG 1972/73, 134–143 (143).

243 May, KLG-Eingabe II, 3. Über Lebius fehlt die umfassende Darstellung immer noch; sie wäre auch allgemein, als Porträt des skrupellosen Pressebanditen, interessant. Zur Zeit der beginnenden Auseinandersetzung mit May war er bereits zweimal wegen Beleidigung vorbestraft: das erste Urteil vom 17. 5. 1900 lautete auf 3 Monate Gefängnis, ein weiteres auf 3 Wochen. Publikationen (bis 1912): Religion der Zukunft, 1898; Was lehrt die 1. Deutsche Städteausstellung?, 1903; Unter Spiritisten, Lustspiel, 1904; Indiskrete Fragen an die Sozialdemokratie, 1906; Gärung, Roman, 1907; Die gelbe Arbeiterbewegung, 1908; Gelbe Gedanken, 1908.

244 May, KLG-Eingabe II, 4; alle folgenden Briefzitate ebda.

245 May, Ein Schundverlag und seine Helfershelfer, Privatdruck, o. O. u. J. (Dresden, 1905 und 1909), II, 117, – s. Anm. 271.

246 May-Artikel des Lebius in der ›Sachsenstimme‹, Dresden: Nrn. 33, 44, 46, 47, 48 im Jahrgang 1904; Nrn. 12, 13, 27, 30 im Jahrgang 1905. Zum Artikel gegen Dittrich vgl. May, Mein Leben und Streben, 1. Band, Freiburg o. J. (1910), 285 ff.

247 Brief an Rudolf Bernstein vom 29. 9. 1905, abgedruckt in Ges. Werke Bd. 34 (Bamberg, 21. Auflage, 1958), 292.

248 Rudolf Lebius, Wie die Vorstrafen Mays bekannt wurden, in: Die Zeugen Karl May und Klara May, Berlin-Charlottenburg 1910, 329–330.

249 Rudolf Lebius, Eingesandt an die Neue Zürcher Zeitung, in:

May, KLG-Eingabe II, 24 (auch I, 25: Fassung von Mitte Juni 1910).

250 wie 247.

251 May, Babel und Bibel. Skizze davon: Kommentar zum Drama für A. Abels, Redakteur der Münchner Neuesten Nachrichten, datiert 1. 10. 1906; Erstabdruck in: KMJB 1921, 41–80; später auch in: Ges. Werke Bd. 49, Bamberg 1956 ff. Die Briefe Mays über das Drama an Sascha Schneider bei Hansotto Hatzig, Karl May und Sascha Schneider, Bamberg 1967, 102 ff. Einige der Skizzen und Vorstudien Mays bei Max Finke, Aus Karl Mays literarischem Nachlaß, in: KMJB 1920, 53 ff.; unzulängliche Edition. Die ›Malerscheiben‹-Geburtstagsantwort bei Hansotto Hatzig, a.a.O. 232 f.

252 Alle Zitate aus dem Brief an die Prinzessin Ludwig von Bayern vom 25. 9. 1906 (KMV).

Ein Schundverlag und seine Helfershelfer

253 May, Mein Glaube(nsbekenntnis), in: Donau-Zeitung, Passau 1907, 3 (datiert vom 21. 12. 1906), und anderswo. May, Briefe über Kunst I–V, in: Der Kunstfreund, Innsbruck 1906/07, XXII, 10/11 und 12; XXIII, 1, 2 und 5; VI (Nachlaß) in: Ges. Werke Bd. 34, Radebeul, 11. bis 20. Auflage; I–VI heute (bearbeitet) in: Ges. Werke Bd. 49, Bamberg 1956 ff. Zur Interpretation: Franz Zhernotta, Die ›Briefe über Kunst‹, in: M-KMG 7 (1971); Claus Roxin, Nochmals: Die Kunstbriefe, ebda.

254 Eduard Engel, Meine ›Begegnung‹ mit Karl May, in: KMJB 1927, 61–69.

255 Heinrich Wagner, Karl May und seine Werke, Passau 1907; Zusammendruck der 12 Artikel aus der Paussauer Donau-Zeitung, Nrn. 314 ff., Nov./Dez. 1906.

256 Hermann Cardauns, Die ›Rettung‹ des Herrn Karl May, in: Historisch-Politische Blätter 140, 4 (München 1907).

257 May, An mein liebes Schlesien, in: Salzbrunner Zeitung XXI, 76 vom 2. 7. 1907.

258 Schriftsätze des Oskar Gerlach vom 25. 5., 30. 5. und 8. 6. 1907, vgl. Lebius a.a.O. 77/78.

259 Vernehmungs-Protokoll der Pauline Münchmeyer vom 13. 6. 1907, bei Lebius a.a.O. 78/79.

260 Brief Roseggers vom 21. 8. 1907, bei Alfred Schneider, »... un-

sere Seelen haben viel Gemeinsames!«, in: Jb-KMG 1975, 227–242 (232).

261 Brief an Rudolf Bernstein vom 23. 7. 1907 (KMV); die wertvollen privaten und geschäftlichen Briefe Mays an Bernstein leider immer noch unveröffentlicht; im KMV.

262 Arno Schmidt, Sitara und der Weg dorthin, Karlsruhe 1963, 304 und 306. Zur Interpretation von ›Ardistan und Dschinnistan‹: Hans Wollschläger, Der verlorene Sohn, in: Jb-KMG 1977.

263 Börsenblatt für den Deutschen Buchhandel Nr. 253 vom 29. 10. 1907; ferner in einer Reihe von Tageszeitungen. Vollständiger Wortlaut bei May, Mein Leben und Streben, Freiburg o. J. (1910), 254/55.

264 May, Schriftsatz an den Untersuchungsrichter Larrass vom Dezember 1907, bei Lebius a.a.O. 88 ff.

265 wie 261.

266 bei Klara May, Eingabe an den Untersuchungsrichter Larrass vom 25. 5. 1908, bei Lebius a.a.O. 100/101.

267 wie 261.

268 Erstdruck: Grazer Volksblatt, Jg. 1907, 594, Weihnachtsbeilage.

269 May, Brief an seinen Rechtsanwalt Ernst Klotz vom 20. 5. 1908, bei Lebius a.a.O. 103–108. Es ist möglich, daß May sich in dieser Zeit schon an Maximilian Harden um Hilfe gewandt hat; Harden vermittelte ihm später für den Revisionsprozeß in Moabit seinen eigenen Verteidiger, den Berliner Staranwalt Sello. Briefe Hardens an Klara May im KMV.

270 wie 264.

271 May, Ein Schundverlag und seine Helfershelfer, fragmentarischer Privatdruck o. O. u. J. (gedruckt bei Alwin Risse, Dresden, 1905 und 1909; vorhanden von Band I (1905) die Seiten 257–416, von Band II (1909) die Seiten 81–148 sowie 12 Seiten Anhang. Ob der Druck je vollständig war, ist schwer zu klären; einiges deutet darauf hin, daß May die fehlenden Teile später für die Selbstbiographie verwendete, deren Manuskript nicht erhalten ist. Der Druck ist außerordentlich selten; er wurde von May nur an wenige Journalisten als Informationsmaterial versandt.

272 May, Frau Pollmer, eine psychologische Studie, unveröffentlichtes MS (KMV); offenbar Teil einer umfangreichen gesamtbiographischen Darstellung, die möglicherweise im Zusammenhang mit dem ›Schundverlag‹ steht: MS in Folio, Seiten durchnumeriert 801–946. Vgl. Lebius a.a.O. 106; ferner Arno Schmidt

(›Copie Nr. 2‹), Kaff auch Mare Crisium, Karlsruhe 1960, passim, und Sitara . . ., passim.

273 Klara May an Henriette Schrott am 21. 1. 1909 (KMV).

274 Das Testament in: Ges. Werke Bd. 34, Radebeul und Bamberg (früher auch faksimiliert); Präzisierung eines Testaments von 1902.

274a Zu Rentschka Ekkehard Bartsch, ›Und Friede auf Erden!‹, in: Jb-KMG 1972/73, 111 ff. Die Briefe Mays im KMV.

The Dark and Bloody Grounds

275 GR XXXIII, 7.

276 Alle Sekundärzitate aus Klara May, Mit Karl May durch Amerika, Radebeul 1931, oder aus nachgelassenen Aufzeichnungen Klara Mays (KMV). Klara Mays Erinnerungen und Berichte sind durchweg von geringem Wahrheitsgehalt; vgl. dazu meine Anmerkungen zu: Klara May, Die Lieblingsschriftsteller Karl Mays, in: Jb-KMG 1970, 149–155 (152 ff.).

277 vgl. das (mangelhafte) Verzeichnis von Mays Bibliothek in KMJB 1931.

278 May, Zettelnotiz, Clifton House am Niagara (KMV).

279 GR XXXIII, 154.

280 Laut Klara May, Am Grabe Beecher Stowes (!), in: KMJB 1924, 162–165 (163).

281 May, Aphorismen über Karl May, ungedrucktes MS (KMV).

282 ›Anzeiger und Post‹ und ›Der Deutsche Herold‹ vom 19. 10. 1908: einzige, naheliegend trübe Quelle; die Berichte früher in Ges. Werke Bd. 34 (11. bis 20. Auflage, Radebeul). Manuskriptfragmente zum Vortrag im KMV.

283 Erstdruck bei Heinrich Wagner, Karl May und seine Werke, Passau 1907, 38/39; später zitiert bei E. A. Schmid, Das ›Ich‹, in: Ges. Werke Bd. 34, Radebeul und Bamberg, Anhang.

»Autor frommer Bücher – ein Bandit«

284 May, Auch ›über den Wassern‹, in: Die Freistatt, Wien, Nr. 14 vom 9. 4. 1910; ebenfalls das folgende Zitat.

285 Brief vom 26. 3. 1905, laut Albert Hellwig, Die kriminalpsychologische Seite des Karl-May-Problems, in: KMJB 1920, 221.

[286] Brief Carl Wermuths an May, bei May, Mein Leben und Streben, Band I, Freiburg o. J. (1910), 273/74; ebda. der folgende Brief. Über die ganze Affäre sowie die davon bewirkte Kahl-Broschüre: Hainer Plaul, Die Kahl-Broschüre, in: Jb-KMG 1974, 195–236.

[287] Lebius an Selma vom Scheidt am 22. 11. 1909, bei May, KLG-Eingabe II, 113 ff.

[288] Erklärung Emmas vom 14. 2. 1910; hektographiertes Flugblatt für die Presse.

[289] Augsburger Postzeitung vom 10. 12. 1909. Der Vortrag bisher noch nicht dokumentiert; Manuskripte Mays dazu im KMV.

[290] Klara May, Mit Karl May durch Amerika, Radebeul 1931, 184.

[291] Offener Brief an Cardauns vom 20. 11. 1904, bei Hermann Cardauns, Die ›Rettung‹ des Herrn Karl May, in: Historisch-Politische Blätter 140, 4 (München 1907).

[292] vgl. Dixon, The Vanishing Race, a Record of the last great Indian Council 1909, New York 1913. – Über die Situation nach dem Charlottenburger Prozeß Egon Erwin Kisch, In der Villa ›Shatterhand‹. Ein Interview mit Karl May, in: Bohemia Nr. 133 vom 15. 5. 1910, Prag, Pfingstbeilage, 49; Nachdruck in M-KMG 14 (1972). Ferner: Rudolf Kurtz, Offener Brief an Karl May, in: Der Sturm, Berlin, vom 12. 5. 1910; Nachdruck in: Jb-KMG 1971, 230–233.

[293] Arno Schmidt, Winnetous Erben, in: Die Andere Zeitung, Hamburg, Nrn. 28 und 29 vom 8. und 15. 7. 1959. Zur Interpretation von ›Winnetou IV‹: Ekkehard Koch, Winnetou Band IV, in: Jb-KMG 1970, 134–148 und 1971, 269–289; Ekkehard Koch, Die biographischen Ebenen in ›Winnetou IV, in: M-KMG 13 und 14 (1972).

[294] Ansgar Pöllmann, Ein Abenteurer und sein Werk, in: Über den Wassern, Münster, III, 2–9, Januar bis Mai 1910.

[295] May, Auch ›über den Wassern‹, in: Die Freistatt, Wien, Nrn. 14, 17, 19, 21, 22, 23, April bis Juni 1910. Vgl. auch Arno Schmidt, Sitara … 281 ff.

[296] Anfrage vom 18. 1. 1910, laut Albert Hellwig a.a.O. 207. Die gerichtliche Verfügung gegen das Lebius-Buch am 13. 12. 1910.

[297] Brief Emma Mays an Louise Achilles vom 28. 9. 1910, bei Lebius a.a.O. 227.

[298] George Grosz, Ein kleines Ja und ein großes Nein, Hamburg 1955, 81.

299 May, Mein Leben und Streben, Band 1, Freiburg o. J. (1910), Kapitel ›Meine Prozesse‹, 259 ff.: Auszug aus der KLG-Eingabe.

300 May, Meine Beichte, bei Lebius a.a.O. 7.

301 Flugblatt Fehsenfelds vom 22. 4. 1910.

302 May, KLG Eingabe II, 134.

303 Über die Verhandlung in Moabit: Rudolf Beissel, ›Und ich halte Herrn May für einen Dichter ...‹, in: Jb-KMG 1970, 11–46. Zur Veranstaltung des Wiener Vortrags: Hans Wollschläger, Sieg – großer Sieg – –, in: Jb-KMG 1970, 92–97. Die umfangreiche Presse zum Vortrag bei Ekkehard Bartsch, Karl Mays Wiener Rede, in: Jb-KMG 1970, 47–80 (69–78). Die letzten Interviews mit May: Adolf Gelber, Neues Wiener Tagblatt vom 20. 3. 1912; Wilhelm Nhil, Das Forum vom 1. 4. 1912; Paul Wilhelm, Neues Wiener Journal vom 2. 4. 1912; alle drei nachgedruckt in: Jb-KMG 1970, 81–91. Ferner bedeutend zur späten May-Rezeption: Robert Müller, Das Drama Karl Mays, in: Der Brenner, Innsbruck, 17 vom 1. 2. 1912; Robert Müller, Totenstarre der Fantasie, in: Der Brenner, Innsbruck, 24 vom 15. 5. 1912; (zu Müller Franz Cornaro, ›Bedenker des Wortes‹ und: Robert Müllers Stellung zu Karl May, in: Jb-KMG 1971, 216–220 und 236–245); Berthold Viertel, Für Karl May, in: Der Strom, Wien, II, 3 vom Juni 1912; Albert Ehrenstein, Ein ›Fall‹ Karl May?: alle vier nachgedruckt in: Jb-KMG 1970 und 1971.

304 Bertha von Suttner, Einige Worte über Karl May, in: Die Zeit, Wien, vom 5. 4. 1912. Zu Bertha von Suttner: Hansotto Hatzig, Bertha von Suttner und Karl May, in: Jb-KMG 1971, 246–258.

305 Manuskripte und Notizen zum Vortrag bei Ekkehard Bartsch a.a.O.; die bisher einzig bekannte Wiedergabe durch Klara May (in Ges. Werke Bd. 34, Radebeul und Bamberg) ist damit entbehrlich. Keinerlei dokumentarische Grundlage hat die Darstellung bei Fritz Barthel, Letzte Abenteuer um Karl May, Bamberg 1955.

306 Bertha von Suttner a.a.O.

307 Euchar A. Schmid, Des Dichters Heimgang, in: Ges. Werke Bd. 34, Radebeul und Bamberg, Anhang.

308 May, Zettelnotiz vom 17./18. 2. 1912, in: Max Finke, Aus Karl Mays literarischem Nachlaß, in: KMJB 1922, 44.

309 Authentische Form der letzten Worte.

310 Bertha von Suttner a.a.O.; Nachdruck bei Ekkehard Bartsch, a.a.O. 80. Unter den Nachrufen ferner bedeutend: Robert Müller, Nachruf auf Karl May, in: Fremden-Blatt, Wien, vom 3. 4. 1912; Neudruck in: Jb-KMG 1970, 106–109.

Bibliographie

1. Ersterscheinungen

Da eine umfassende und auf Wochen genaue Bibliographie der May-Erstdrucke auf so engem Raum nicht unterzubringen ist (mein – noch ungedrucktes – Manuskript umfaßt runde 60 Maschinenseiten), mußte für den vorliegenden Zweck eine Notlösung gefunden werden, die Kürzungen gestattete, ohne auf eine bloße Auswahl angewiesen zu sein. So fielen sämtliche Nachdrucke fort, auch wenn sie weitgehende Textvarianten enthielten, unter neuem Titel erschienen oder als erste Buchausgaben besonders beachtet werden müßten. Buch-Erstausgaben sind in der folgenden Aufstellung durch einfache Angabe des Verlagsortes gekennzeichnet; bei den Zeitschriften, deren Jahrgänge in römischen und deren Hefte in arabischen Ziffern erscheinen, fanden notgedrungen Abkürzungen Verwendung, für deren unerfreuliche Fülle das Verständnis des Benutzers erbeten wird:

AD	=	All-Deutschland (parallel: Für alle Welt), Stuttgart
AP	=	Augsburger Postzeitung, Beilage »Lueginsland«
B	=	Der Bote, Glogau
BA	=	Buch für Alle, Stuttgart
BE	=	Der Beobachter an der Elbe, Dresden
BJ	=	Buch der Jugend, Stuttgart
BK	=	Belletristische Korrespondenz, Bielefeld-Leipzig
BMK	=	Benzigers Marienkalender, Einsiedeln, Landshut, Köln
DF	=	Deutsches Familienblatt, Dresden
DG	=	Deutsche Gewerbeschau, Dresden
DH	=	Deutscher Hausschatz, Regensburg
DK	=	Der Kunstfreund, Innsbruck
DW	=	Deutscher Wanderer, Dresden
EMK	=	Eichsfelder Marienkalender, Heiligenstadt
EEMK	=	Einsiedler Marienkalender
ER	=	Efeuranken, Regensburg
F	=	Die Freistatt, Wien
FH	=	Feierstunden am häuslichen Heerde, Dresden
FK	=	Feierstunden im häuslichen Kreise, Köln
FM	=	Vom Fels zum Meer, Stuttgart

FS	=	Frohe Stunden, Dresden-Leipzig
GK	=	Der Gute Kamerad, Stuttgart
GV	=	Grazer Volksblatt
H	=	Die Heimat, Leipzig (Wien)
HB	=	Volksbibliothek des ›Lahrer Hinkenden Boten‹, Lahr
HG	=	Heimgarten, Graz
IW	=	Illustrierte Welt, Stuttgart–Leipzig–Berlin–Wien
IZ	=	Illustrierte Chronik der Zeit, Stuttgart
LM	=	Über Land und Meer, Stuttgart–Leipzig-Berlin–Wien
RMB	=	Rhein- und Moselbote, Koblenz
RMK	=	Regensburger Marienkalender, Regensburg
SH	=	Schacht und Hütte, Dresden
TVK	=	Trewendt's Volkskalender, Breslau
W	=	Weltspiegel (parallel: Deutsche Boten), Dresden

Kursive Buchstaben-Abkürzungen ersetzen folgende Bezeichnungen:

A	=	Abenteuer	*D*	=	›Erzgeb. Dorfgeschichte‹
E	=	Erzählung	*H*	=	Humoreske
N	=	Novelle	*R*	=	Roman
RE	=	Reiseerzählung, Reise-Erinnerung(en), Reiserlebnis(se)			

Bei längeren Fortsetzungsbeiträgen erscheinen die Titel unter dem Jahr, in dem das erste Heft herauskam. Verzichtet wurde auf die Kennzeichnung pseudonymer Arbeiten. Die in Klammern beigefügten *kursiven* Ziffern beziehen sich, auch bei größeren Textabweichungen, auf die späteren Gesamtausgaben (s. diese), und zwar wird zitiert: bei den Band-Nummern 1–33 die Freiburger, bei 34 bis 65 die Radebeuler und bei 66–73 die Bamberger Edition.

Bis 1875: Die Liebe nach ihrer Geschichte (in: Das Buch der Liebe), Dresden *(72,4)* /
1875: Wanda, *N*, BE II, 26–44 *(72,2)* / Der Gitano, *A*, BE II, 52 *(38,3)* / Inn-nu-woh, der Indianerhäuptling, *A*, DF I, 1 *(71,1)* / Ein Stücklein vom Alten Dessauer, *H*, DF I, 1–2 *(42,3)* / Die Fastnachtsnarren, *H*, DF I, 2–4 *(72,3)* / Schätze und Schatzgräber u. a. Aufsätze, SH I, 1–14 *(72,4)* / Old Firehand, *A*, DF I, 7–17 *(71,2)* / Geographische Predigten, SH I, 15–46 *(72,5)* /
1876: Auf den Nußbäumen, *H*, DF I, 51–52 *(47,12)* / Leilet, *N*, FH I, 1–5 *(1,3–4)* / Im Wollteufel, *H*, FH I, 8–9 *(47,6)* / Der beiden Quitzows letzte Fahrten, *R*, FH I, 10–29 *(69)* / Ausgeräuchert, *H*, IZ, 1 *(47,5)* /

1877: Der Ölprinz, *A*, FS II, 10–11 (–) / Die Gum, *A*, FS II, 12–14 *(71,6)* / Der Dukatenhof, *D*, BA *(44,1)* /

1878: Ein Abenteuer auf Ceylon, *A*, FS II, 14–17 *(11,4)* / Die Kriegskasse, *E*, FS II, 17–20 *(47,4)* / Aqua benedetta, *N*, FS II, 20–24 *(71,7)* / Auf der See gefangen, *R*, FS II, 21–52 *(15,3)* / Ein Self-Man, *E*, FS II, 25–28 *(71,8)* / Das Ducatennest, *H*, W III, 26–28 *(47,13)* / Der Afrikander, *A*, FS II, 35–37 (71,9) / Husarenstreiche, *H*, FS II, 32–39 *(47,3)* / Der Kaiserbauer, *D*, IZ *(43,5)* / Der Teufelsbauer, *D*, W III, 33–36 *(43,4)* / Die drei Feldmarschalls, *H*, W III, 37–42 *(42,5)* / Vom Tode erstanden, *A*, FS II, 38–41 / Die Rache des Ehri, *A*, FS II, 41–43 *(11,1)* / Die verwünschte Ziege, *H*, W III, 46–47 *(47,10)* / Nach Sibirien, *A*, FS II, 47–50 *(38,4)* / Der Herrgottsengel, *D*, W IV, 8–14, *(44,2)* / Fürst und Reitknecht, *E*, AD III, 11–17 *(42,7)* / Die verhängnisvolle Neujahrsnacht, *H*, TVK XXXIV (–) / Der Samiel, *D*, BA XIII, 8 (68 B) / Die falschen Exzellenzen, *H*, HG II, 5–6 *(47,8)* / Die Rose von Sokna, *A*, DG I *(71,4)* /

1879: Die Universalerben, *E*, AD III, 18–19 *(47,11)* / Des Kindes Ruf, *D*, W IV, 21–23 *(43,2)* / Der Waldkönig, *D*, AD III, 22–32 *(44,3)* / Ein Dichter, *E*, AD III, 32–39 / Die beiden Nachtwächter, *H*, AD III, 37 *(47,9)* / Der Gichtmüller, *D*, W IV, 37–40 *(43,7)* / Der Giftheiner, *D*, AD III, 40–49 *(43,6)* / Scepter und Hammer, *R*, AD IV, 1–52 *(45)* / Der Girl-Robber, *A*, DH VI, 3–7 *(11,4)* / Im Seegerkasten, *H*, B XLV (–) / Fürst und Leiermann, *H*, HB 1879, 7–9 *(42,4)* / Der Waldläufer (Bearbeitung des *R* von Gabriel Ferry), Stuttgart *(70)* /

1880: Die Rose von Ernstthal, *E*, AD IV, 27–32 *(43,8)* / Deadly Dust, *A*, DH VI, 28–42 *(9,1–4)* / Die Juweleninsel, *R*, AD V, 1–49 *(46)* / Der Scheerenschleifer, *H*, AD V, 1–10 *(42,1)* / Der Kiang-lu, *A*, DH VII, 1–12 *(11,2)* / Der Brodnik, *RE*, DH VI, 44–45 *(11,3)* / Im Sonnenthau, TVK XXXVI *(43,3)* /

1881: »Giölgeda Padishanün«, *RE*, DH VII, 16–52, *(1–2,4)* / Die Both Shatters, *A*, AD V, 53 *(71,5)* / Ein Fürstmarschall als Bäcker, *H*, DG IV, 1–18 *(42,2)* / Reise-Abenteuer in Kurdistan I, *RE*, DH VIII, 3–9 *(2,5)* /

1882: Reise-Abenteuer in Kurdistan II, *RE*, DH VIII, 16–26 *(2,6–7)* / Der Krumir, *E*, BK 1882, 1–13 *(10,3)* / Die Todes-Karavane I, *RE*, DH VIII, 26–36 *(3,1–3)* / Robert Surcouf, *N*, DH VIII, 50–52 *(38,6)* / Waldröschen …, *R*, Dresden o. J. *(51–55)* / Die Todes-Karavane II, *RE*, DH IX, 1–8 *(3,3–5)* / Christi Blut und Gerechtigkeit, *RE*, FM IIa *(10,6)* / In Damaskus und Baalbek, *RE*, DH IX, 10–16 *(3,6)* /

1883: Im ›wilden Westen‹ Nordamerikas, *RE*, FK IX *(9,5–7)* / Stambul, *RE*, DH IX, 21–25 *(3,7)* / Saiwa tjalem, *E*, FM IIb *(23,1)* / Die Liebe des Ulanen, *R*, DW VIII, 1–86 *(56–59)* / Pandur und Grenadier, *H*, DG V *(42,6)* /

1884: Der verlorene Sohn oder Der Fürst des Elends, *R*, Dresden o. J. *(64–65)* / Der letzte Ritt I, *RE*, DH XI, 6, 7, 10–11, 49–52 *(3,8–4,1)* /

1885: Der letzte Ritt II, *RE*, DH XII, 1–17, 19–22, 52 *(4,1–6)* / Deutsche Herzen – Deutsche Helden, *R*, Dresden-Niedersedlitz o. J. *(60–63)* /

1886: Unter der Windhose, *RE*, BJ *(–)* / Der Weg zum Glück, *R*, Dresden o. J. *(66–68; 73)* /

1887: Ibn el 'Amm, *E*, GK I, 1 *(71,11)* / Der Sohn des Bärenjägers, *E*, GK I, 1–39 *(35a)* / Das Hamail, *E*, GK I, 19 *(48,5)* / Ein Phi-Phob, *E*, GK I, 21 *(48,2)* / Durch das Land der Skipetaren, *RE*, DH XIV, 4–48 *(4,7–6,7)* / Ein Prairiebrand, GK I, 11 *(–)* /

1888: Maghreb-el-aksa, FM VII *(71,13)* / Der Geist der Llano estakata, *E*, GK II, 19–52 *(35b)* / Khong-Kheou, das Ehrenwort, *E*, GK III, 1–52 *(40)* / Der Scout, *RE*, DH XV, 11–46 *(8,1–4)* /

1889: Villa Bärenfett, GK III, 25 *(–)* / Wasserrast auf dem Marsche, GK III, 49 *(–)* / »Löffel begraben«, GK III, 51 *(–)* / Sklavenrache, GK IV, 3 *(71,12)* / Die Sklavenkarawane, *E*, GK IV, 1–52 *(41)* / Lopez Jordan (El Sendador I), *RE*, DH XVI, 3–50 *(12, 1–4)* /

1890: Im Mistake-Cannon, *E*, IW XXXVIII, 6 *(14,1)* / Der Schatz im Silbersee, *E*, GK V, 1–52 *(36)* / Der Schatz der Inkas (El Sendador II), *RE*, DH XVII, 1–52 *(12,5; 13)* / Am Kai-p'a, IW XXXVIII, 14 *(48,3)* / Das Straußenreiten der Somal, GK IV, 13 *(–)* / Zum erstenmal an Bord, GK IV, 15 *(–)* / Der Schlangenmensch, GK V, 3–5 *(–)* /

1891: Christus oder Muhammed, *RE*, RMK XXVI *(10,2)* / Der Mahdi, *RE*, DH XVIII, 1–52 *(16)* / Die beiden Kulledschi, *E*, GK V, 50 *(71,14)* / Das Vermächtnis des Inka, *E*, GK VI, 1–52 *(39)* / Eine Seehundsjagd, GK V, 20–22 *(–)* /

1892: Mater dolorosa, *RE*, RMK XXVII *(10,7)* / Der erste Elk, *E*, LM LXVII, 11 *(14,1)* / Im Sudan (Der Mahdi II), *RE*, DH XIX, 1–52 *(17–18,2)* / ›Anhang‹ (Schluß zu Ges. *RE* Bd. 6), Freiburg *(6,8)* /

1893: Eine Ghasuah, *RE*, EMK XVII *(10,4)* / Der Verfluchte, *RE*, RMK XXVIII *(10,8)* / Die Felsenburg, *RE*, DH XX, 1–52 *(20 bis 21,2)* / Der Ölprinz, *E*, GK VIII, 1–52 *(37)* / Winnetou, der rote Gentleman (neu: I; II, 7; III, 8–9), *RE*, Freiburg *(7–9)* /

An der Tigerbrücke (Nr. 5 von Ges. *RE* Bd. 11), *RE*, Freiburg *(11,5)* / Nur es Sema, *RE*, BMK 1893 *(10,5)* /

1894: Maria oder Fatima, *RE*, EMK xviii *(23,7)* / Krüger Bei, *RE*, DH xxi, 1–33 *(21,3–6)* / Old Surehand i, *RE*, Freiburg *(14)* / Christ ist erstanden!, *RE*, BMK 1894 *(34)* /

1895: Der Kutb, *RE*, BMK 1895 *(23,5)* / Blutrache, *RE*, RMK xxx *(23,4)* / Die Jagd auf den Millionendieb, *RE*, DH xxii, 1–46 *(22)* / Die verkehrten Toasts (Rahmen-*E* von Old Surehand ii), *RE*, Freiburg *(15,4)* /

1896: Er Raml el Helahk, *RE*, RMK xxxi *(23,3)* / Der Kys-Kaptschiji i, *RE*, BMK 1896 *(23,6a)* / Der Schwarze Mustang, *E*, GK xi, 1–28 *(38,1)* / Freuden und Leiden eines Vielgelesenen, DH xxiii, 1–2 *(48,9)* / Old Surehand iii, *RE*, Freiburg *(19)* /

1897: Old Cursing-Dry, *RE*, RMK xxxii *(23,8)* / Im Reiche des Silbernen Löwen (i), *RE*, DH xxiii, 22–40 *(26,1–2)* / Der Kys-Kaptschiji ii, *RE*, BMK 1897 *(23,6b)* / Im Reiche des Silbernen Löwen (ii), *RE*, DH xxiv, 7–52 *(26,3–5 und 27,1–5)* / Ein amerikanisches Doppelduell, *RE*, EEMK 1897 *(23,9)* / Weihnacht, *RE*, Freiburg *(24)* / Ave Maria, Ged. u. Komp. f. Männerchor, DH xxiii, 38 *(–)* /

1898: Scheba et Thar, *RE*, RMK xxxiii *(26,3)* / Mutterliebe i, *RE*, EEMK 1898 *(48,7a)* / Ein Rätsel (Schlußkapitel von Ges. *RE* Bd. xxvii), *RE*, Freiburg *(27,6)* / Ernste Klänge, Komp., Freiburg *(–)* /

1899: Die ›Umm ed Dschamahl‹, *RE*, RMK xxxiv *(48,6)* / Am Jenseits, *RE*, Freiburg *(25)* / Mutterliebe ii, *RE*, EEMK 1899 *(48,7b)* /

1900: Himmelsgedanken, Ged. u. Aphor., Freiburg *(49)* /

1901: Et in terra pax, *RE* (in CHINA ...), Leipzig (später Berlin), *(30)* /

1902: ›Karl May als Erzieher‹ und ›Die Wahrheit über Karl May ...‹ (anonym), Freiburg *(–)* / Am Tode, *RE*, RMB 1902 *(28,2–3)* / Im Reiche des Silbernen Löwen iii, *RE*, Freiburg *(28)* /

1903: Im Reiche des Silbernen Löwen iv, *RE*, Freiburg *(29)* / Sonnenscheinchen (Nr. 1 von ›Erzgeb. Dorfgesch.‹), *D*, Dresden-Niedersedlitz *(43,1)* / Das Geldmännle (Nr. 6 von ›Erzgeb. Dorfgesch.‹), *D*, Dresden-Niedersedlitz *(44,4)* /

1904: Und Friede auf Erden! (neu: Kap. 5 der Shen-Ta-Shi), *RE*, Freiburg *(30)* /

1905: Ein Schundverlag und seine Helfershelfer i (Privatdruck), o. O. u. J. *(–)* /

1906: Babel u. Bibel, Drama, Freiburg *(49)* / Briefe über Kunst 1–5,
DK XXII, 10–12, u. XXIII, 1–2,5 *(34)* / Mein Glaubensbekenntnis, Donau-Ztg., Passau 1907, 3 *(–)* (datiert 21. 12. 1906) /
1907: Schamah, *RE*, ER XVIII, 1–6 *(48,12)* / Der 'Mir von Dschinnistan, *RE* (1), DH XXXIV, 3–24 *(31)* / Bei den Aussätzigen,
RE, GV 1907 *(48,8)* /
1908: Der 'Mir von Dschinnistan (II), *RE*, DH XXXV, 1–24 *(32)* /
Abdahn Effendi, *RE*, GV 1908 *(48,10)* / Meine Beichte (bei
Lebius a.a.O. 4–7), *(34)* /
1909: Ein Schundverlag und seine Helfershelfer II (Privatdruck), o.
O. u. J. (–) / Winnetou IV, *RE*, AP 1909, 88 bis 1910, 36 *(33)* /
1910: Merhameh, *RE*, EMK XXXIV *(48,11)* / Mein Leben und Streben, Freiburg *(34)* / An die 4. Strafkammer des Kgl. Landgerichtes III in Berlin (1. Fassung; Privatdruck), Stuttgart (–) /
Auch »über den Wassern«, F II, 14, 17, 19, 21–23 *(–)* /
1911: An die 4. Strafkammer des Kgl. Landgerichtes III in Berlin
(2. Fassung; Privatdruck), Stuttgart *(–)*

2. Gesamtausgaben

Carl May's gesammelte Reiseromane (später: *Reiseerzählungen*),
33 Bände, Freiburg 1892–1910, 8° (›Ausgabe letzter Hand‹):
I. Durch Wüste und Harem (später: Durch die Wüste); II. Durchs
wilde Kurdistan; III. Von Bagdad nach Stambul; IV. In den
Schluchten des Balkan; V. Durch das Land der Skipetaren; VI. Der
Schut; VII–IX. Winnetou, der rote Gentleman (später: Winnetou);
X. Orangen und Datteln; XI. Am Stillen Ocean; XII. Am Rio de la
Plata; XIII. In den Cordilleren; XIV–XV. u. XIX. Old Surehand,
3 Bde.; XVI–XVIII. Im Lande des Mahdi, 3 Bde.; XX–XXII. Satan
und Ischariot; XXIII. Auf fremden Pfaden; XXIV. Weihnacht; XXV.
Am Jenseits; XXVI–XXIX. Im Reiche des Silbernen Löwen, 4 Bde.;
XXX. Und Friede auf Erden!; XXXI–XXXII. Ardistan und Dschinni-
stan, 2 Bde.; XXXIII. Winnetou, 4. Band. –

Karl May's Illustrierte Werke, 25 Bände (nicht durchnumeriert),
Dresden-Niedersedlitz 1901–07 (anschließend anonym), breit 8°,
(›Fischer-Ausgabe‹: unrechtmäßiger Neudruck der ›Münchmeyer-
Romane‹ von 1882–87):
(1–5.) *Die Liebe des Ulanen:* I. Die Herren von Königsau; II. Na-
poleons letzte Liebe; III. Der Kapitän der Kaisergarde; IV. Der
Spion von Ortry; V. Durch Kampf zum Sieg. / (6–10.) *Deutsche
Herzen, deutsche Helden:* I. Eine deutsche Sultana; II. Die Köni-
gin der Wüste; III–IV. Der Fürst der Bleichgesichter, 2 Bde.; V. Der

Engel der Verbannten. / (11–16.) *Das Waldröschen:* I. Die Tochter des Granden; II. Der Schatz der Mixtekas; III. Matavase, der Fürst des Felsens; IV–VI. Erkämpftes Glück, 3 Bde. / (17–20.) *Der Weg zum Glück:* I. Die Murenleni; II. Der Wurz'nsepp; III. Der Geldprotz; IV. der Krikelanton. / (21–25.) *Der verlorene Sohn:* I. Sklaven des Elends; II. Sklaven der Arbeit; III. Sklaven der Schande; IV. Sklaven des Goldes; V. Sklaven der Ehre. –

Karl May's Illustrierte Reiseerzählungen, 30 Bände, Freiburg 1907–12, groß 8° (textlich nahezu identisch mit der ›Ausgabe letzter Hand‹; Numerierung abweichend):
I–X. wie oben; XI–XIII, Old Surehand, 3 Bde.; XIV–XVI. Im Lande des Mahdi, 3 Bde.; XVII. Am Stillen Ozean; XVIII. Auf fremden Pfaden; XIX. Am Rio de la Plata; XX. In den Cordilleren; XXI bis XXIII. Satan und Ischariot, 3 Bde.; XXIV–XXX. wie oben. –
Diese Ausgabe hätte im Grunde als die ›letzter Hand‹ zu gelten, denn May hat für sie die Bände I–IX noch einmal einer – wenn auch nicht weittragenden – Durchsicht unterzogen. Da sie von ihm aber zugleich auch nur als ›Nebenausgabe‹ betrachtet wurde, deren vielleicht geplante durchgreifende Bearbeitung er bald wieder aufgab, und zudem unvollständig blieb, wird man der Klein-Oktav-Edition besser doch den Vorzug lassen.

Karl May's Gesammelte Werke, 65 Bände, Radebeul b. Dresden 1913–45, 8° (mit der ›Ausgabe letzter Hand‹ nahezu identisch sind die Bände 1–13, 16–18, 23, 24, 27–29, 31–32):
Titel- und Bearbeitungsverzeichnis s. Heinz *Stolte*, Der Volksschriftsteller KM, Radebeul 1936.

Karl May's Gesammelte Werke, zahlreiche Einzelnummern der Radebeuler Ausgabe in verschiedenen Lizenz-Reihen: Heidelberg, Bamberg, Wien 1948–60, 8°. –

Karl May's Gesammelte Werke, 73 Bände, Bamberg 1961 ff., 8° (Karl-May-Verlags-Ausgabe; durchweg bearbeitet; herausgegeben von Dr. E. A. Schmid und Roland Schmid):
Titel- und Inhaltsverzeichnis s. Bd. 34 *Ich* dieser Ausgabe.

Literatur zur Bibliographie: Heinz Neumann, Karl Mays frühe Buchausgaben und ihre Verwandlungen, in: M–KGM 15–17 (1973); Karl Guntermann, Bibliographische Notizen, in: M–KMG 18 ff. (1973 ff.); Heinz Neumann, Karl Mays Buchausgaben bei Fehsenfeld, in: M–KMG 12 (1972); Gerhard Klußmeier, Karl May und Deutscher Hausschatz, in: M–KMG 16 ff. (1973 ff.).

Register

Achilles, Luise 65 f., 126 f., 169, 173, 179
Albert, König von Sachsen 55
Auerbach, Berthold 78

Bahn, Rechtsanwalt 160
Barchewitz, Familie 144
Beecher-Stowe, Harriet 159
Beibler, Heinrich 74
Beibler, Wilhelmine 74, 103, 120, 167 f.
Bernstein, Rudolf 113 f., 136 f., 139, 147 f., 151
Bernstein, Emmy 113
Bertram, Rechtsanwalt 160
Beßler, Willibrord 172
Bismarck, Otto von 160
Brant Sero, Ojijatheka 178
Bredereck, Paul 170 f., 178
»Burton, Generalkonsul« 41
Busch, Wilhelm 133

Cardauns, Hermann 68, 75, 99, 101 f., 107, 114 f., 118, 128, 133, 143

Dederle, Johann 100 f.
Delitzsch, Friedrich 139
Denk, Otto 145
Dietrich, Lehrerswitwe 65
Dilthey, Wilhelm 78
Dittrich, Max 90, 133 ff., 136 f.

Ehrecke, Landgerichtsdirektor 178
Engel, Eduard 143
Ey, Minna 52

Fehsenfeld, Friedrich Ernst 77 f., 81, 98, 101, 106, 115, 118, 126, 141, 145, 149, 174, 176
Finke, Max 123
Fischer, Adalbert 96, 101, 110 ff., 113 f., 116, 122, 125 f., 146 f., 168

Freitag, Otto 47
Frenzel, Brigadier 48
Freytag, Gustav 78

Gebser, Jean 87
Gerlach, Oskar 138, 144, 168
Gheri, Leopold 142
Goethe, Johann Wolfgang 104
Gräßler, Auguste 38 f.
Grimm, Herman 78
Grosz, George 173
Grunwald, Councilman 161
Güldenstubbe 106

Haase, Rechtsanwalt 44
Hamerling, Robert 53
Harden, Maximilian 149
Häußler, Luise s. Achilles, Luise
»Heilig, Dr. med.« 33
Helmtrud, Prinzessin von Bayern 140
Hendrickson, E. C. 154
Herbert, M. s. Keiter, Therese
»Hermin, Notenstecher« 33
Hitler, Adolf 180
Hofrichter, Heilmagnetiseur 66
Höhne, Wilhelmine s. Beibler, Wilhelmine
Hübner, Luise s. Achilles, Luise

Jäger, Frau 65
Jorde, Fritz 115

Kahl, Friedrich 160, 165
Keiter, Heinrich 74 ff.
Keiter, Therese 75
Klotz, Ernst 113, 137, 147, 149
Kochta, Johannes 45
Kohl, Superintendent 28, 30

Diogenes Taschenbücher
Alphabetisches Verzeichnis

Titel mit * sind Erstausgaben oder deutsche Erstausgaben.
Titel mit o sind auch als Studienausgaben empfohlen.